此书为中国人民大学科学研究基金（中央高校基本科研业务费专项资金资助）项目成果（20XNLG01）

中国财政运行报告（2019/2020）：滚石上山

吕冰洋　等著

中国财经出版传媒集团
中国财政经济出版社

图书在版编目（CIP）数据

中国财政运行报告：滚石上山.2019/2020／吕冰洋等著.--北京：中国财政经济出版社，2020.5

ISBN 978-7-5095-9765-1

Ⅰ.①中… Ⅱ.①吕… Ⅲ.①财政管理－研究报告－中国－2019-2020 Ⅳ.①F812.2

中国版本图书馆CIP数据核字（2020）第070907号

责任编辑：孙 琛　　　　责任校对：徐艳丽

封面设计：陈宇琰

中国财政经济出版社 出版

URL：http：//www.cfeph.cn

E-mail：cfeph@cfemg.cn

社址：北京市海淀区阜成路甲28号　邮政编码：100142

营销中心电话：010-88191537

北京财经印刷厂印装　各地新华书店经销

787×1092毫米　16开　15.5印张　255 000字

2020年5月第1版　2020年5月北京第1次印刷

定价：72.00元

ISBN 978-7-5095-9765-1

（图书出现印装问题，本社负责调换）

本社质量投诉电话：010-88190744

打击盗版举报热线：010-88191661　QQ：2242791300

前言

Foreword

中国财政正处在一个重要历史关口。

一方面，中国处于打赢三大攻坚战、全面建成小康社会的关键时刻，胜利的曙光已在地平线上呈现；另一方面，2020年伊始，一场席卷全球的新冠肺炎疫情突如其来，经济社会运行突受重大冲击，我们需要实行更加积极有为的财政政策。历史巨石眼看就要到达山顶，然而巨大的外部冲击却形成巨大的阻碍。时代给财政政策出了一道大题，看它是否能与其他政策形成合力将巨石推向山顶。

客观地看，继2018年实行1.3万亿元、2019年实行2.3万亿元大规模减税降费改革之后，中国财政的腾挪空间大为收紧。形势迫人，2020年财政要在已变得更为狭小的腾挪空间内发挥更大的创造力，减轻疫情冲击影响，实现全面建成小康社会的伟大战略目标。

财政是全国人民的账本，是经济运行的风向标。财政作为以及政府作用程度，均依赖对这本账的了解程度。本报告全面展现和分析中国财政2019年整体运行状况，在此基础上对2020年财政政策和财政改革提出判断。

历史经验告诉我们，在面临重大经济社会挑战之时，财政的作用和结局也有两种：一是不断充当救火队长，财政资金和政策逐时而变，结果却使得财政状况雪上加霜；二是化危为机，财政在政策实施和制度变革上更加积极有为，最终克服挑战的同时也使得财政制度更加优良。历史上“两税法”改革、20世纪90年代中期分税制改革均是如此，它们交出了一份优秀答卷。我们期待今天的财政向未来展示的是化危为机的能力、逆转时势的作为、中华民族崛起的支柱！

中国财政在被历史创造的同时，也正创造着历史。

本报告研究分工为：

第 1 章　李钊、詹静楠

第 2 章　郭雨萌

第 3 章　马维春

第 4 章　李岩

第 5 章　刘潘

第 6 章　詹静楠、刘潘、李岩

第 7 章　吕冰洋

第 8 章　吕冰洋、詹静楠、李钊

第 9 章　陈志刚、吕冰洋

第 10 章　吕冰洋、台航

总审校　吕冰洋

目　录

上篇：实践篇

下篇：思考篇

上篇：实践篇

第 1 章　全国财政运行总体情况分析

我国政府收支由“四本预算”组成，分别是一般公共预算、政府性基金预算、国有资本经营预算和社会保险基金预算。为全面了解全国财政运行总体情况，本章将分别对“四本预算”及其构成展开分析，并重点比较 2019 年各预算收支的同比增长情况和预算完成情况。在此基础上，修正了政府总收入的实际规模，并测算不同口径宏观税负。最后，由于财政收支不平衡会导致财政赤字，而为弥补财政赤字需要发行国债，本章节还分析了我国历年不同口径赤字率和国债余额管理情况。

1.1　一般公共预算收支

自 2011 年起，中国财政一般公共预算收入进入下降区间，2019 年一般公共预算收入增长率仅为 3.83%，其中地方一般公共预算收入的增长率又低于中央 1.26 个百分点。

2019 年非税收入大幅度增长，起到替代一般公共预算收入中税收收入的作用。在非税收入中，政府逐渐通过国有资源（资产）有偿使用收入来替代收费减少的部分。

2019 年全国一般公共预算支出同比增长 8.13%，略低于 2018 年增速 0.64 个百分点，完成 2019 年预算数 235244 亿元的 101.54%。近三年财政支出增长率基本维持在 8% 左右。

总体上看，为激发微观经济主体活力，对冲经济下行压力，财政连续两年采取大规模减税降费政策，2018 年规模为 1.3 万亿元，2019 年规模为 2.3 万亿元。同时，尽管财政通过压缩支出、提质增效来减轻财政压力，但是像教育、医疗、社会保障补贴等关系国计民生的支出无法压缩，财政支出的刚性增长趋势已经十分明显，财政腾挪空间在收窄。新冠肺炎疫情的冲击会进一步加大2020年财政收支的矛盾，财政必须寻求有效的制度创新、更大力度的政策调整来应对挑战。

1.1.1 一般公共预算收入

本节对我国一般公共预算收入的历年走势和构成展开比较分析。首先，图1－1和图1－2展示了1994—2019年全国、中央和地方层面的一般公共预算收入历年趋势。

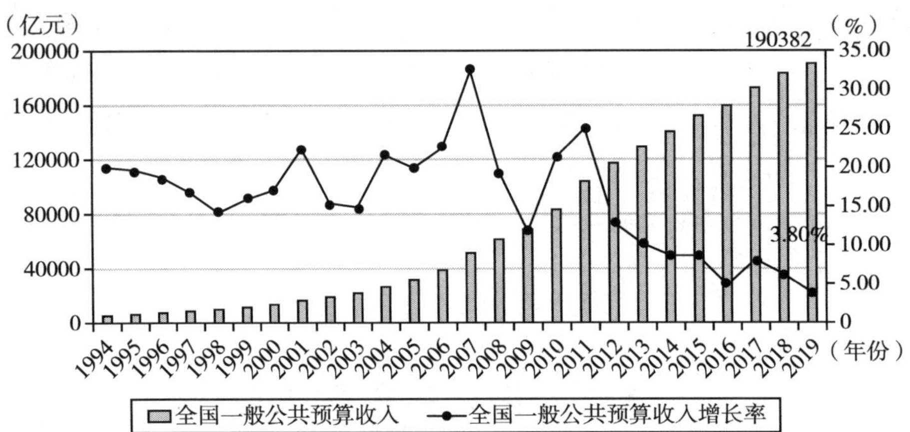

图1－1 1994—2019年全国一般公共预算收入总额和增长率

资料来源：历年《中国统计年鉴》和财政部网站“2019年财政收支情况”。

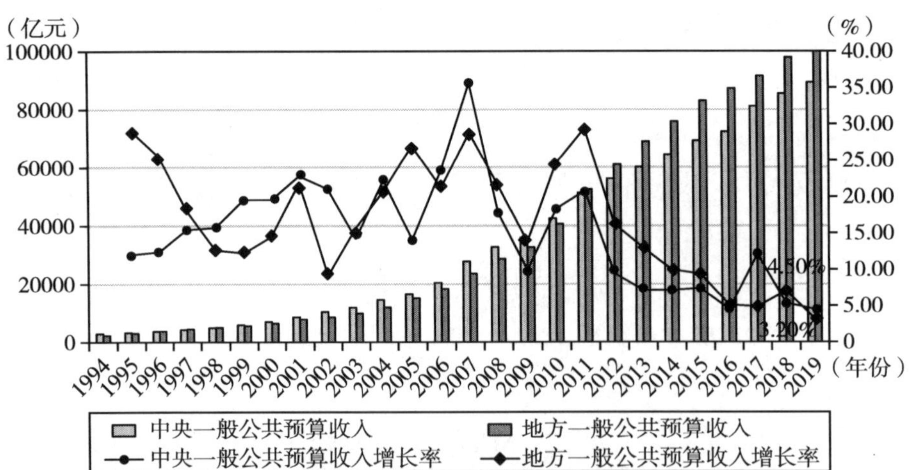

图1－2 1994—2019年中央与地方一般公共预算收入总额和增长率

资料来源：历年《中国统计年鉴》和财政部网站“2019年财政收支情况”。

注：地方一般公共预算收入为地方一般公共预算本级收入。

总体来看，1994 年到 2019 年全国一般公共预算收入增长了 35 倍，增长较快。如图 1－1 所示，2008 年企业所得税税率大幅下调，同时受国际金融危机影响，2008—2009 年全国一般公共预算收入增幅明显下降。2012 年之前，全国一般公共预算收入增长率各年波动较大，年均增长率超过 15%。从 2012 年开始，我国经济结束高速增长进入新常态，随着连续多年税制改革和减税政策的进行，全国一般公共预算收入增长率持续下降。2019 年的情况是：全国一般公共预算收入 190382 亿元，同比增长 3.83%，低于 2018 年增长率 2.41 个百分点，为近年来最低增长率；从预算执行情况看，完成预算数 192500 亿元的 98.90%，低于 2018 年 100.10% 的预算执行率。

从图 1－2 中央与地方预算执行情况看，中央一般公共预算收入增长率与全国基本一致，2007 年、2011 年中央与地方增长率相对较高，从 2012 年开始均呈下降趋势。2019 年情况是：中央一般公共预算收入 89305 亿元，为预算的 99.45%，同比增长 4.50%，低于 2018 年增速 0.84 个百分点；地方一般公共预算本级收入 101077 亿元，为预算的 98.42%，同比增长 3.24%，低于 2018 年增速 3.79 个百分点。整体来看，一般公共预算收入基本完成预算目标。

比较中央与地方一般公共预算收入占比（图 1－3）可以发现，1994 年实行分税制当年中央一般公共预算收入占比为 55.70%，1999—2010 年中央占比高于地方，2011 年开始中央占比持续下降，2019 年中央占全国一般公共预算收入比重为 46.91%。

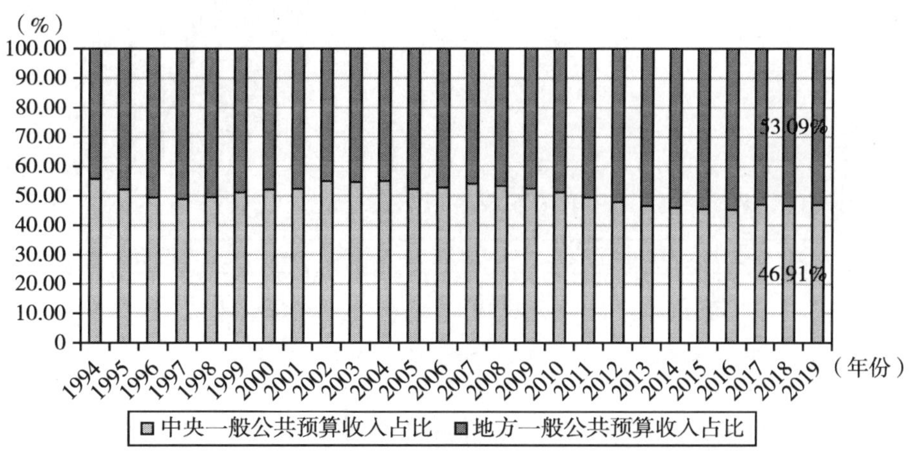

图 1－3　1994—2019 年中央与地方占全国一般公共预算收入比重

资料来源：根据历年《中国统计年鉴》和财政部网站“2019 年财政收支情况”计算得出。

其次，图1－4、图1－5和图1－6反映了历年全国一般公共预算收入的构成情况。从全国一般公共预算收入组成部分看，如图1－4所示，税收收入从1994年5126.88亿元增长到2019年157992亿元，增长了30倍。2007年之前税收收入增长率波动较小，2008—2009年，经济下行压力增大，税收收入增长率大幅下降，短暂回升后，2011年开始呈下降趋势，主要是由于结构性减税政策得到落实，2019年全国税收收入157992亿元，同比增长1.02%，低于2018年增长率7.32个百分点，减税效应显现。非税收入占一般公共预算收入比重较小，但波动幅度较大，2011年非税收入增长率高达42.92%，高于税收增速20.35个百分点，主要是因为按有关规定将原预算外资金纳入预算管理后非税收入增加较多；2015年的激增主要是部分金融机构及中央企业上缴利润增加，高于税收增速24.21个百分点；2019年为稳定财政收入，财政部加大力度征收国有企业利润和国有资源性收入，拉动非税收入增长20.15%。2011—2016年六年间非税收入增速持续高于税收增速，其原因在于部分政府性基金科目转列为一般公共预算非税收入科目等客观因素，2018—2019年非税收入规模下降，2019年非税收入达到32390亿元，高于税收增速19.14个百分点。

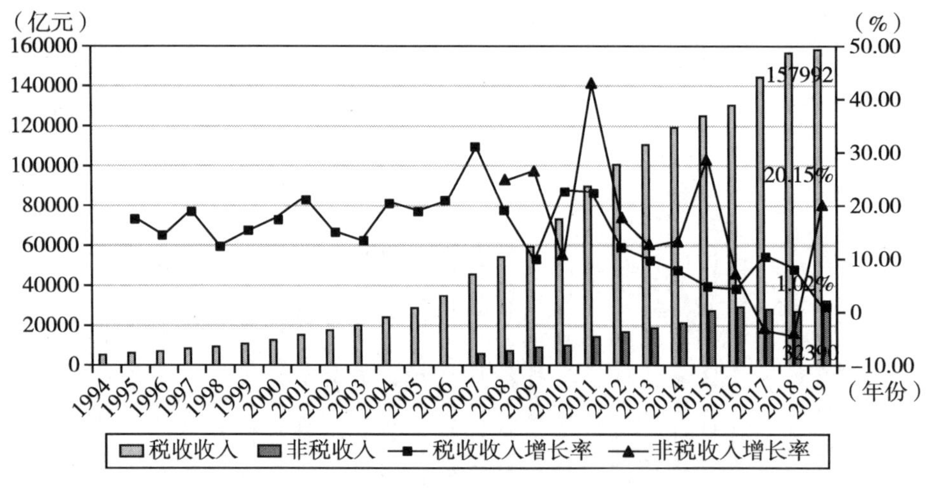

图1－4　1994—2019年税收收入与非税收入

资料来源：历年《中国统计年鉴》和财政部网站“2019年财政收支情况”。

从具体税种看，如图1－5所示，我国税收收入以流转税为主，国内增值税在税收收入中比重最大，个人所得税、国内消费税占比相对较小。1994—2015年国内增值税占比基本呈下降趋势，2016年受“营改增”影响，国内增值税占比上升，2017—2019年国内增值税占总税收比重维持在39%左右，2019年国内

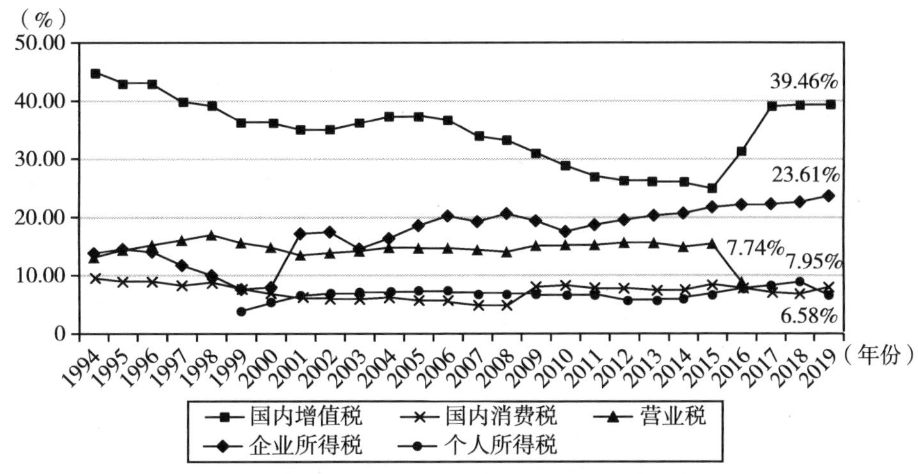

图1－5 1994—2019年主要税种占税收收入比重

资料来源：历年《中国统计年鉴》和财政部网站“2019年财政收支情况”。

增值税收入为62346亿元，同比增长1.32%。企业所得税占比基本呈上升趋势，2019年企业所得税收入为37300亿元，同比增长5.59%，占税收比重为23.61%，仅次于国内增值税。国内消费税与个人所得税占比与变动幅度较小，2019年两者分别为12562亿元、10388亿元，同比增长18.16%、－25.12%，受个税改革影响，个人所得税占总税收比重从2018年的8.87%下降为6.58%。

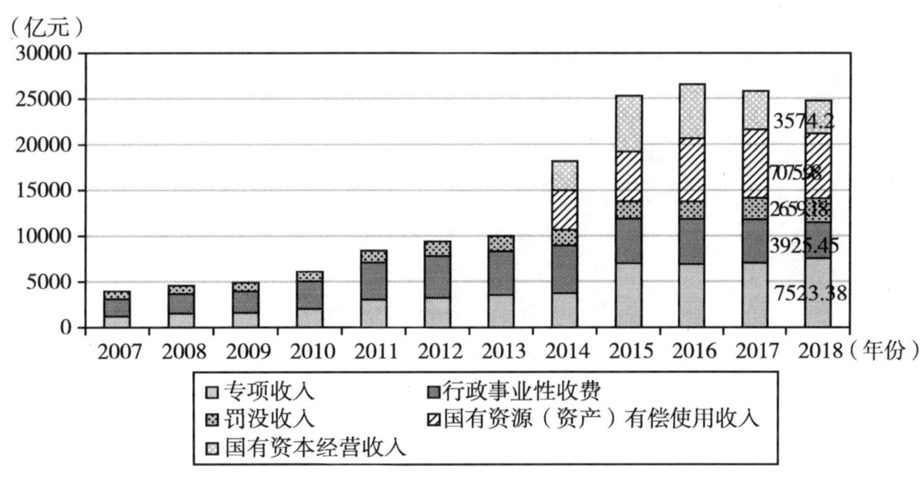

图1－6 2007—2018年主要非税收入项目所占比重

资料来源：历年《中国统计年鉴》《中国财政年鉴》和财政部官网“2018年全国一般公共预算收入决算表”。

注：国有资本经营收入和国有资源（资产）有偿使用收入自2014年计入非税收入主要科目。

非税收入主要包括专项收入、行政事业性收费、罚没收入、国有资本经营收入以及国有资源（资产）有偿使用收入。如图 1－6 所示，2014 年前专项收入与行政事业性收费占非税收入比重最大，2015—2018 年专项收入占比超过 20%，高于行政事业性收费所占比重。2017—2018 年罚没收入占比逐步上升，2018 年达到 9.90%。2014—2018 年国有资本经营收入和国有资产（资源）有偿使用收入占比逐渐超过其他非税收入，尤其是 2015 年部分金融机构及中央企业上缴利润增加，导致两者占比达 40% 以上。这说明实施减税降费改革后，政府逐渐通过国有资源（资产）有偿使用收入和国有资本经营收入来替代收费减少的部分。

1.1.2 一般公共预算支出

本节对我国一般公共预算支出的历年走势和构成展开比较分析。首先，图 1－7 和图 1－8 展示了 1994—2019 年全国、中央和地方层面的一般公共预算支出历年趋势。

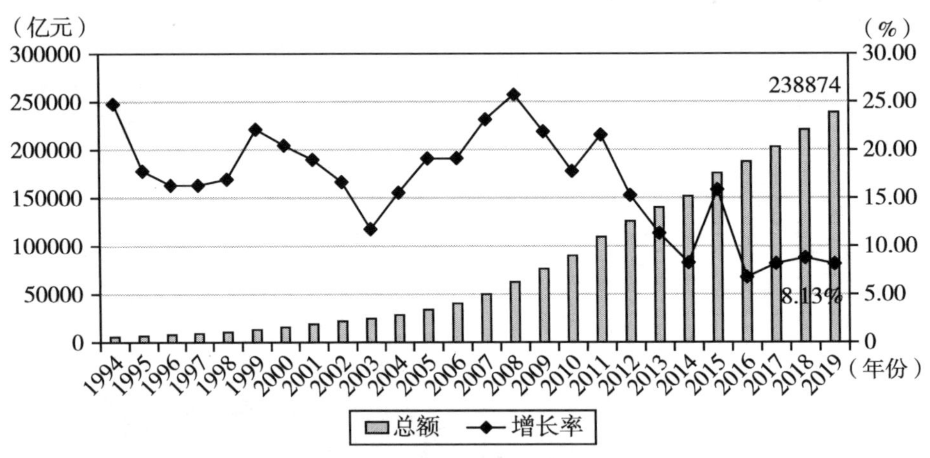

图 1－7　1994—2019 年全国一般公共预算支出总额和增长率

资料来源：历年《中国财政年鉴》和财政部网站“2019 年财政收支情况”。

由图 1－7 可知，自 1994 年分税制改革后，全国一般公共预算支出总额逐年增加，始终呈上升趋势，从 1994 年 5792.62 亿元增长至 2019 年 238874 亿元；从增长率来看，2007 年及以前增长率位于 20% 上下，并且 2003 年降至最低点 11.78%，而自 2007 年支出按功能分类改革后，增长率呈现波动下降趋势。2019 年情况是：全国一般公共预算支出，同比增长 8.13%，略低于 2018 年增速 0.64

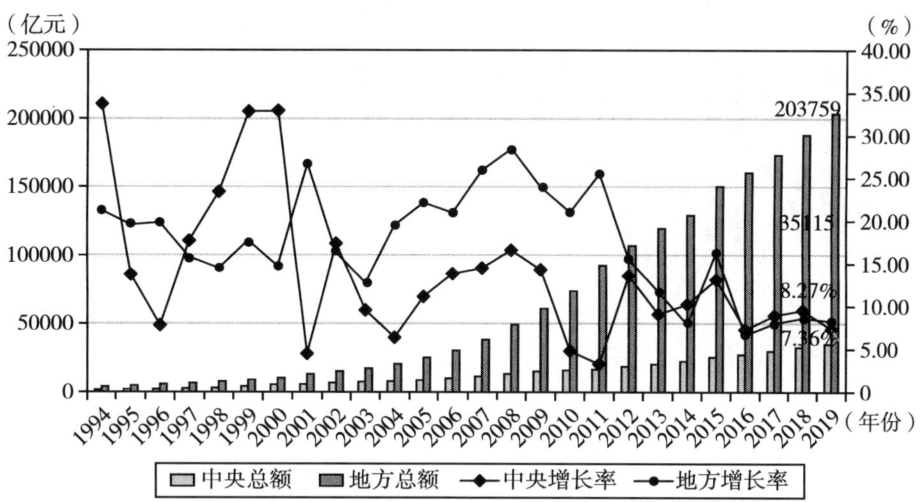

图 1 – 8　1994—2019 年中央与地方一般公共预算支出总额和增长率

资料来源：历年《中国财政年鉴》和财政部网站"2019 年财政收支情况"。

注：中央和地方一般预算支出均指本级支出。

个百分点，完成 2019 年预算数 235244 亿元的 101.54%，超额完成预算任务。

如图 1 – 8 所示，1994 年以来中央和地方一般公共预算支出（本级）总额也逐年增加，分别从 1994 年 1754.43 亿元、4038.19 亿元增长至 2019 年 35115 亿元、203759 亿元，并且地方支出始终高于中央支出；从增长率来看，中央财政支出增长率波动明显，2011 年后基本处于 10% 上下波动，地方财政支出 2011 年及以前增长率围绕 20% 上下波动，之后增长率趋于平缓，均值为 10.39%。2019 年情况是：中央财政支出同比增长 7.26%，低于 2018 年增速 2.29 个百分点，完成 2019 年预算数 35395 亿元的 99.21%。地方财政支出同比增长 8.27%，略低于 2018 年增速 0.37 个百分点，完成 2019 年预算数 199349 亿元的 102.21%。

特别的，自 1994 年分税制改革后，中央和地方政府间事权支出责任的划分也发生变化，财政支出相对比重出现分化，具体如图 1 – 9 所示。可以看到，中央财政支出相对比重从 1994 年 30.29% 逐年下降至 2019 年 14.90%，相应的，地方财政支出相对比重从 69.71% 上升至 85.30%。

其次，图 1 – 10 反映了 2007 年、2018 年和 2019 年一般公共预算支出的具体构成情况。由于 2007 年进行了支出按功能分类改革，确定了教育、社保、医疗等明细科目，因此，2007 年及以后的主要支出科目更具可比性。从规模上看，相比 2007 年，各大主要支出科目均翻两番，整体规模显著增加，尤其是教育、医疗、社保、就业、城乡社区等支出规模已超过两万亿元水平，体现政府重视保

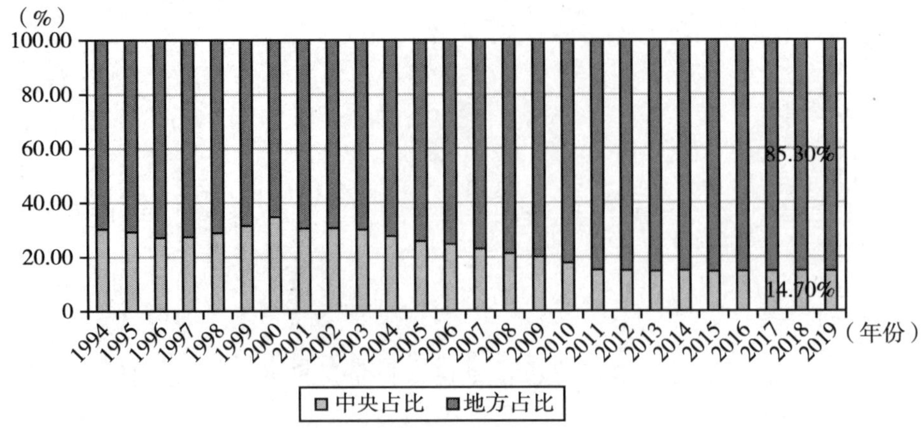

图 1-9　中央与地方财政支出相对比重

资料来源：根据历年《中国财政年鉴》和财政部网站“2019 年财政收支情况”计算得出。

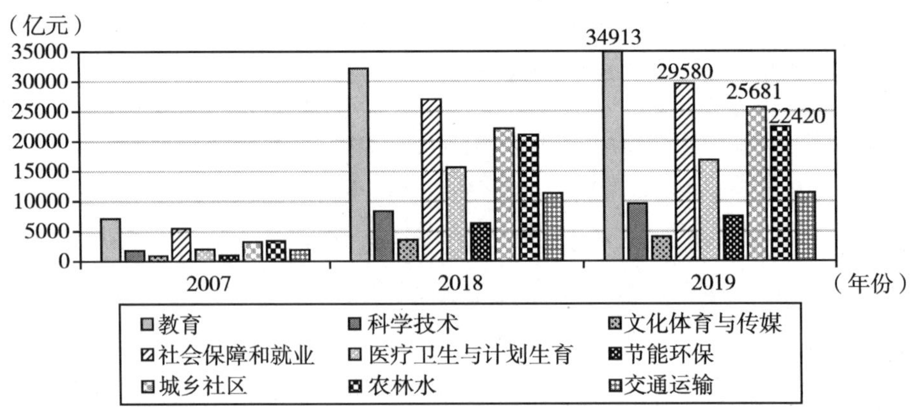

图 1-10　全国一般公共预算支出主要科目情况

资料来源：历年《中国财政年鉴》和财政部网站“2019 年财政收支情况”。

障和改善民生。从增长率来看，大多数支出科目逐年增加，年均增长率超过 10%，尤其是教育、社会保障和就业、城乡社区、农林水领域增长明显。具体看 2019 年各科目情况：首先教育为财政第一大支出领域，占比约 14.62%，略高于 2018 年的 14.56%，表明财政加大力度，优先支持发展教育事业；其次社会保障和就业占比 12.38%，也略高于 2018 年的 12.23%，反映财政助力提高养老、医疗保障水平，同时积极促进就业、创业；然后是城乡社区、农林水分别占比 10.75%、9.39%，其中城乡社区增长规模较大，约为 3556.87 亿元，显示出财政积极促进区域协调发展，加大推进新型城镇化建设，贯彻实施乡村振兴战略，推动城乡经济高质量发展；另外，节能环保科目增长率最高，同比增长

18.20%，体现财政聚焦打赢污染防治攻坚战，加大污染防治投入力度。

最后，图 1－11 反映了中央对地方税收返还和转移支付的具体情况。整体来看，自 2008 年以来，税收返还和转移支付总额逐年上升，增长速度趋于平缓。分项目而言：由于 2016 年全面推开营改增试点，同步实施调整中央与地方增值税收入划分过渡方案，调增了 1780 亿元一般公共预算收入全部用于税收返还，导致税收返还增长率达到最高点 36.04%，其余年份均平稳增长，截至 2018 年税收返还总额为 7987.86 亿元，完成预算的 98.20%。一般性转移支付 2011 年增长率达到最高点 38.26%，规模开始超过专项转移支付，截至 2018 年两者分别为 38759.04 亿元和 22927.09 亿元。具体来看二者的相对比重，如图 1－12 所示。

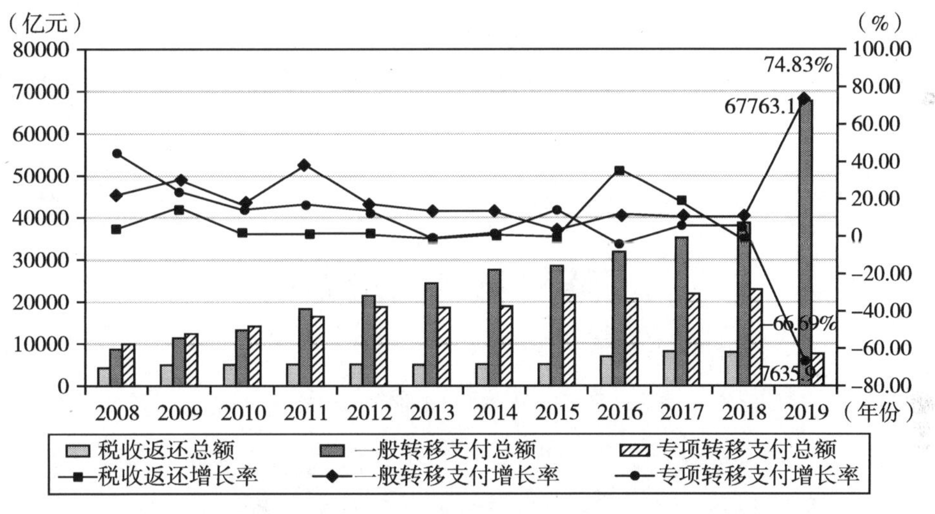

图 1－11　2008—2019 年中央对地方税收返还和转移支付

资料来源：历年《中国财政年鉴》和财政部官网“关于 2018 年中央和地方预算执行情况与 2019 年中央和地方预算草案的报告”。

注：2019 年中央对地方转移支付决算数据尚未公布，图中为预算数据。

可以看到，自 2008 年以来，一般性转移支付占全部转移支付的比重逐年扩大，相应的，专项转移支付相对比重有所下降，体现我国转移支付结构进一步优化的过程。具体看 2018 年决算数：一般性转移支付 38759.04 亿元，完成预算的 99.40%，占转移支付总额的比重提高至 62.83%，比 2017 年提高 1.19 个百分点；专项转移支付 22927.09 亿元，完成预算的 98.80%。2019 年预算，一般性转移支付占比近 90%，主要受转移支付内部科目“共同财政事权”调整的影响。

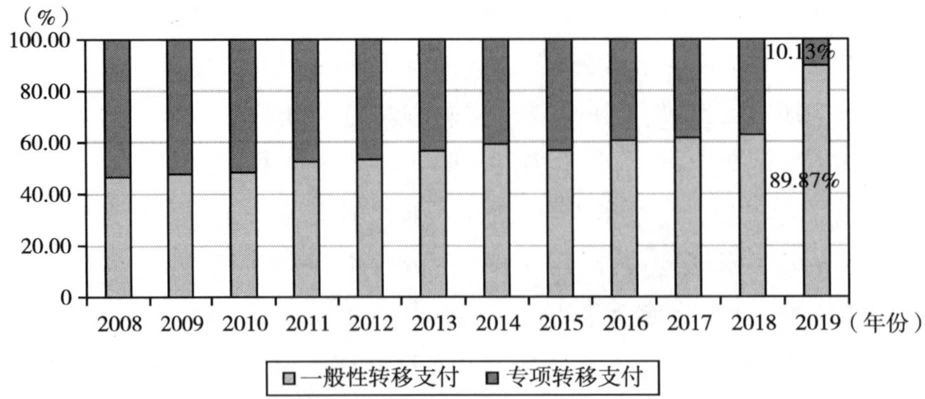

图 1－12　一般性转移支付和专项转移支付相对比重

资料来源：根据历年《中国财政年鉴》和财政部官网“关于 2018 年中央和地方预算执行情况与 2019 年中央和地方预算草案的报告”计算得出。

注：2019 年中央对地方转移支付决算数据尚未公布，图中为预算数据。

1.2　政府性基金预算收支

2019 年全国政府性基金预算收入 84516 亿元，同比增长 11.97%，完成预算 108.43%。分中央和地方看，中央政府性基金预算收入 4040 亿元，同比增长 0.18%，完成预算 96.35%；地方政府性基金预算本级收入 80476 亿元，同比增长 12.76%，完成预算 109.11%。2019 年全国政府性基金预算支出 91365 亿元，同比增长 13.35%，完成预算 91.54%。分中央和地方看，中央政府性基金预算支出 3113 亿元，同比增长 0.77%，完成预算 96.35%；地方政府性基金预算本级支出 88252 亿元，同比增长 13.91%，完成预算 91.54%。

2019 年国有土地出让收入达到 70082.35 亿元，同比增长 11.40%。

总体来看，2019 年各级政府在财政收支压力下，采取的对冲措施之一是增加政府性基金收入，其中主要做法是增加国有土地出让收入。地方政府在政府性基金收入问题上，超预算执行的动力大大强于中央政府。但实际上，没有一项政府收入是没有成本的，除土地出让金外，大部分政府性基金有间接税的性质，而税收的公平性和规范性高于政府性基金收入，且税收的经济扭曲性一般低于政府性基金收入。政府在实行大规模减税降费的政策时，要警惕政府性基金收入增长带来的新问题。

本节对我国政府性基金预算收支、国有土地出让收支的历年走势展开分析。由于 2009 年以后才正式形成“四本预算”的预算管理体制，因此，下文的分析区间均为 2010 年至今。

图 1－13、图 1－14 分别展示了全国层面和中央、地方层面政府性基金收支的历年总额和增长率情况。

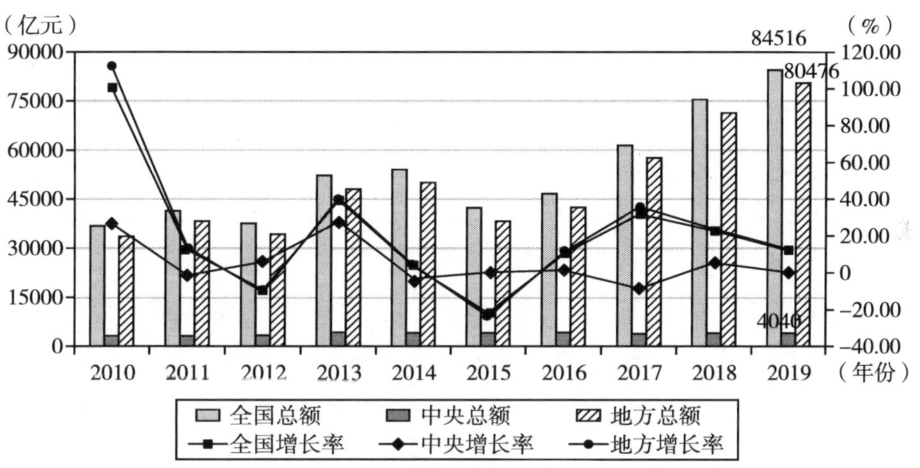

图 1－13　2010—2019 年政府性基金预算收入

资料来源：历年《中国财政年鉴》和财政部网站“2019 年财政收支情况”。

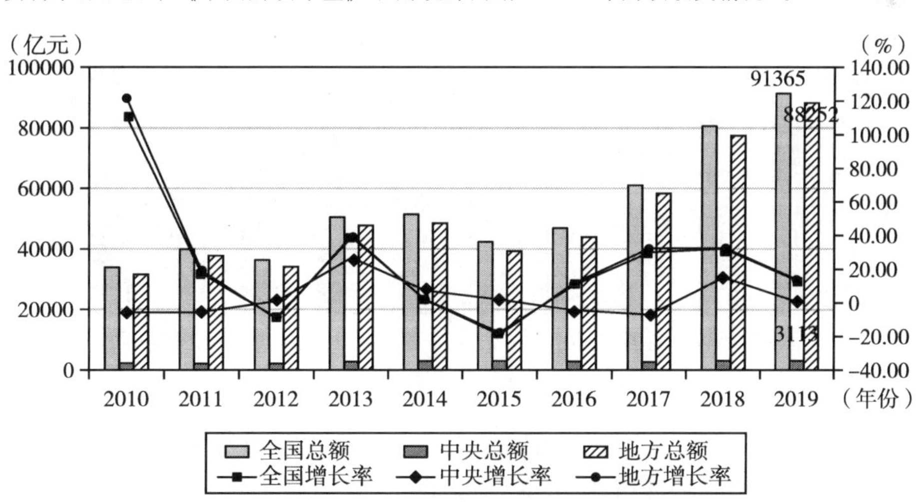

图 1－14　2010—2019 年政府性基金预算支出

资料来源：历年《中国财政年鉴》和财政部网站“2019 年财政收支情况”。

从图 1 – 13 可以看到，整体上全国政府性基金收入波动较大，并且变动方向与地方政府性基金收入一致，这是由于政府性基金主要由地方政府收取，地方收入相对占比较高（达 90% 以上），因此受地方收入拉动明显。例如，2010 年国有土地使用权出让收入超收、完成预算 213.20%，导致全国政府性基金预算收入增长率超过 100%；2015 年国有土地使用权出让收入大幅减少，导致全国政府性基金预算收入显著负增长。而中央政府性基金变动平稳，除 2013 年中央财政向烟草总公司收取部分税后利润用于支持铁路建设支出造成增长率异动外，基本控制在 10% 上下的波动区间。2019 年情况是：全国政府性基金预算收入 84516 亿元，同比增长 11.97%，增速比去年同期降低 10.80 个百分点，完成预算 108.43%。分中央和地方看，中央政府性基金预算收入 4040 亿元，同比增长 0.18%，完成预算 96.35%；地方政府性基金预算本级收入 80476 亿元，同比增长 12.76%，完成预算 109.11%。

图 1 – 14 展示的政府性基金预算支出变动趋势及原因基本与收入一致，在此不做赘述。2019 年情况是：全国政府性基金预算支出 91365 亿元，同比增长 13.35%，增速比去年同期下降 18.85 个百分点，完成预算 91.54%。分中央和地方看，中央政府性基金预算支出 3113 亿元，同比增长 0.77%，完成预算 96.35%；地方政府性基金预算本级支出 88252 亿元，同比增长 13.91%，完成预算 91.54%。

在政府性基金收入中，国有土地出让收入是主要部分，占比高于 70%，个别年份超过 85%，见图 1 – 15。

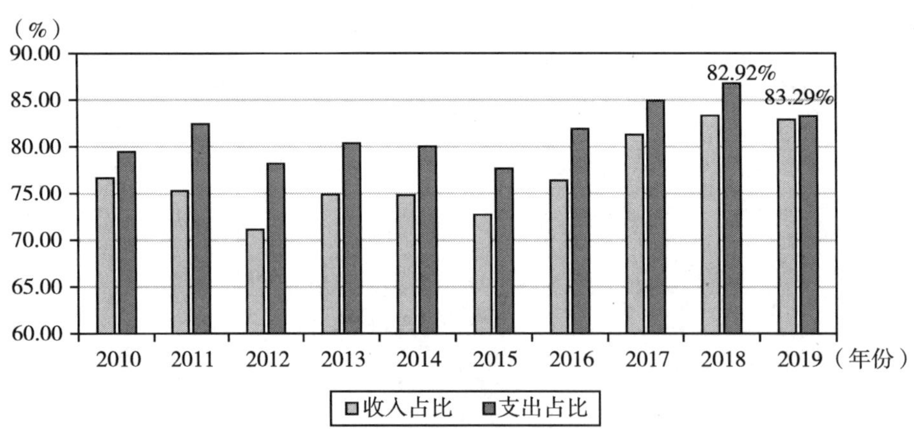

图 1 – 15　2010—2019 年国有土地出让收支占政府性基金收支比重

资料来源：根据历年《中国财政年鉴》和财政部官网数据计算得出。

图 1 – 16 显示 2010—2019 年国有土地出让收入变动情况。可以看出，2015 年国有土地出让收入开始连年增长，2019 年达到 70082.35 亿元，同比增长 11.40%。

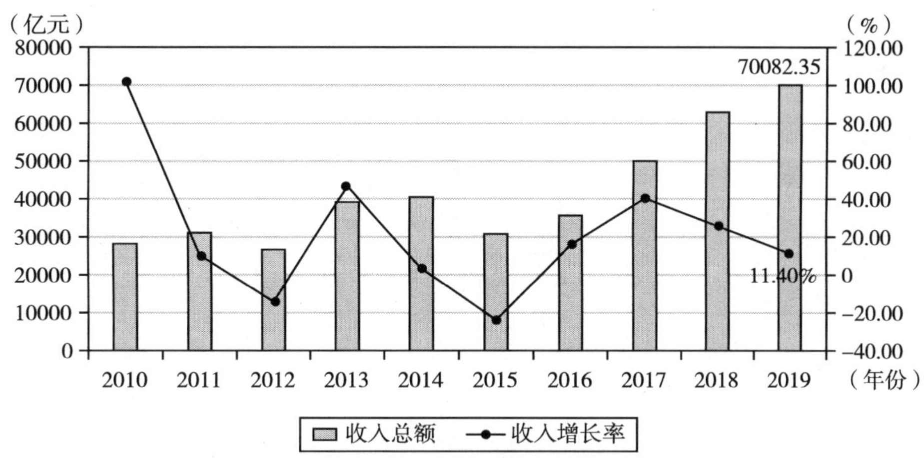

图1－16　2010—2019年国有土地出让收入

资料来源：历年《中国财政年鉴》和财政部网站“2019年财政收支情况”。2019年收入总额根据现公布的收入增长率倒推得出。

1.3　国有资本经营预算收支

2019年全国国有资本经营预算收入3960亿元，同比增长36.3%，完成预算117.65%。分中央和地方看，中央国有资本经营预算收入1636亿元，同比增长23.23%，完成预算99.87%；地方国有资本经营预算本级收入2324亿元，同比增长47.20%，完成预算134.51%。2019年全国国有资本经营预算支出2287亿元，同比增长6.20%，完成预算95.26%。分中央和地方看，中央国有资本经营预算支出987亿元，同比增长3.70%，完成预算86.89%；地方国有资本经营预算本级支出1300亿元，同比增长15.30%，完成预算102.78%。

国有资本经营预算是政府以所有者身份取得国有资本收益，并对所得收益进行分配而发生的收支预算，是政府预算的重要组成部分。图1－17、图1－18分别展示了全国层面和中央、地方层面国有资本经营预算收支的历年总额和增长率情况。

从图1－17可以看到，整体上除个别年份出现小幅下降外，其余年份国有资本经营预算收入均呈上升趋势；地方收入增长总体快于中央收入，并且2017年起收入总额超过中央。2019年情况是：全国国有资本经营预算收入3960亿元，

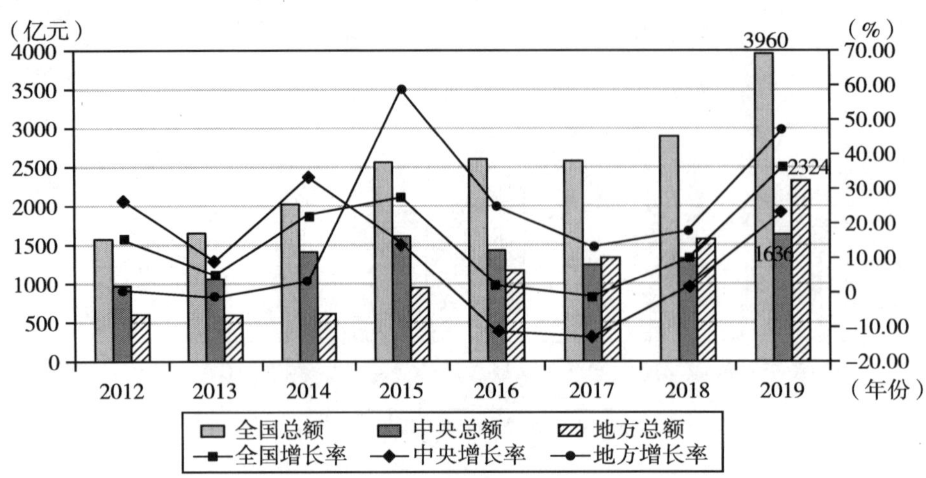

图 1－17　2012—2019 年国有资本经营预算收入

资料来源：历年《中国财政年鉴》和财政部网站“2019 年财政收支情况”。

同比增长 36.30%，完成预算 117.65%，主要是由于地方国有资本经营收入超预算完成。分中央和地方看，中央国有资本经营预算收入 1636 亿元，同比增长 23.23%，完成预算 99.87%；地方国有资本经营预算本级收入 2324 亿元，同比增长 47.20%，完成预算 134.51%。

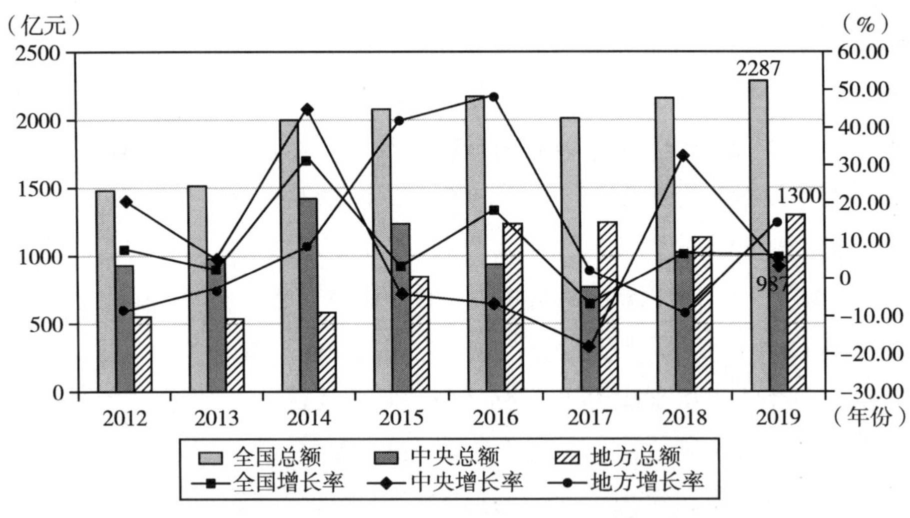

图 1－18　2012—2019 年国有资本经营预算支出

资料来源：历年《中国财政年鉴》和财政部网站“2019 年财政收支情况”。

图 1－18 显示，整体来看，除 2017 年出现小幅下降外，其余全国年份国有资本经营预算支出均平稳上升；其中，2015 年中央支出下降主要是由于厂办大

集体改革、“三供一业”分离移交工作进展低于预期和调入一般公共预算比例提高。2019 年情况是：全国国有资本经营预算支出 2287 亿元，同比增长 6.20%，完成预算 95.26%。分中央和地方看，中央国有资本经营预算支出 987 亿元，同比增长 3.70%，完成预算 86.89%，导致全国国有资本经营收入未达预算；地方国有资本经营预算本级支出 1300 亿元，同比增长 15.30%，完成预算 102.78%。

1.4　社会保险基金预算收支

2018 年全国社会保险基金预算收入 79002.58 亿元，同比增长 35.19%；全国社会保险基金预算支出 67380.69 亿元，同比增长 38.49%。

总体上看，近年来人口老龄化加剧和医疗保险需求的扩大，导致社会保险基金支出压力加大，收支矛盾进一步突出。2015—2018 年财政对社会保险的补贴由 1.02 万亿元增加到 1.77 万亿元，达到当年社保支出的 26%，明显高于当年收支结余数，说明社保基金的运行已经在很大程度上依赖于财政补贴，如果没有财政补贴，社会保险基金预算将出现较大的赤字。2020 年为应对新冠肺炎疫情的冲击，政府采取对社保费阶段性减免 6500 亿元的政策，并且财政部和人社部表示将加大中央财政对基本养老保险基金的补充力度，这意味着 2020 年财政对社会保险基金的补贴将进一步扩大。

实际上，2018 年中国社会保险资金滚存结余达 89377.51 亿元，但是由于社会保险缺乏全国统筹，导致地区之间、险种之间资金调剂程度较差。收支资金缺口扩大、疫情冲击、人口老龄化、医疗保险需求增长，几方面压力叠加在一起，凸显社会保险制度进行全国统筹改革及其他制度创新的紧迫性和必要性。

社会保险基金主要包含五大类，分别是：基本养老保险基金、基本医疗保险基金、工伤保险基金、失业保险基金和生育保险基金。社会保险基金收支规模反映社会保险的范围和保障力度。

图 1－19 展示了全国社会保险基金总收支的历年总额和增长率情况。可以看到，全国社会保险基金收入均呈上升趋势，多数年份增长率基本维持在 10%—20%之间；其中，2011 年由于将居民社会养老保险和居民基本医疗保险纳入预算编制范围，导致当年增长率超过 50%，2018 年将机关事业单位基本

养老保险基金纳入预算编制范围，使得中央和地方社会保险基金收支增长较多。全国社会保险基金支出与收入保持同向变动，原因与收入基本一致，在此不做赘述。根据目前可获得的2018年最新数据，2018年决算情况是：全国社会保险基金预算收入79002.58亿元，同比增长35.19%，完成预算116.02%；全国社会保险基金预算支出67380.69亿元，同比增长38.49%，完成预算104.40%。

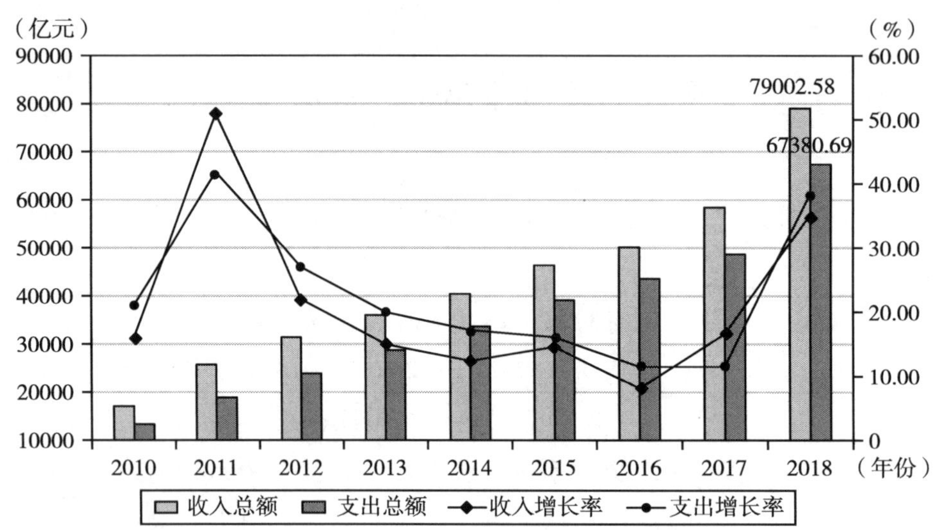

图1－19　全国社会保险基金预算收支

资料来源：财政部官网历年《全国社会保险基金决算的说明》。

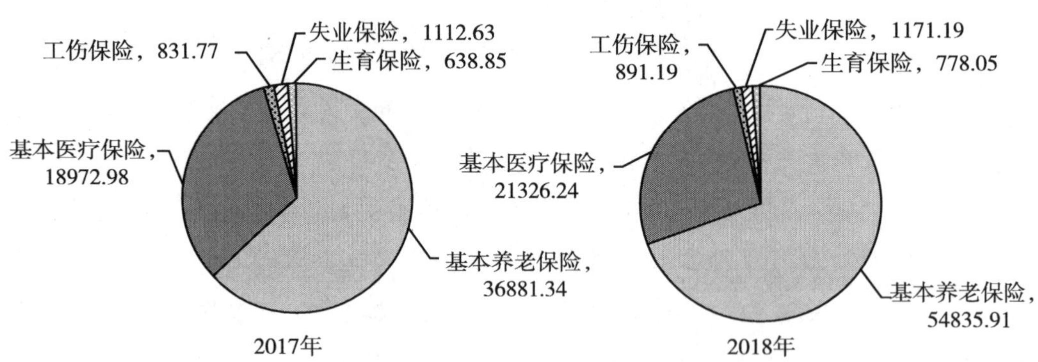

图1－20　社会保险基金收入具体构成（亿元）

资料来源：财政部官网历年《全国社会保险基金决算的说明》。

图1－20、图1－21分别对社保基金收支的具体构成进行分析。基本养老保险收入占社会保险基金收入的比重最大，2018年将近70%，其中企业职工基本

养老保险为主要科目。其次是基本医疗保险收入，占比约27%。具体看2018年情况：基本养老保险收入54835.91亿元，同比增长48.68%，主要由于2018年新纳入了机关事业单位基本养老保险项目；其中，企业职工基本养老保险收入37520.97亿元、同比增长11.86%，城乡居民基本养老保险收入3870.12亿元、同比增长15.90%，新纳入项目机关事业单位基本养老保险收入13444.82亿元。基本医疗保险收入21326.24亿元，同比增长12.40%；其中，职工基本医疗保险收入13358.60亿元、同比增长10.09%，居民基本医疗保险收入7967.64亿元、同比增长16.51%。工伤保险收入891.19亿元，同比增长7.14%；失业保险收入1171.19亿元，同比增长5.26%；生育保险收入778.05亿元，同比增长21.79%。

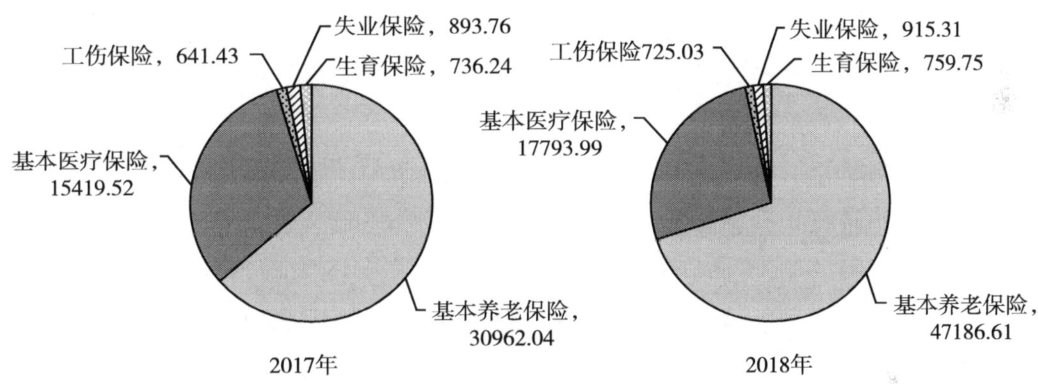

图1－21 社会保险基金支出具体构成（亿元）

资料来源：财政部官网历年《全国社会保险基金决算的说明》。

图1－21呈现了社会保险基金支出结构。图中显示，基本养老保险支出和基本医疗保险支出占比较大，合计占比将近97%。具体看2018年情况：基本养老保险支出47186.61亿元，同比增长52.40%；其中，企业职工基本养老保险支出31567.28亿元、同比增长10.50%，城乡居民基本养老保险支出2938.39亿元、同比增长22.67%，新纳入项目机关事业单位基本养老保险支出12680.94亿元。基本医疗保险支出17793.99亿元，同比增长15.40%；其中，职工基本医疗保险支出10524.54亿元、同比增长13.19%，居民基本医疗保险支出7269.45亿元、同比增长18.76%。工伤保险支出725.03亿元，同比增长13.03%；失业保险支出915.31亿元，同比增长2.41%；生育保险支出759.75亿元，同比增长3.19%。

1.5　政府总收入与宏观税负

2019年我国税收收入为157992亿元，一般公共预算收入为190382亿元，据此测算得出我国小口径宏观税负为15.94%，中口径宏观税负为19.21%。2019年社保基金数据和土地出让成本性支出数据尚未公布，根据最新数据测算2018年大口径宏观税负为28.78%。

总体而言，我国宏观税负自2013年后，呈现连续下降趋势，它是积极财政政策的一个重要环节。社会对我国宏观税负容易产生两个误读：一是认为我国宏观税负较高，二是认为随着经济发展宏观税负应该下降。实际上，我国“四本预算”当中有重复计算部分，并且土地出让收入不应全部计算为政府收入。

从各国财政发展规律和跨国比较看，越是发达国家，宏观税负越高。在判断我国宏观税负时，不能简单认为宏观税负越低越好，应该思考：为什么世界范围内人均GDP与宏观税负呈正相关关系？财政收支增长的规律性特征是什么？税收与非税相比，哪一个扭曲性更强？如果要调整税制结构，应该如何调整？征税应建立在什么样的社会共识基础上？税收的效率原则和公平原则哪个优先？等等。深入讨论才会有助于问题解决。

目前，政府收入由“四本预算”组成，如上所述，分别是一般公共预算、社保基金预算、政府性基金预算和国有资本经营预算。但是，政府收入并非“四本预算”的简单加总，还需要进行如下处理：第一，考虑到结转因素会对政府总收入产生重复计算，因此需要将一般公共预算、政府性基金预算、国有资本经营预算中的结转收入剔除；第二，考虑到调入资金会产生重复计算，因此需要将一般公共预算、政府性基金预算的调入收入剔除；第三，由于我国社会保障收入很大部分来自于财政预算资金的调入，因此需要将财政对社会保障基金的补助收入扣除，以避免重复计算；第四，国有土地出让收入安排支出中的成本性支出，具有成本性和偿还性，其相应的收入是政府不可支配的，因此也需要剔除。另外，由于2019年社保基金数据和土地出让成本性支出数据尚未公布，截至目前可估计出2010—2018年的政府收入。综上，可以得到修正后的“四本预算”实际收入。

表1-1汇报了2010—2019年“四本预算”实际收入规模。

表 1－1　　2010—2019 年“四本预算”实际收入规模　　单位：亿元

年份	一般公共预算	政府性基金预算	国有资本经营预算	社保基金预算	合计	对社保基金的补助	土地成本性支出	修正合计
2010	83101.51	36785.02	995.96	17070.66	137953.15	2461.08	13277.35	122214.72
2011	103874.43	41363.13	1363.74	25757.67	172358.96	6201.36	20590.53	145567.07
2012	117253.52	37534.90	1572.84	31411.00	187772.26	4045.50	19859.43	163867.33
2013	129209.64	52268.75	1651.36	35993.58	219123.33	8971.60	30359.44	179792.29
2014	140370.03	54113.65	2023.44	40438.81	236945.93	10399.86	33952.37	192593.70
2015	152269.23	42338.14	2560.16	46354.08	243521.61	10244.17	26844.59	206432.85
2016	159604.97	46643.31	2601.84	50112.47	258962.59	11088.60	36283.75	211590.24
2017	172592.77	61479.66	2578.69	58437.57	295088.69	12351.76	36855.43	245881.50
2018	183359.84	75479.07	2899.95	79002.58	340741.44	16776.83	52947.85	271016.76
2019	190382	84516	3960					

资料来源：历年《中国财政年鉴》、财政部官网数据、《关于社会保险基金决算的说明》。其中，国有资本经营 2012—2019 年为准确数字，2010 年、2011 年为实际中央国有资本经营收支按照 2012—2019 年平均占比倒推得出的估算值；对社保基金的补助 2015—2018 年为准确数字，2014 年以前为包括财政补贴收入、利息收入等收入在内总和的估计数；土地成本性支出来自财政部《全国土地出让收入情况》《全国政府性基金收入决算表》《地方政府性基金支出决算表》等。

基于以前章节的税收收入、一般公共预算收入，以及表 1－1 得出的修正政府总收入，可以测算出我国不同口径宏观税负情况。当前，度量宏观税负有三种口径：小口径是税收收入占 GDP 的比重；中口径是财政收入占 GDP 的比重；大口径是政府总收入占 GDP 的比重。具体测算结果如图 1－22 所示。

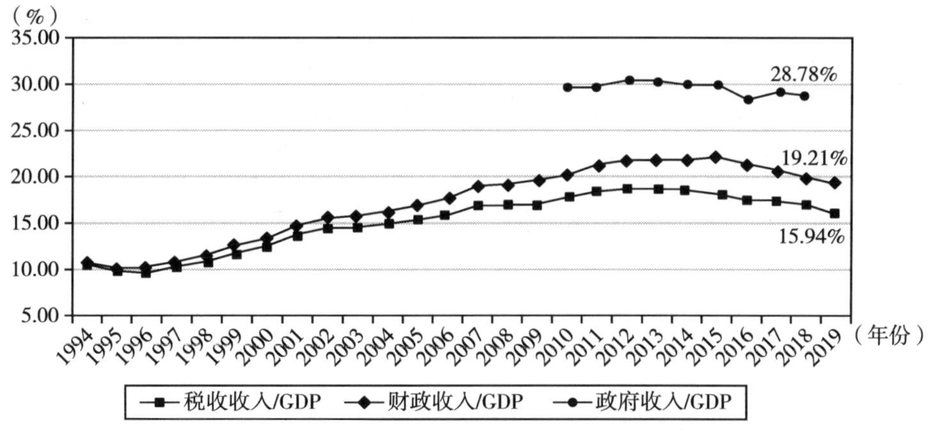

图 1－22　2010—2019 年我国不同口径宏观税负

可以看到，由于 1994 年“分税制”带来了强有力的税收激励，中小口径税负不断提高，加之三大税收增长红利的综合作用，推动税收收入高速增长，进一步影响财政收入同步增长。2013 年后，我国实行了一系列减税降费措施，例如“营改增”、企业所得税税收优惠、降低增值税税率等政策，一定程度上导致税收增长呈放缓趋势，小口径和中口径税负同步下降，截至 2019 年分别为 15.94% 和 19.21% 。除此之外，大口径宏观税负基本维持在 30% 左右。近年来，由于减税降费政策的实施，大口径宏观税负呈现下降趋势，截至 2018 年为 28.78% 。

1.6　财政平衡与财政赤字

2019 年一般公共预算赤字率为 2.79% ，但扣掉“全国财政使用结余结转及调入资金”和“补充中央预算稳定调节基金”后，一般公共预算实际赤字率达到 4.89% 。如果同时考虑一般公共预算收支和政府性基金预算收支状况，则 2019 年中国总体赤字率为 5.59% 。

2019 年中央财政债务余额约为 166000 亿元，同比增长 10.96% ；地方债余额为 240774.30 亿元，同比增长 30.95% 。

我们一直强调 3% 的赤字率上限，实际上它是当年欧盟启动欧元时德国和法国协调的结果，并不是国际铁律。各国实践表明，危机发生后，很多国家已经突破了 3% 的约束。以 2008 年金融危机为例，经济发达国家的平均赤字率由 2008 年的 1.9% 迅速上升到 7.4% ，其中也包括不少欧盟国家。面对我国实际财政赤字已突破 3% 、2020 年解决一系列经济社会问题需要财政发力的事实，我们对财政赤字率的态度是取其名，还是取其实？

财政收支不平衡就会出现财政赤字，为弥补财政赤字就需要发行国债。本节对我国财政赤字与政府债务的历年走势和构成展开分析。

赤字率计算有三种口径：一是公布赤字率，它考虑了一般公共预算收支，以及“结转结余及调入资金”和“补充中央预算稳定调节基金”等项目；[①] 二是实际赤字率，由于“结转结余及调入资金”属于历年积累的资金，和“补充中央预算稳定调节基金”类似，均属于弥补赤字的手段，因而为反映当年实际收支情况，在实际赤

① 公布赤字率 = ［（全国一般公共预算支出 + 补充预算稳定调节基金 + 结转下年支出的资金）－（全国一般公共预算收入 + 结转结余资金及调入资金）］/GDP。

字率的计算中要剔除预算稳定调节基金和结余结转资金的影响，直接表示为一般公共预算支出减去一般公共预算收入后除以 GDP；三是总体赤字率，是将政府性基金收支状况与一般公共预算收支状况合并后计算的赤字，它能在更大范围反映财政平衡状况。实际赤字率和总体赤字率也是当前计算赤字率的国际通行标准。

图 1－23 反映了我国历年公布赤字率、实际赤字率和总体赤字率情况。可以看出，2009—2012 年各口径赤字率逐年下降，2013 年开始赤字率回升。2016 年财政公布的赤字率最高，达到 2.92%，之后略有下降，截至 2019 年为 2.79%。从实际赤字率来看，2015 年开始实际赤字率均高于公布赤字率，且呈上升趋势，2019 年达到 4.89%，说明近几年一般公共预算收支缺口不断扩大。从更为广义的总体赤字率来看，2017 年及以前均低于实际赤字率，而 2018—2019 年均显著高于实际赤字率，分别达到 4.64% 和 5.59%，表示近两年政府性基金收支缺口明显上升。

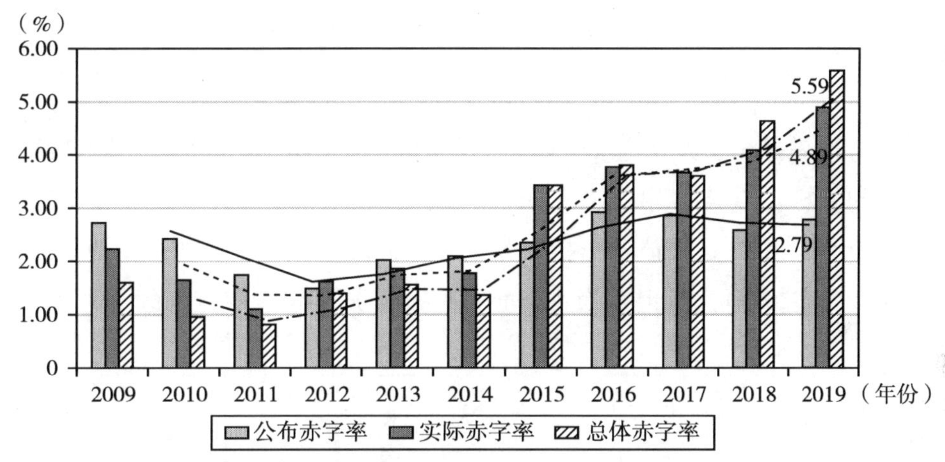

图 1－23　2009—2019 年不同口径赤字率

资料来源：财政部官网历年“中央和地方预算执行情况和预算草案的报告”、《中国统计年鉴》及财政部公布“2019 年财政收支情况”。

注：（1）图中折线部分为赤字率的移动平均值；（2）2019 年公布赤字率为预算赤字率。

政府债务方面分为中央债务和地方债务两部分。[①] 图 1－24 显示，2006—2019 年中央财政债务余额持续上升，2019 年约 166000 亿元，同比增长 10.96%，增长率略有下降。从增长趋势看，2007 年中央财政债务余额大幅上升，主要是因为 1.5 万亿元特别国债的发行，当年增长率达到 48.70%；2008 年之后各年份增长率维持在 10% 左右。

① 由于报告第 5 章阐述了地方债务的具体情况，这里不做赘述。

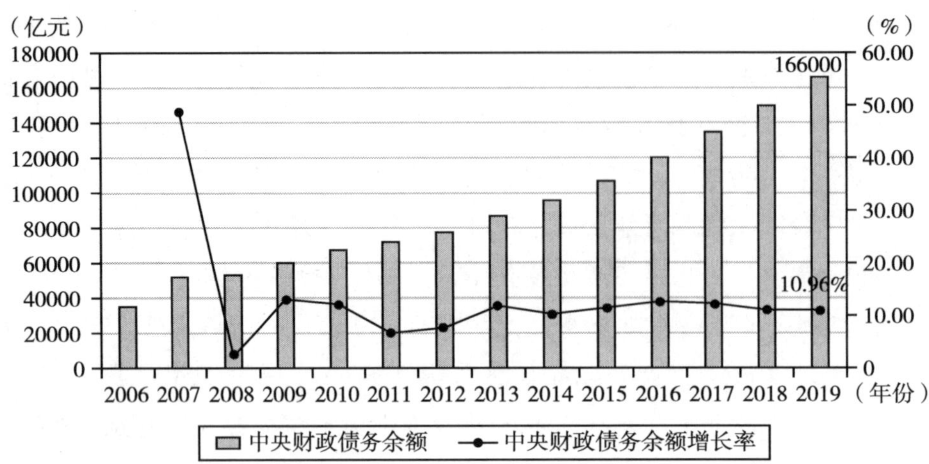

图 1-24　2006—2019 年中央财政债务余额及增长率

资料来源：历年《中国统计年鉴》、国库司官网“国债、地方政府债券发行和市场运行情况”。

注：（1）我国从 2006 年开始实行债务余额管理。（2）财政部 2019 年中央对地方转移支付决算数据尚未公布，图中为国库司数据。

债务负担率是衡量经济总规模对政府债务承载能力或经济增长对政府举债依赖程度的指标。以债务余额占 GDP 比重计算债务负担率，如图 1-25 所示，2016—2019 年，中央财政债务负担率维持在 16% 左右，总体债务负担率也相对稳定。2019 年总体债务负担率为 41.05%，低于欧盟 60% 的警戒线。

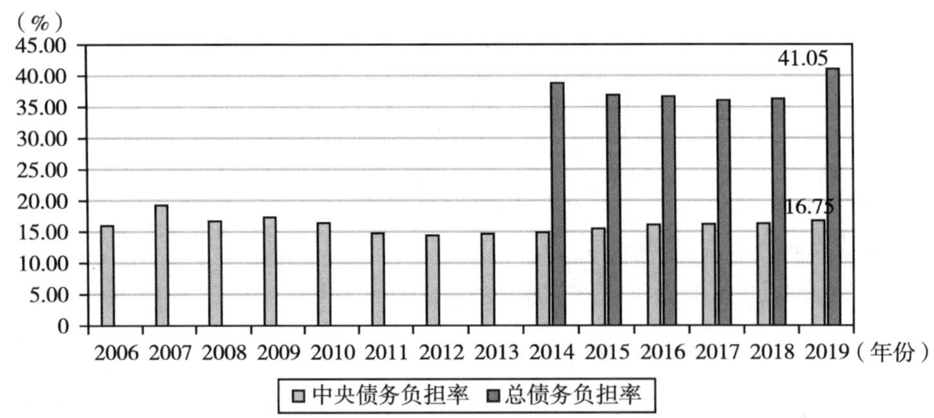

图 1-25　2006—2019 年债务负担率

资料来源：历年《中国统计年鉴》、财政部官网“2019 年 12 月地方政府债券发行和债务余额情况”。

注：中央财政债务负担率 = 中央财政债务余额/GDP，总债务负担率 =（中央财政债务余额 + 地方政府债务余额）/GDP。

第2章　各省（自治区、直辖市）财政收入情况分析

我国各省（自治区、直辖市）的全口径预算财政收入由“四本预算”组成，分别为一般公共预算、政府性基金预算、国有资本经营预算和社会保险基金预算。本章从规模、结构、增长率的角度对各省（自治区、直辖市）[①]“四本预算”财政收入的2019年运行状况进行分析，并结合2020年预算对其预算收入安排进行分析。*

2.1　一般公共预算收入状况

受2019年大规模减税降费政策影响，各省（区、市）的一般公共预算收入下滑严重，增长率平均仅为2.65%，有不少省份出现负增长。其中税收收入下降尤为明显，2019年各省税收收入平均增长率为-6.50%，增值税收入和个人所得税收入下降幅度最大。

与此同时，一般公共预算中非税收入呈大幅度增长趋势，2019年各省（区、市）非税收入平均增长率为11.00%，非税收入的增长主要源自盘活国有资源资产。2020年，受经济下行压力的冲击和减税降费政策翘尾因素的影响，各省（区、市）的一般公共预算收入普遍预期增长率较低，平均仅为1.90%，部分省份甚至预期将出现负增长。

---

* 本章分析29省（自治区、直辖市）财政收入状况。受限于港澳台地区财政收入口径与内地不同，且四川和云南两省在本报告撰写时尚未召开地方两会，《2019年预算执行情况和2020年预算草案》缺失，故未将港澳台地区以及这两省纳入分析中。此外，对于一般公共预算细项，由于近一半省份在《2019年预算执行情况和2020年预算草案》中仅公开了省级财政状况，全省层面细项数据缺失，故本报告在一般公共预算收支细项的分析中仅考虑已公开的十余省。最后，安徽的政府性基金预算等三本预算缺失了2018年决算数，故本报告在计算2019年增长率时未考虑安徽。第3章和第4章的情况类似，不再赘述。

① 简写为（区、市），后文不再赘述。

各省（区、市）普遍在2020年初召开地方人民代表大会并公布财政收支计划，但新冠肺炎疫情的暴发使得各省（区、市）所做的2020年财政收入预测已不能反映最新形势发展。疫情冲击后经济下行和减税降费政策出台，2020年将是各省（区、市）财政非常艰难的一年，它会深度考验各级政府平衡经济社会目标和避免财政风险的能力。

图2－1和图2－2分别展示了2019年我国各省（区、市）一般公共预算收入情况和相较2018年增长情况。

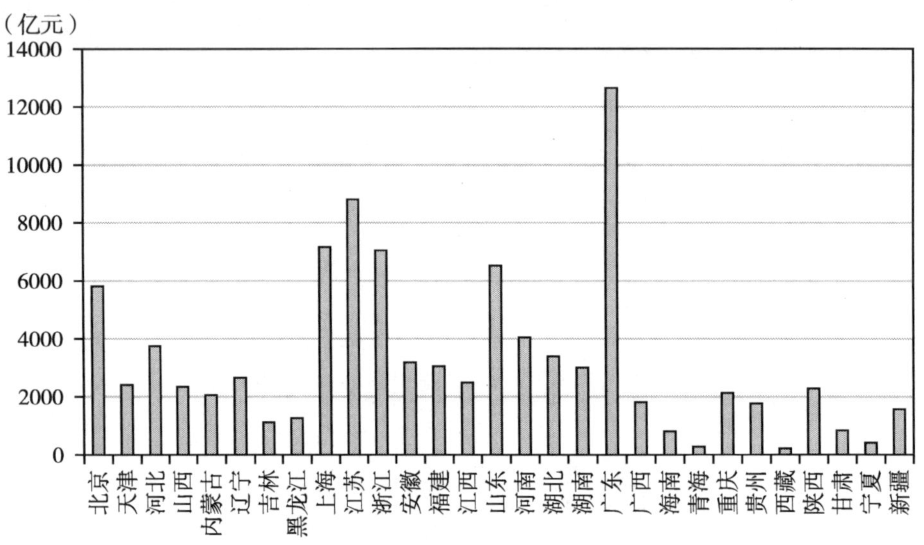

图2－1　各省（区、市）2019年一般公共预算收入

资料来源：各省（区、市）2019年预算执行情况。

从总量上看，多数省份一般公共预算收入位于2000亿元至6000亿元的区间内，部分省份收入较高，位于6000亿元以上，个别省份收入较低，位于2000亿元以下。其中，广东省的收入最高，达到12651.46亿元；西藏自治区的收入最少，为221.90亿元。从空间分布格局来看，2019年我国南部及东南沿海地区收入较高，西部地区收入较低。

从增长角度看，2019年各省（区、市）一般公共预算收入增长率平均为2.65%，其中有6个省份增长率为负，分别是：重庆（－5.76%）、西藏（－3.67%）、宁夏（－2.96%）、吉林（－10.00%）、黑龙江（－1.56%）、甘肃（－2.39%）。增长率超过5%的省份仅有8个，有些省份财政收入增长并非来自税收自然增长，而是来自上一年度缓税和矿业权出让收益等一次性收入。天津（14.43%）和内蒙古（10.88%）的增长率虽然高，但很大程度上是由之前这两地财政大力“挤水分”所致。

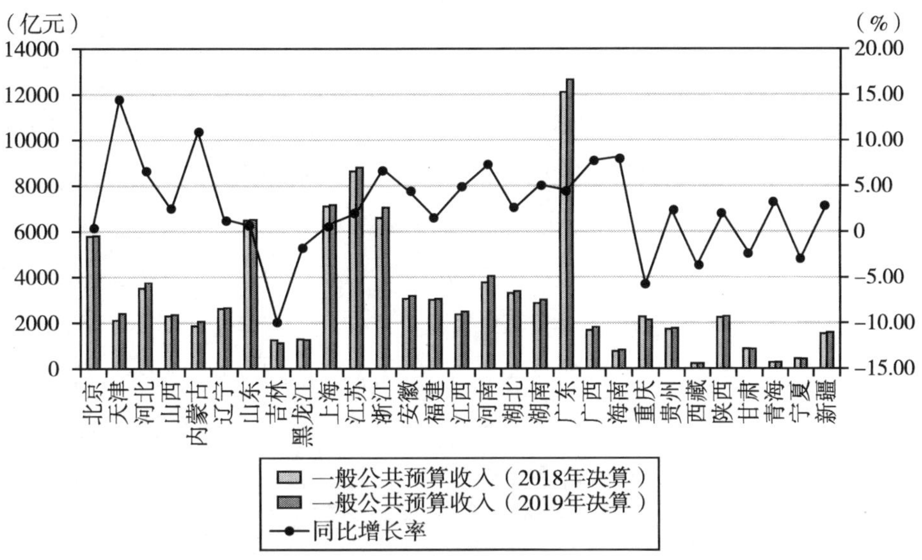

图 2-2　各省（区、市）一般公共预算收入决算数比较

资料来源：各省（区、市）2018 年、2019 年预算执行情况。

图 2-3 展示了各省（区、市）一般公共预算收入 2020 年预算数与 2019 年决算数的比较情况。其中，河南省一般公共预算收入增长率最高，2020 年预算数

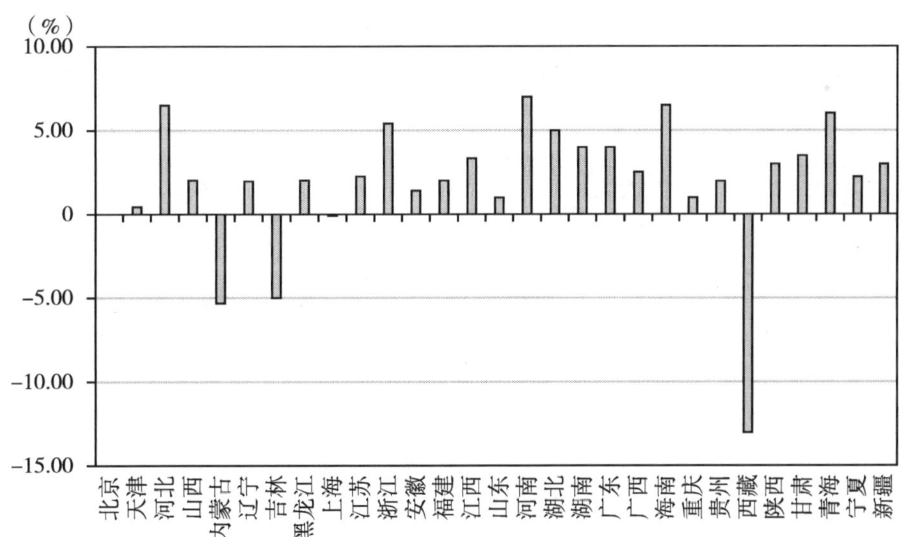

图 2-3　各省（区、市）2020 年一般公共预算收入预期增长率①

资料来源：各省（区、市）2019 年预算执行情况和 2020 年预算草案。

① 一般公共预算收入 2020 年预期增长率指的是 2020 年一般公共预算收入预算数超过 2019 年决算数的比重。对于其他收入项目的预期增长率做法类似，不再赘述。

相比 2019 年决算数超过 7.00%；西藏自治区一般公共预算收入增长率最低，为 -13.02%。海南、河北、河南、青海、浙江等省份同比增长率均超过 5.00%。吉林、内蒙古、西藏三省（区）均为负增长，吉林省 2020 年一般公共预算收入比上年下降 5.00%，主要是受落实国家减税降费政策翘尾等因素影响；内蒙古自治区 2020 年一般公共预算收入比上年下降 5.33%，主要是因为 2019 年决算中包含上年缓税和矿业出让权等一次收入较多，2020 年在预算编制过程中予以剔除；西藏自治区 2020 年一般公共预算收入比上年下降 13.02%，主要是受经济下行压力和落实减税降费政策的影响。为抗击新型冠状病毒感染的肺炎疫情，近日财政部、税务总局、国家发改委联合出台了一系列财政政策。伴随相应减税降费措施的推行，预计 2020 年决算中各省（区、市）一般公共预算收入会少于 2020 年预算数。

各省（区、市）的一般公共预算收入主要包括两部分：税收收入与非税收入。下面，我们具体分析其规模与结构。

2.1.1 税收收入

首先进行税收收入总规模分析。2019 年，我国各主要省（区、市）的税收收入情况如图 2-4 所示，超过 4000 亿元的省（市）依顺序分别为广东、江苏、

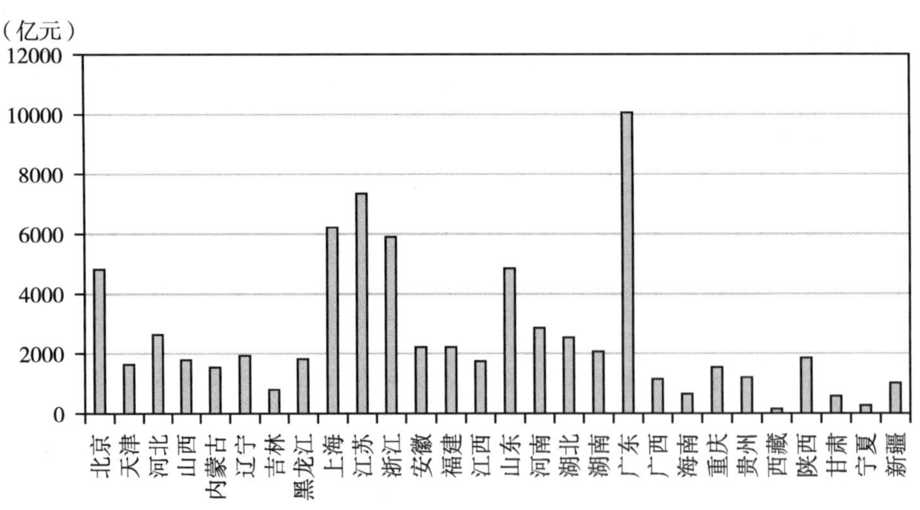

图 2-4 各省（区、市）2019 年税收收入

资料来源：各省（区、市）2019 年预算执行情况。

上海、浙江、山东、北京。多数省份税收收入位于 2000 亿元以下，有 5 个省份低于 1000 亿元，西藏自治区的税收收入最少，为 149. 09 亿元。

其次进行税收收入增长率分析。如图 2－5 所示，2019 年各省（区、市）税收收入平均增长率为－6. 50％ 。有 11 个省份税收同比负增长，吉林（－10. 53％）和宁夏（－10. 32％）下滑最明显。仅有 5 个省份税收增长率超过 5％，表明 2019 年大规模减税对税收增长造成了负向影响。

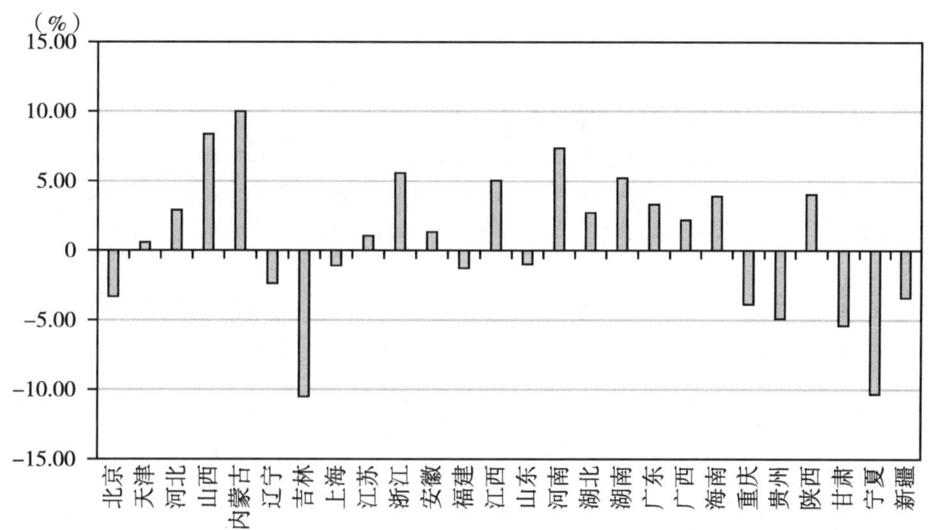

图 2－5　各省（区、市）税收收入同比增长率①

资料来源：各省（区、市）2018 年、2019 年预算执行情况。

各省（区、市）2020 年预算报告中的税收收入增长率体现了今年各省（区、市）的税收预期增幅，如图 2－6 所示。其中，河北省税收收入增长率最高，为 8. 01％；吉林省税收收入增长率最低，为－4. 87％。超过 5％ 的仅有安徽、广东、河北、湖北、宁夏 5 个省（区），吉林省甚至预计税收增长率为－4. 87％，这反映了 2020 年各省（区、市）对税收增长预期不容乐观。

下面，我们从个人所得税、增值税、企业所得税三项主体税种的角度分析各省的税收收入结构。

（1）个人所得税

首先对个人所得税进行总规模分析。2019 年，我国各主要省份的个人所得税收入情况如图 2－7 所示：多数省份个人所得税收入位于 200 亿元以下，部分

① 同比增长率使用 2019 年决算数超过 2018 年决算数的比重计算。下同。

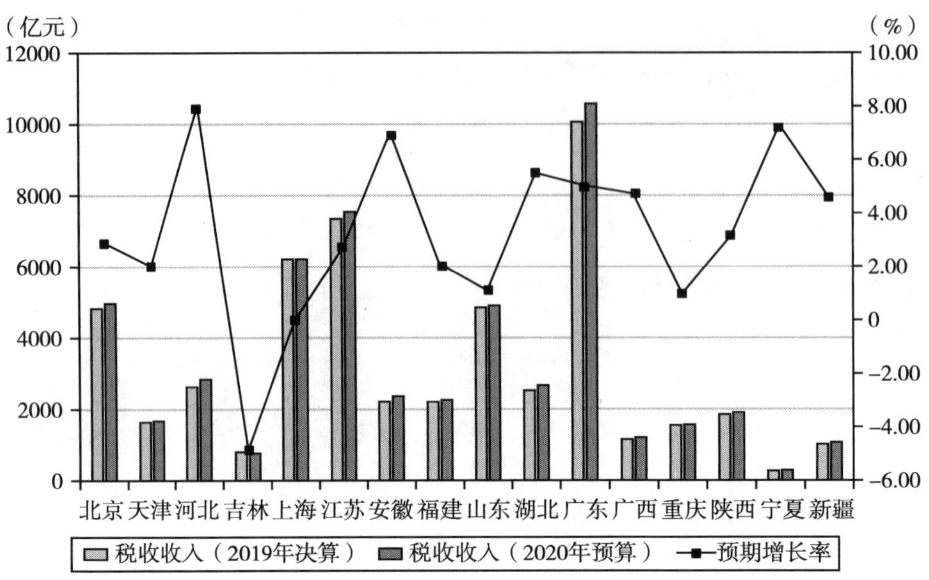

图 2－6　各省（区、市）2020 年税收收入及增长率（与 2019 年决算相比）

资料来源：各省（区、市）2019 年预算执行情况和 2020 年预算草案。

省份个人所得税收入较高，位于 600 亿元以上，个别省份收入较低，位于 30 亿元以下。其中广东省的个人所得税收入最高，达到 656.19 亿元；甘肃省的个人所得税收入最少，为 20.30 亿元。从个人所得税占税收收入比重看，北京市

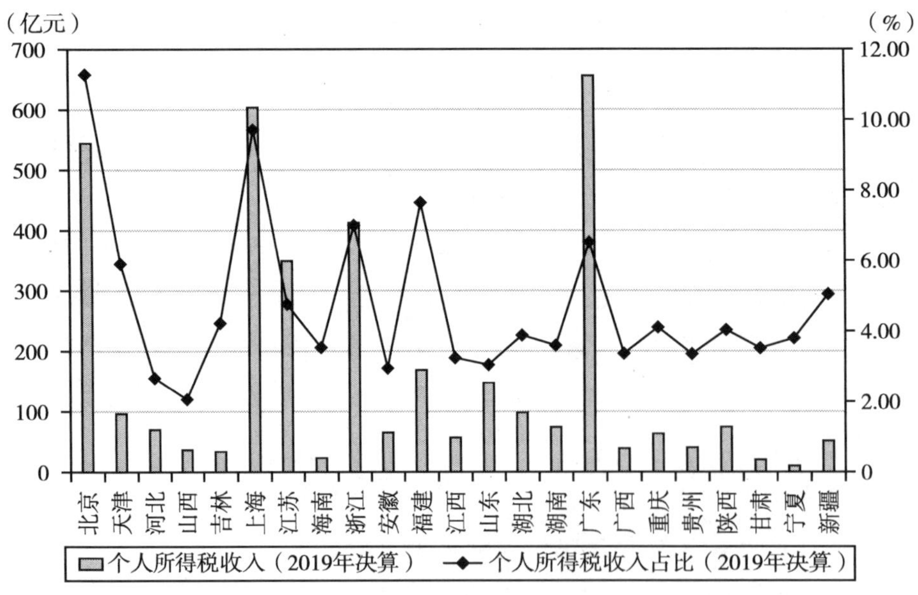

图 2－7　各省（区、市）2019 年个人所得税收入

资料来源：各省（区、市）2019 年预算执行情况。

（11.28%）和上海市（9.71%）是个人所得税占比是最高的两个地区，主要是因为这两市高收入群体较为集中。

其次进行个人所得税增长率分析，如图2－8所示。各主要省份2019年个人所得税收入与2018年相比均大幅度下降，平均下降28.10%，它反映了2018年个人所得税改革的减收效应。其中，贵州省个人所得税收入降幅最大，同比降低41.82%。

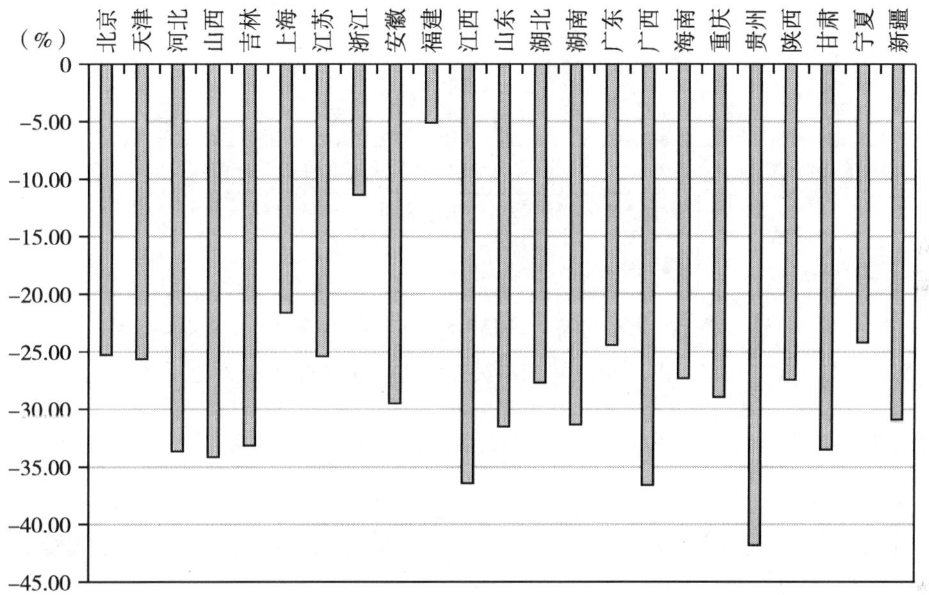

图2－8　各省（区、市）2019年个人所得税收入同比增长率

资料来源：各省（区、市）2018年、2019年预算执行情况。

各省（区、市）2020年预算报告中的个人所得税收入增长率体现了今年的个人所得税收入预期增幅，如图2－9所示。其中，2020年北京市个人所得税收入增长率最高，为13.20%；吉林省个人所得税收入增长率最低，为－4.99%。2020年各主要省份个人所得税收入总体趋势是同比正增长，主要是因为2019年落实个人所得税改革政策减收效应显著。仅广西壮族自治区（－4.06%）和吉林省（－4.99%）为负增长，主要是因为影响财政经济平稳运行的不确定性因素仍然较多，工业持续低位运行，服务业、消费市场增长乏力，经济面临新的下行压力，财税增收基础不牢固，减税降费政策的翘尾因素带来的减收效应仍将持续。

（2）增值税

首先对增值税进行总规模分析。2019年，我国各主要省份的增值税收入情

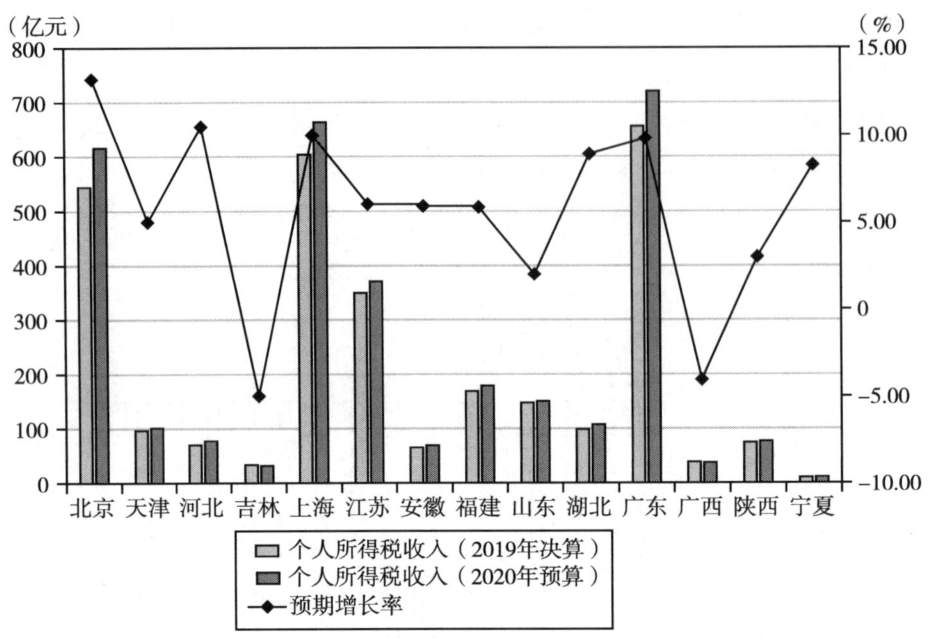

图 2－9　各省（区、市）2020 年个人所得税收入预期增长率

资料来源：各省（区、市）2019 年预算执行情况和 2020 年预算草案。

况如图 2－10 所示：多数省份增值税收入位于 1000 亿元以下。部分省份增值税收入较高，位于 2000 亿元以上；个别省份收入较低，位于 500 亿元以下。其中广东省的增值税收入最高，达到 3977.03 亿元；宁夏回族自治区的增值税收入最低，为 114.28 亿元。

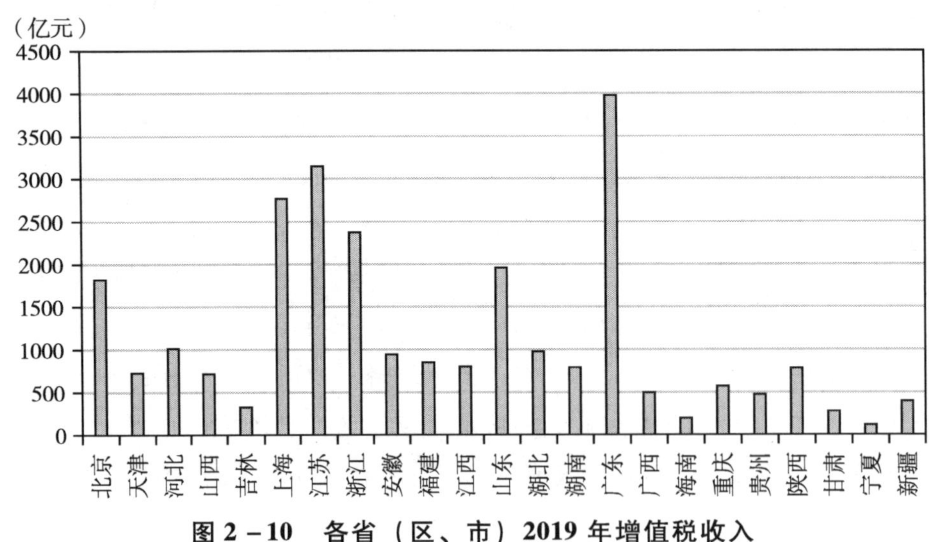

图 2－10　各省（区、市）2019 年增值税收入

资料来源：根据各省（区、市）2019 年决算报告数据整理绘制。

其次进行增值税增长率分析，如图 2－11 所示。各主要省份 2019 年增值税收入与 2018 年相比呈正增长趋势，但增长率普遍较低，主要是因为落实增值税改革政策。其中，江西省的增值税收入增长率最高，为 11.85%；但也有甘肃（－5.90%）、贵州（－2.58%）、海南（－2.98%）、吉林（－9.85%）、宁夏（－14.71%）、新疆（－7.14%）、浙江（－1.42%）、重庆（－2.11%）等 8 个省（区、市）的增值税收入同比下降，它反映了 2019 年深化增值税改革的减收效应。其中，宁夏回族自治区增值税收入降幅最大，同比降低 14.71%。

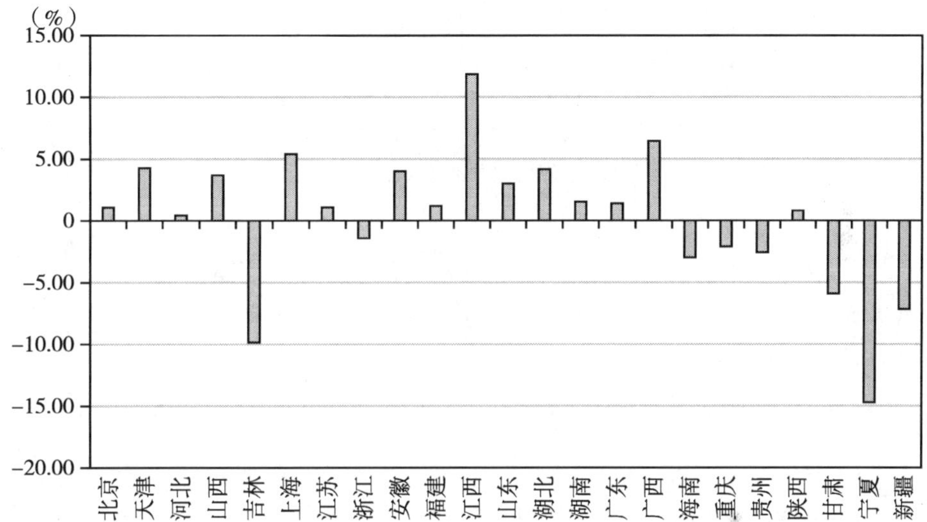

图 2－11　各省（区、市）2019 年增值税收入同比增长率

资料来源：各省（区、市）2018 年、2019 年预算执行情况。

各省（区、市）2020 年预算报告中的增值税收入增长率体现了今年的个人所得税收入预期增幅，如图 2－12 所示。其中，2020 年河北省增值税收入增长率最高，为 10.72%；吉林省增值税收入增长率最低，为－9.31%。2020 年各主要省份增值税收入总体趋势是同比正增长，主要是因为 2019 年深化增值税改革政策减收效应显著。然而福建省（－1.00%）、吉林省（－9.31%）、上海市（－4.84%）为负增长，主要是因为将继续落实减税降费政策，巩固增值税改革成效。

（3）企业所得税

首先对企业所得税进行总规模分析。2019 年，我国各主要省份的企业所得税收入情况如图 2－13 所示：多数省份企业所得税收入位于 500 亿元以下。部分省份企业所得税收入较高，位于 1000 亿元以上；个别省份收入较低，位

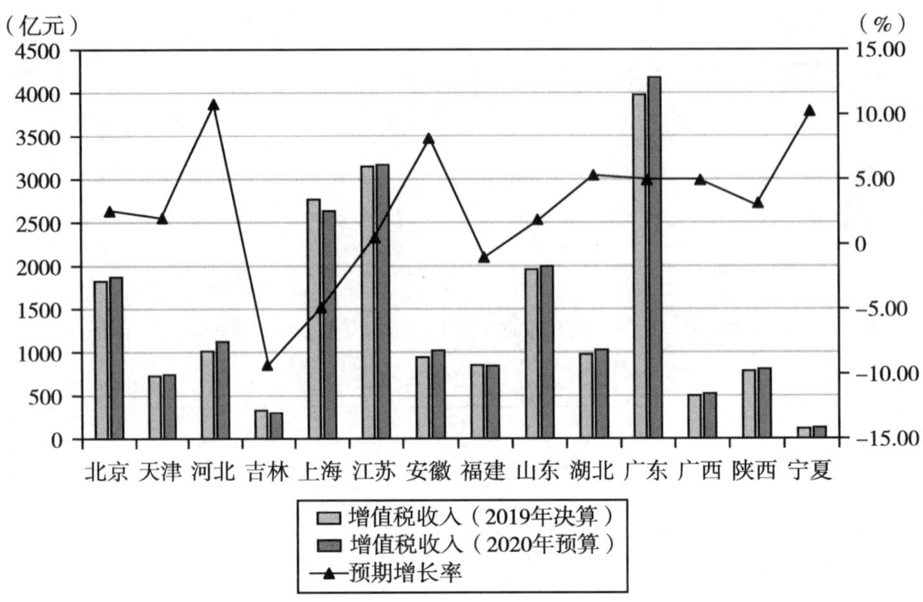

图 2-12　各省（区、市）2020 年增值税收入预期增长率

资料来源：各省（区、市）2019 年预算执行情况和 2020 年预算草案。

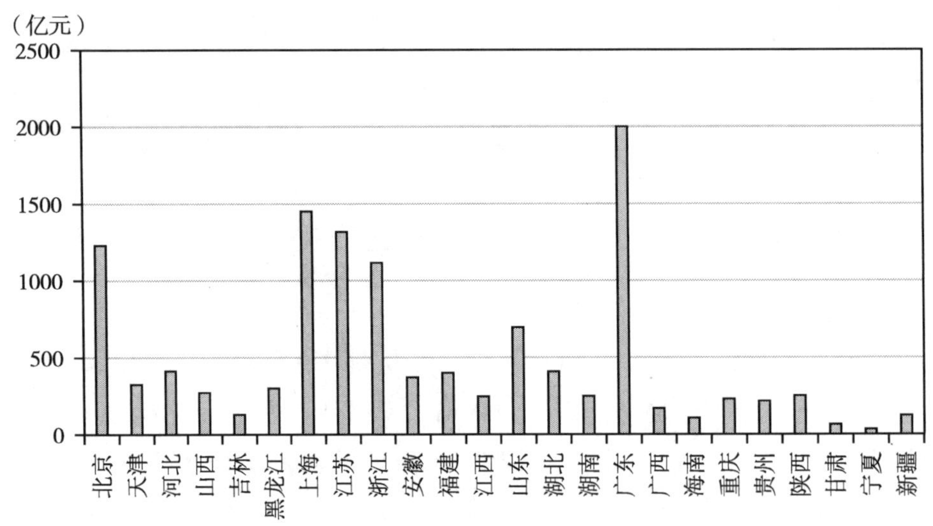

图 2-13　各省（区、市）2019 年企业所得税收入

资料来源：各省（区、市）2019 年预算执行情况。

于 200 亿元以下。其中广东省的企业所得税收入最高，达到 1999.68 亿元，主要是因为广东省的企业比较集中；吉林省的企业所得税收入最低，为 128.75 亿元。

其次进行企业所得税增长率分析，如图2－14所示。各主要省份2019年企业所得税收入与2018年相比呈总体正增长趋势，但增长率多数位于10%以下，普遍较低，主要是因为落实企业所得税减免政策。其中，山西省的企业所得税收入增长率最高，为19.60%；但也有北京（－4.60%）、福建（－3.14%）、甘肃（－13.12%）、海南（－10.54%）、吉林（－12.14%）、上海（－4.39%）、新疆（－3.52%）、重庆（－2.63%）等8个省（区、市）的企业所得税收入同比下降，它反映了2019年落实企业所得税减免政策的减收效应，以政府收入的“减”换取企业效益的“加”。其中，甘肃省企业所得税收入降幅最大，同比降低13.12%。

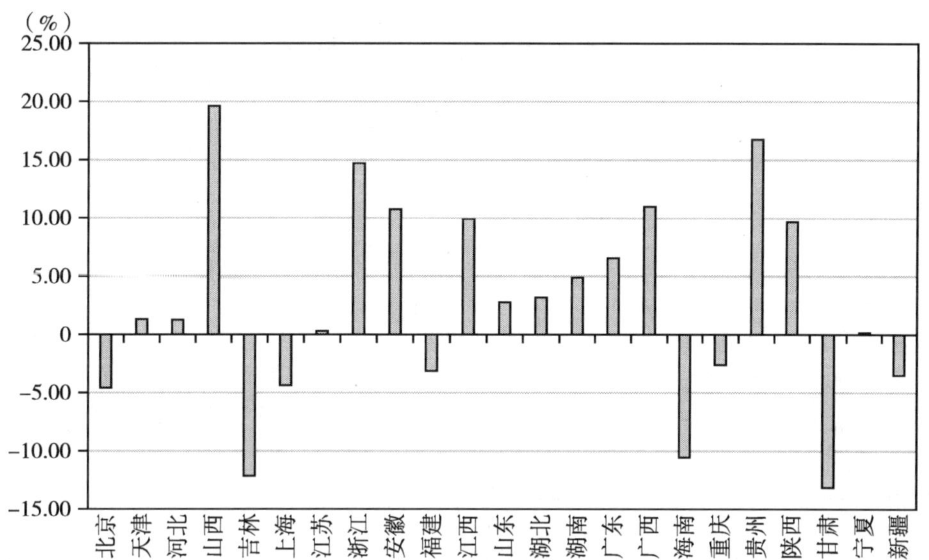

图2－14　各省（区、市）2019年企业所得税收入同比增长率

资料来源：各省（区、市）2018年、2019年预算执行情况。

各省（区、市）2020年预算报告中的企业所得税收入增长率体现了今年的企业所得税收入预期增幅，如图2－15所示。其中，2020年广西壮族自治区企业所得税收入增长率最高，为19.43%；吉林省企业所得税收入增长率最低，为－2%。2020年各主要省份企业所得税收入总体趋势是同比正增长，但增长率普遍偏低，平均增长率为4.80%，主要是因为2019年落实企业所得税减免政策的减收效应显著，且2020年将继续落实小微企业普惠性减税政策。仅吉林省（－2%）为负增长，主要是因为将继续落实减税降费政策，巩固企业所得税减免政策成效。

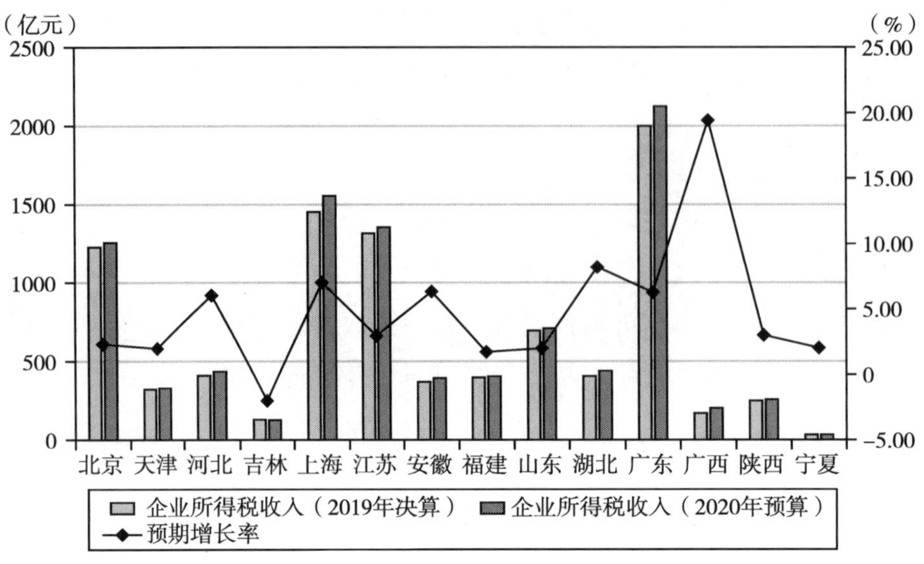

图 2－15　各省（区、市）2020 年企业所得税收入预期增长率

资料来源：各省（区、市）2019 年预算执行情况和 2020 年预算草案。

2.1.2　非税收入

首先对非税收入进行总规模分析。2019 年，我国各主要省份的非税收入情况如图 2－16 所示：多数省份非税收入位于 1500 亿元以下，部分省份收入较高，

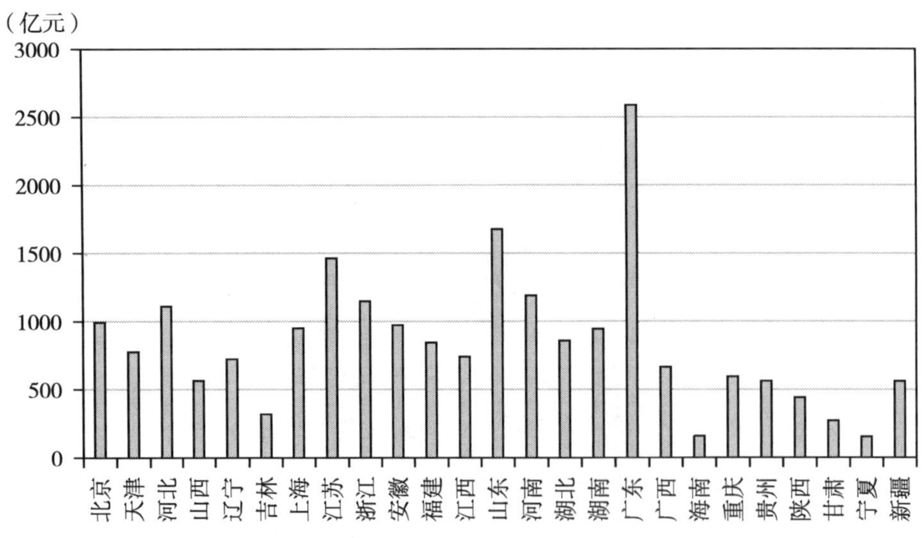

图 2－16　各省（区、市）2019 年非税收入

资料来源：各省（区、市）2019 年预算执行情况。

位于 2500 亿元以上，个别省份收入较低，位于 500 亿元以下。其中广东省的非税收入最高，达到 2589.11 亿元；宁夏回族自治区的非税收入最少，为 156.10 亿元。

其次对非税收入进行增长率分析。如图 2－17 所示，2019 年各省（区、市）非税收入平均增长率为 11%。除部分省份非税收入同比负增长外，大部分省份同比增长率较高，主要是因为盘活国有资源资产。其中，天津市非税收入同比增长率最高，为 61.23%；山西省非税收入同比增长率最低，为－12.82%。有 4 个省市非税收入同比负增长，重庆（－10.34%）和山西（－12.82%）下滑最明显，其原因分别为：重庆市 2019 年落实降费政策，清理行政事业性收费，全年降费约 340 亿元；山西省 2019 年国有资源（资产）有偿使用收入下降 31.90%，2018 年收入中两权价款非即期一次性收入较多。

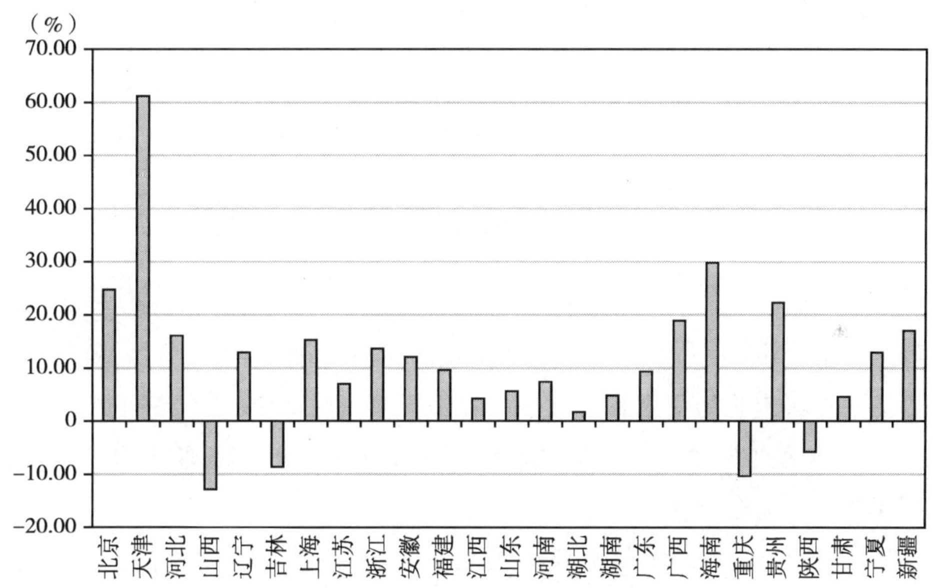

图 2－17　各省（区、市）2019 年非税收入同比增长率

资料来源：各省（区、市）2018 年、2019 年预算执行情况。

各省（区、市）2020 年预算报告中的非税收入增长率体现了今年各省（区、市）的非税收入预期增幅，如图 2－18 所示。其中，湖北省非税收入增长率最高，为 3.52%；北京市非税收入增长率最低，为－14.18%。安徽、北京、广西、吉林、江苏、宁夏、天津等 7 个省（区、市）2020 年非税收入均为负增长。其主要原因有二：一是 2019 年减税降费政策翘尾政策的影响延续；二是 2020 年实施减量发展，财源外迁压力持续增大。

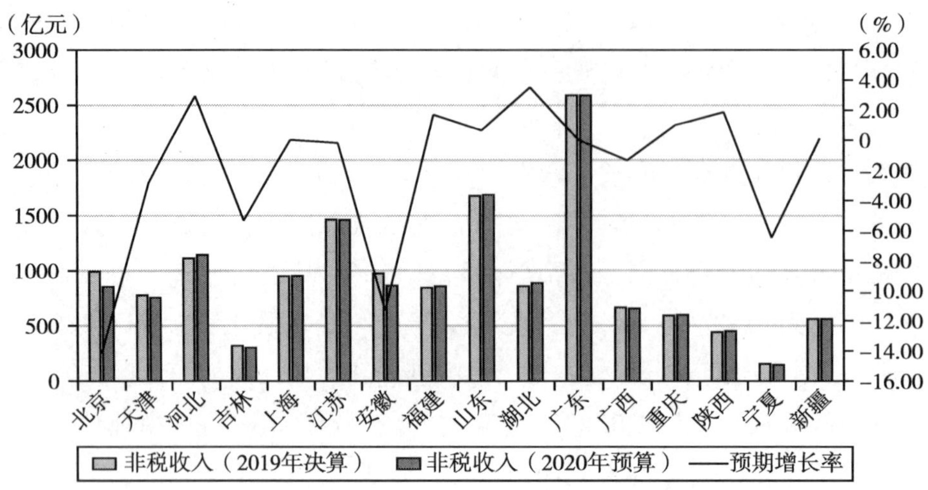

图 2－18　各省（区、市）2020 年非税收入预期增长率

资料来源：各省（区、市）2019 年预算执行情况和 2020 年预算草案。

2.2　政府性基金预算收入状况

2019 年，各省（区、市）政府性基金预算收入平均增长率为 18.70%，主要是因为其中国有土地使用权出让收入增长的拉动；2020 年经济下行压力冲击与剔除了上年一次性收入等因素的影响，各省（区、市）预期政府性基金预算收入将呈现总体降低趋势。

2020 年 3 月 12 日，国务院发布《国务院关于授权和委托用地审批权的决定》，这给予地方政府更大的土地自主权，有助于激发各级政府发展经济积极性。为避免地方政府在财政压力下容易产生的以地生财导向，要坚持放权而不放松，越是放权越要加强用地审批中的审查与监管。同时，也要警惕地方政府在其他政府性基金征收上出现“堤内损失堤外补”现象。

2.2.1　总规模

首先对政府性基金预算收入进行总规模分析。2019 年，我国各主要省份的政府性基金预算收入情况如图 2-19 所示：多数省份政府性基金预算收入位于 4000 亿元以下。部分省份政府性基金预算收入较高，位于 6000 亿元以上；个别省份政府性基金预算收入较低，位于 200 亿元以下。其中浙江省的政府性基金预算收入最高，达到 10607.82 亿元；西藏自治区的政府性基金预算收入最低，为 75.40 亿元。

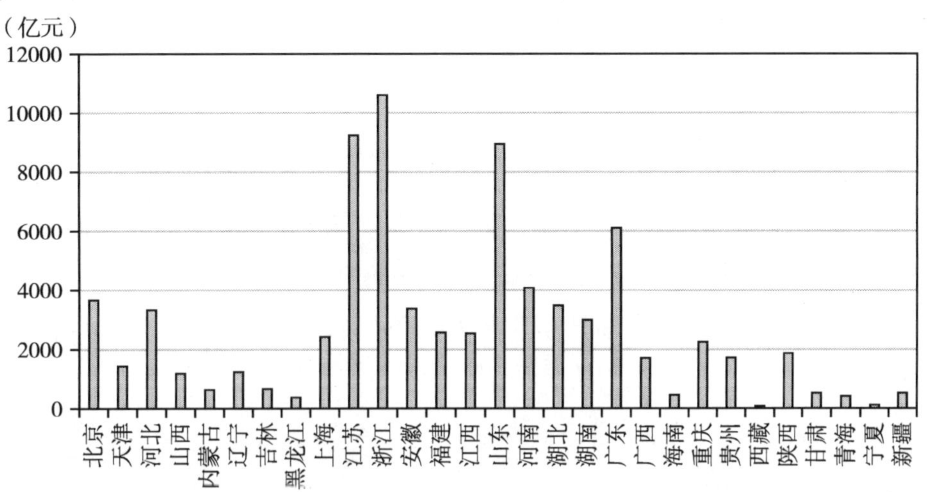

图 2-19　各省（区、市）2019 年政府性基金预算收入

资料来源：各省（区、市）2019 年决算执行情况。

2.2.2　增长率

其次对政府性基金预算收入进行增长率分析。如图 2-20 所示，2019 年各省（区、市）政府性基金预算收入平均增长率为 18.70%。除部分省份政府性基金预算收入同比负增长外，大部分省份同比正增长，主要是因为其中国有土地使用权出让收入增长的拉动。其中，青海省政府性基金预算收入同比增长率最高，为 57.28%；西藏自治区政府性基金预算收入同比增长率最低，为 -15.41%。有 7 个省份 2019 年政府性基金预算收入同比负增长，主要是因为国有土地使用权出让收入降幅较大，福利彩票和体育彩票公益金和销售机构业务费收入减少。

各省（区、市）2020 年预算报告中的政府性基金预算收入增长率体现了今年各省份的政府性基金预算收入预期增幅，如图 2-21 所示，大部分省份 2020 年政府性基金预算收入负增长，主要是因为各省（区、市）国有土地使用权出

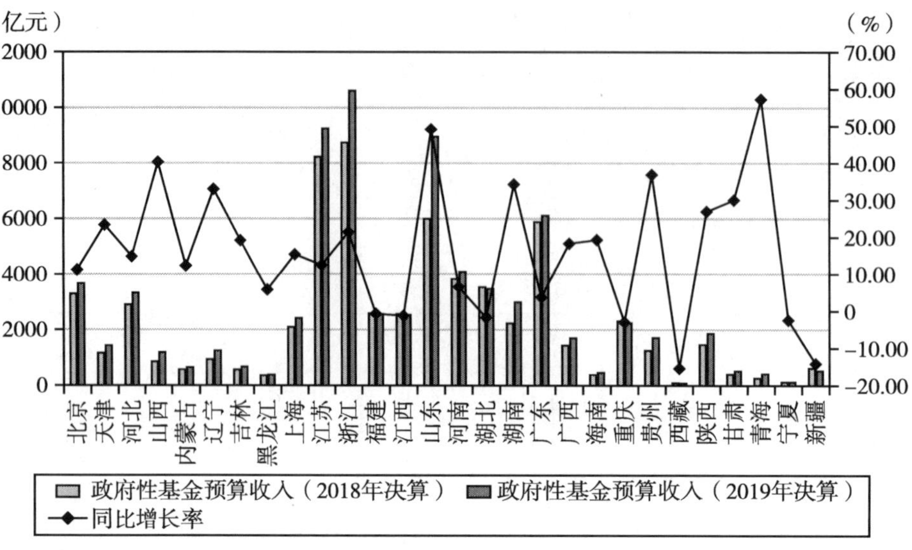

图 2-20　各省（区、市）2019 年政府性基金预算收入同比增长率

资料来源：各省（区、市）2018 年、2019 年预算执行情况。

让收入增长的拉动。其中，宁夏回族自治区政府性基金预算收入增长率最高，为 35.81%；青海省政府性基金预算收入增长率最低，为 -55.06%。仅有 8 个省份 2020 年政府性基金预算收入正增长，主要是因为其中国有土地使用权出让收入、彩票公益金收入等的增长。

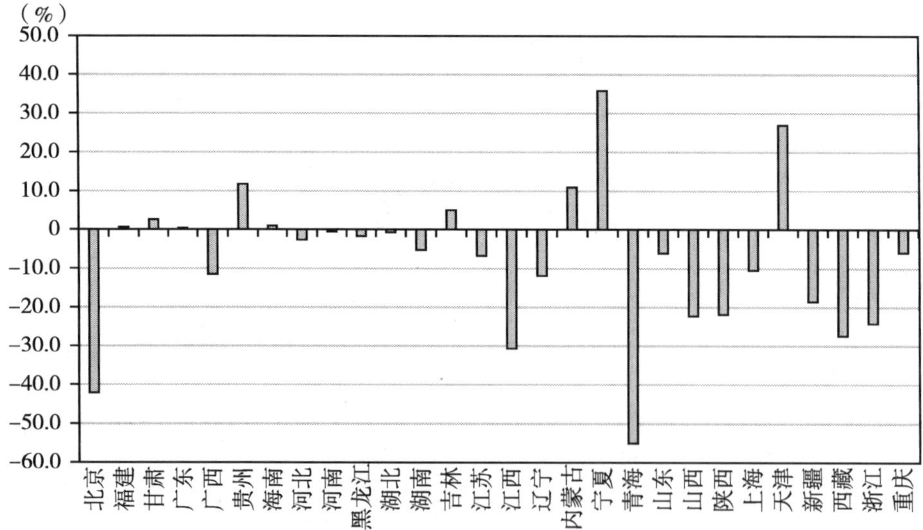

图 2-21　各省（区、市）2020 年政府性基金预算收入预期增长率

资料来源：各省（区、市）2019 年预算执行情况和 2020 年预算草案。

2.2.3　国有土地使用权出让收入

国有土地使用权出让收入是政府性基金预算收入的重要组成部分，下面我们对其运行状况进行分析。

首先对国有土地使用权出让收入进行总规模分析，2019 年，我国各主要省份的国有土地使用权出让收入情况如图 2 – 22 所示：多数省份国有土地使用权出让收入位于 1000 亿元至 4000 亿元的区间内，部分省份收入较高，位于 4000 亿元以上，个别省份收入较低，位于 500 亿元以下。其中江苏省的国有土地使用权出让收入最高，达到 8564.23 亿元；宁夏回族自治区的国有土地使用权出让收入最低，为 82.38 亿元。

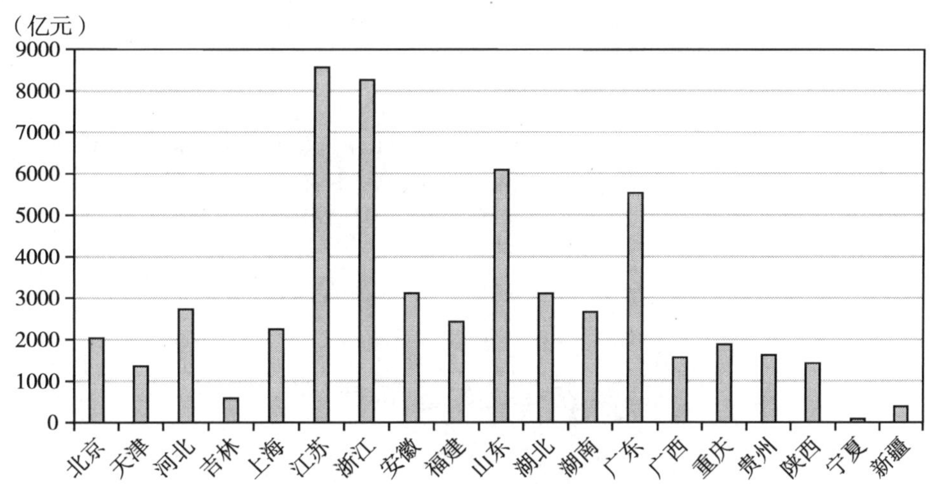

图 2 – 22　各省（区、市）2019 年国有土地使用权出让收入

资料来源：各省（区、市）2019 年预算执行情况。

其次对国有土地使用权出让收入进行增长率分析，如图 2 – 23 所示，2019 年除湖北省国有土地使用权出让收入同比负增长外，大部分省份国有土地使用权出让收入同比正增长且增长率较高。主要是因为部分地市 2019 年仍在继续推行棚户区改造、旧城改造等政策，以及一些从土地使用权出让收入中计提资金的暂停。其中，湖南省国有土地使用权出让收入同比增长率最高，为 40.40%；重庆市国有土地使用权出让收入同比增长率最低，为 – 11.94%。湖南、吉林、山东、陕西、上海、天津等省份国有土地使用权出让收入同比增长率均超过 15.00% 。

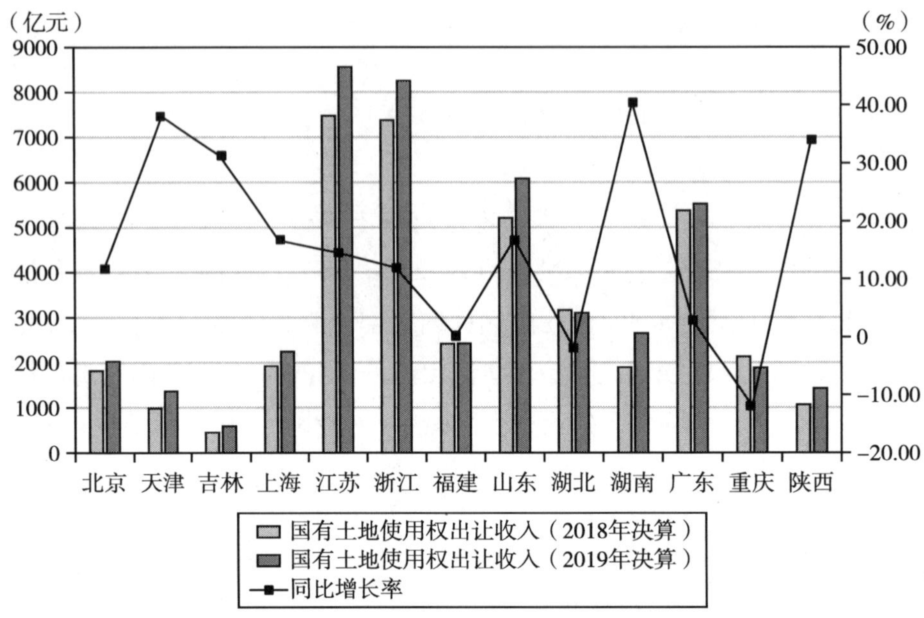

图 2-23　各省（区、市）2019 国有土地使用权出让收入同比增长率

资料来源：各省（区、市）2018 年、2019 年预算执行情况。

2.3　国有资本经营预算收入状况

2019 年，各省（区、市）国有资本经营预算收入呈总体增长趋势，部分省份增长率较高，甚至成倍增长，主要是因为一些地区转让国有股权一次性收益较多。

2020 年大部分省份预期国有资本经营预算收入增长率为负，且跌幅很大，仅有 6 个省份预期为正。原因在于 2019 年各省（区、市）国有资本经营预算收入更多来自一次性收益，缺乏可持续性。在疫情冲击下，2020 年国有企业利润会有大幅度下降，预期各省（区、市）国有资本经营预算收入执行将大大低于预算数。

2.3.1　总规模

首先对国有资本经营预算收入进行总规模分析，2019 年，我国各主要省份的国有资本经营预算收入情况如图2－24所示：多数省份国有资本经营预算收入位于100亿元以下，部分省份收入较高，位于150亿元以上，个别省份收入较低，位于50亿元以下。其中广东省的国有资本经营预算收入最高，达到286.19亿元；青海省的国有资本经营预算收入最低，为2.40亿元。

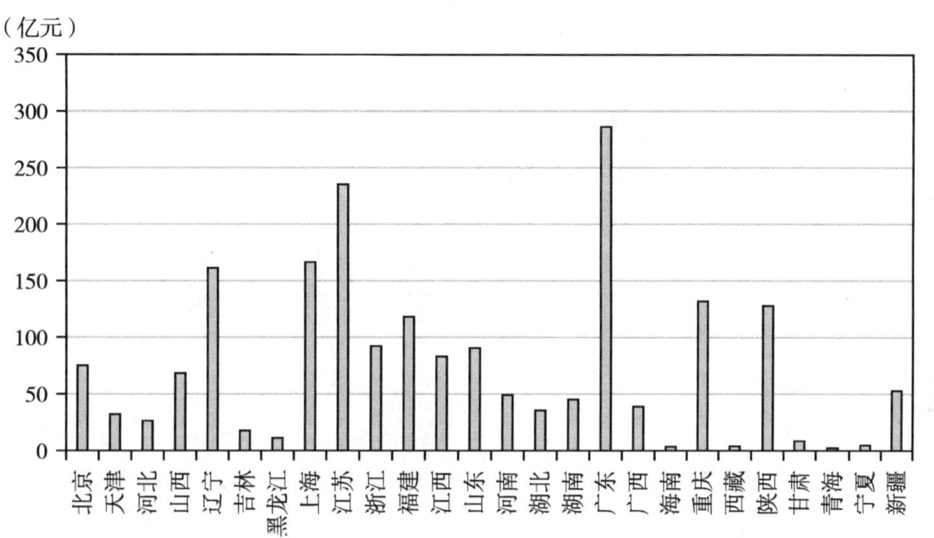

图2－24 各省（区、市）2019年国有资本经营预算收入

资料来源：各省（区、市）2019年预算执行情况。

2.3.2 增长率

其次对国有资本经营预算收入进行增长率分析，如图2－25所示，2019年除少数省份国有资本经营预算收入同比负增长外，大部分省份国有资本经营预算收入同比正增长且增长率较高，有些省份甚至成倍增长，主要是因为2019年一些地市转让国有股权一次性收益较多（腾笼换鸟）。其中，新疆维吾尔自治区2019年国有资本经营预算收入同比增长率最高，为551.85%，主要原因是2019年乌鲁木齐市加强投融资管理，推动国有企业降负债、去杠杆、防风险工作，重新调整市属国有企业产权、债权、担保关系，新增国有股权、股份转让收入42亿元；青海省国有资本经营预算收入同比增长率最低，为－27.27%。甘肃、海南、河北、湖北、江西、青海、西藏等省（区）国有资本经营预算收入同比负增长，主要是因为国有企业上缴收益减少。

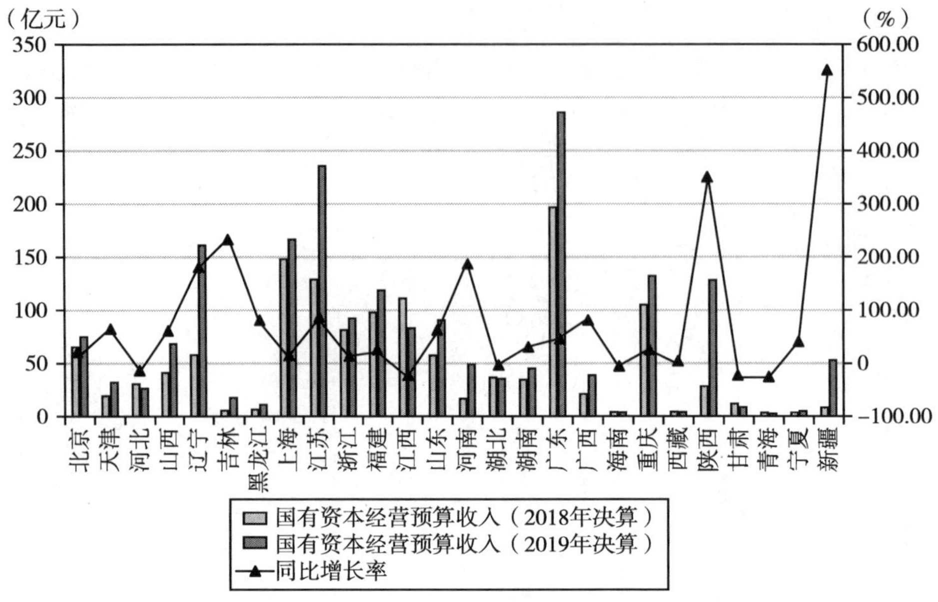

图 2－25　各省（区、市）2019 年国有资本经营预算收入同比增长率

资料来源：各省（区、市）2018 年、2019 年决算执行情况。

各省（区、市）2020 年预算报告中的国有资本经营预算收入增长率体现了今年各省（区、市）的国有资本经营预算收入预期增幅。如图 2－26 所示，大部分省份 2020 年国有资本经营预算收入呈降低趋势，主要是因为 2019 年国有股

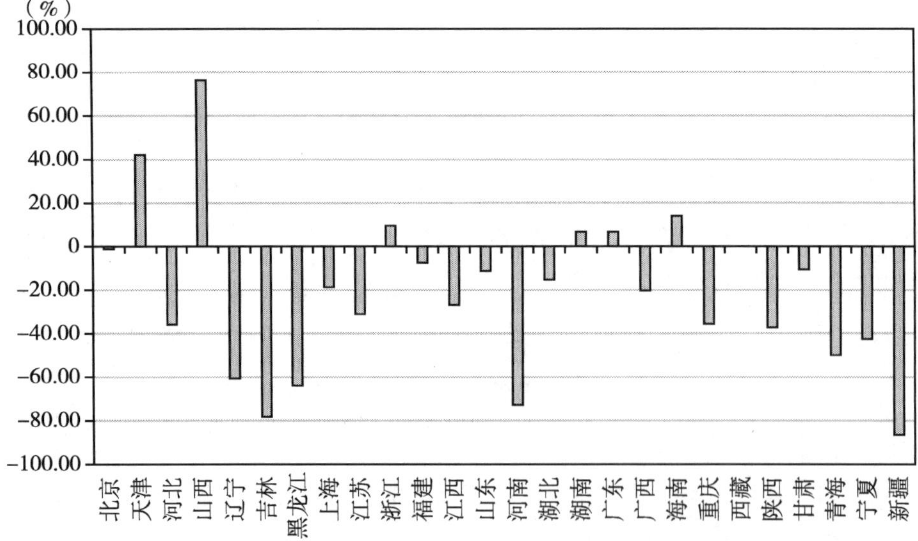

图 2－26　各省（区、市）2020 年国有资本经营预算收入预期增长率

资料来源：各省（区、市）2019 年预算执行情况和 2020 年预算草案。

权转让一次性收入较多且基数较大，然而 2020 年无此因素。其中，山西省国有资本经营预算收入增长率最高，为 76.32%；新疆维吾尔自治区国有资本经营预算收入增长率最低，为 -86.55%。

2.4 社会保险基金预算收入状况

2019 年，各省（区、市）社会保险基金预算收入呈总体增长趋势且增长率较高，主要是因为 2019 年企事业单位养老保险省级统筹政策的推进。

2020 年各省（区、市）将持续加强社会保障建设，深入推进全民参保计划，不过除个别省份外，普遍预期社会保险基金低速增长。

2.4.1 总规模

首先对社会保险基金预算收入进行总规模分析，2019 年，我国各主要省份的社会保险基金预算收入情况如图 2-27 所示：多数省份社会保险基金预算收入位于 1000 亿元至 4000 亿元的区间内，部分省份社会保险基金预算收入较高，位于 5000 亿元以上，个别省份社会保险基金预算收入较低，位于 1000 亿元以下。

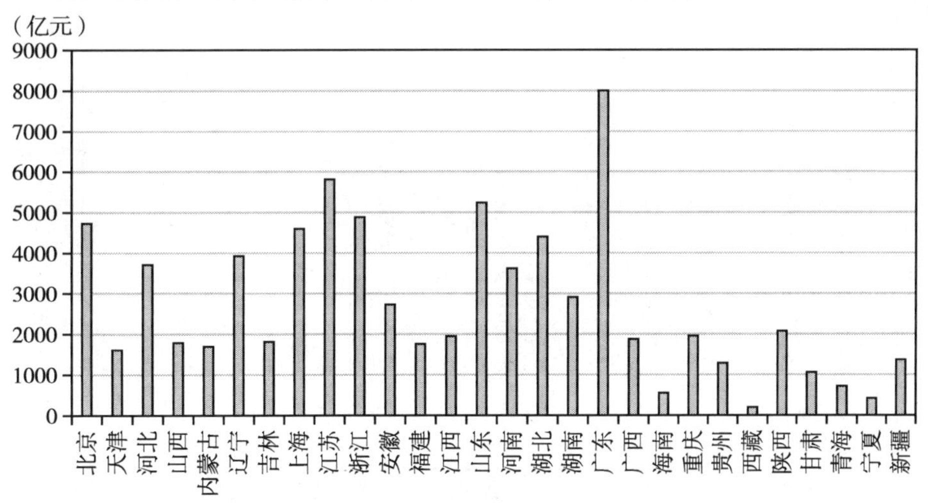

图 2-27 各省（区、市）2019 年社会保险基金预算收入

资料来源：各省（区、市）2019 年预算执行情况。

其中广东省的社会保险基金收入最高，达到 7996.16 亿元；西藏自治区的社会保险基金收入最少，为 194.90 亿元。

2.4.2 增长率

其次对社会保险基金预算收入进行增长率分析，如图 2－28 所示，2019 年除少数省份社会保险基金预算收入同比负增长外，大部分省份社会保险基金预算收入同比正增长且增长率较高，主要是因为 2019 年企事业单位养老保险省级统筹政策的推进。其中，吉林省 2019 年社会保险基金预算收入同比增长率最高，为 38.14%。主要是因为 2019 年该省机关事业基本养老保险基金单位参保缴费工作和退休人员纳入社保发放启动；西藏自治区社会保险基金预算收入同比增长率最低，为－21.28%。少数省份社会保险基金预算收入负增长，主要是因为受落实社保费缴费率政策的影响。以广西壮族自治区为例，2019 年全区社会保险基金预算收入 1873.59 亿元，下降 4.00%，其中机关事业单位基本养老保险基金收入 327.94 亿元，下降 3.60%。这主要是因为落实降低社保费率政策，同时 2018 年提前拨付部分财政补助资金，相应抵减 2019 年补助额度。

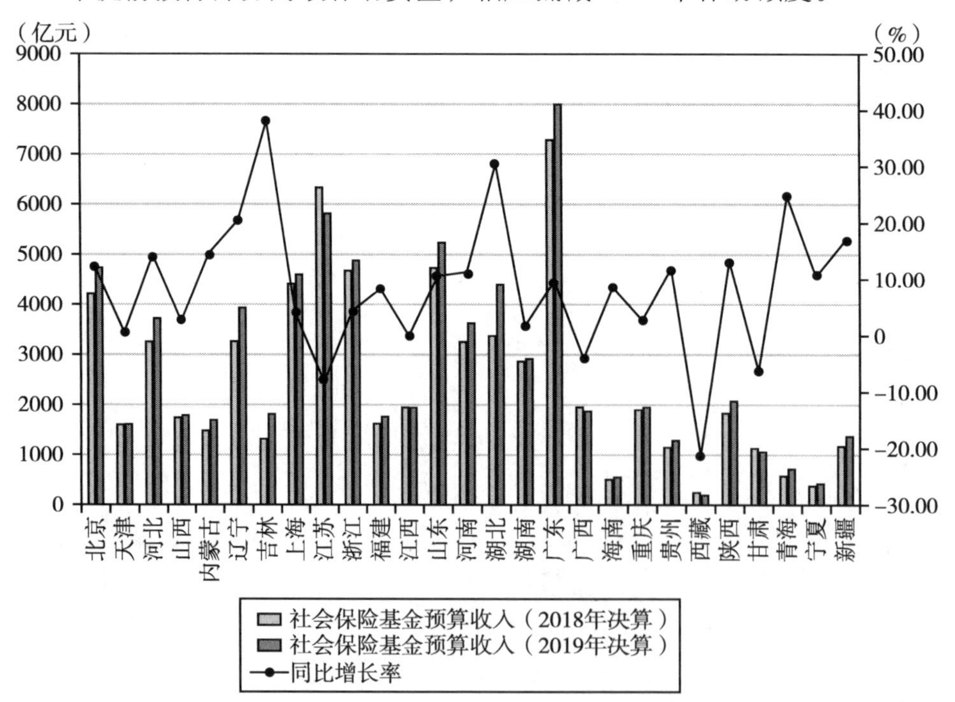

图 2－28 各省（区、市）2019 年社会保险基金预算收入同比增长率

资料来源：各省（区、市）2018 年、2019 年预算执行情况。

各省（区、市）2020年预算报告中的社会保险基金预算收入增长率体现了今年各省（区、市）的社会保险基金预算收入预期增幅。如图2-29所示，大部分省份2020年社会保险基金预算收入呈正增长趋势，主要是因为2020年各省（区、市）将持续加强社会保障建设，深入推进全民参保计划，但除了吉林外，各省（区、市）普遍预期社会保险基金低速增长。全面实施企业职工基本养老保险省级统筹，加快推进工伤保险省级统筹完善统一的城乡居民基本医疗保险和大病保险制度。其中，吉林省社会保险基金预算收入增长率最高，为98.21%，其中一个原因是企业职工基本养老保险基金按照财政部要求调整编报口径，将上级补助收入、下级上解收入、补助下级支出、上解上级支出纳入基金收支统计范围；河北省社会保险基金预算收入增长率最低，为-10.52%。广东、河北、湖北、湖南、青海5个省份2020年社会保险基金预算收入较2019年增长为负，主要是因为2019年一次性补缴以往年度机关事业单位养老保险基金。

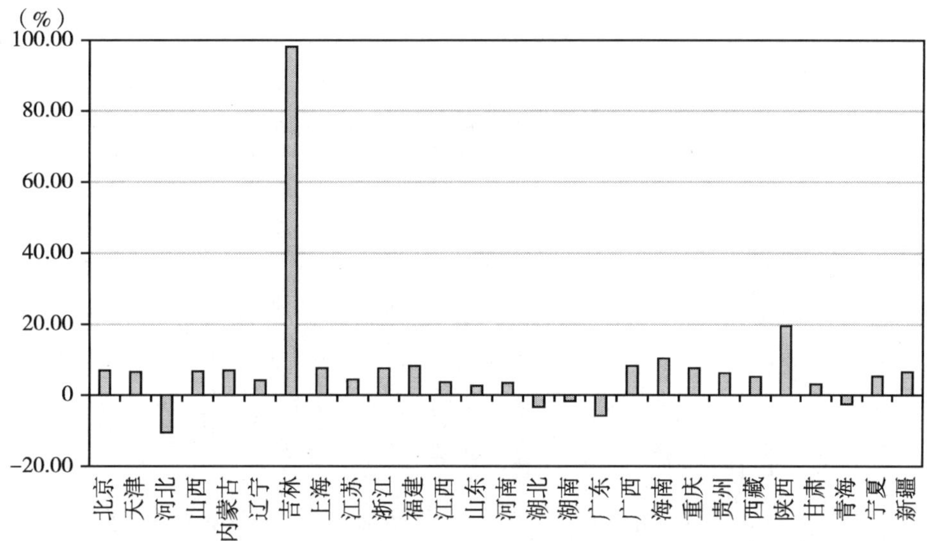

图2-29　各省（区、市）2020年社会保险基金预算收入预期增长率

资料来源：各省（区、市）2019年预算执行情况和2020年预算草案。

第3章　各省（自治区、直辖市）财政支出情况分析

对财政支出规模、结构和增长率的研究是分析了解当前地方政府支出行为、优化调整支出结构的重要手段。本章对各省（自治区、直辖市）2019年“四本预算”的财政支出状况进行了分析，同时就2020年预算草案中各项支出安排的变化情况展开了讨论。

3.1　一般公共预算支出状况

2019年，我国各省（区、市）一般公共预算支出同比增长率平均为8%左右，尽管与往年相比有一定程度的下降，但仍然保持了较高速率的增长。受到经济下行压力冲击、减税降费政策落地引起的一般公共预算收入增速下降的影响，当前各省（区、市）“以收定支”“过紧日子”的概念被重点提及，教育、医疗等重要支出占比上升，灾害防治及应急管理支出有一定改善。

在2020年预算草案中，各省（区、市）一般公共预算支出的增速预期进一步下降，并重点压缩一般公共服务支出，但重要支出项目规模预期将得到保持。

值得注意的是，各省（区、市）2020年预算草案中，仅有14个省份明确对预备费支出项目作出了列示，并且部分省份预算费支出占一般公共预算支出额的比重不到1%，不满足《中华人民共和国预算法》关于各级预备费要达到一般公共预算支出额的1%—3%的规定，反映疫情发生前各省（区、市）对外在风险冲击的思想准备不足。疫情冲击下暴露出我们在灾害防治、城市应急系统、公共卫生、大众健康等方面存在不少短板，各省（区、市）需要重新审视“两会”期间所设计的财政支出结构是否合理。

财政压力下，更应突出财政的“提质”要求和“增效”导向。降低行政管理费用，压缩一般性支出是一方面，更为重要的是，要优化财政资金配置，全面提升绩效。首先，财政支出政策要保障重点，对于非刚性支出、非重点项目支出要适当压减，把资金用于重大项目、疫情防控、生态建设、脱贫攻坚等重点领域。其次，要提高财政支出效率，提高财政支出透明度，加强财政支出的审计与监督。

本节主要对2019年各省（区、市）一般公共预算支出总规模、人均支出水平及增长率情况进行了简要分析。

2019年，我国各省（区、市）一般公共预算支出总规模大致在3500亿元至8000亿元之间，各省份之间存在一定差距。具体情况如图3-1所示：支出规模最高且万亿以上的省份有广东、江苏、山东、河南、浙江，分别为17314.12亿元、12573.31亿元、11827.88亿元、10176.3亿元、10052.99亿元；支出规模最低的是宁夏回族自治区，为1438.4亿元。总体来看，各省（区、市）一般公共预算支出总规模与本省（区、市）经济发展状况、常住人口规模等密切相关，支出规模从东部向西部、从沿海向内陆逐步降低，基本与我国国情符合。

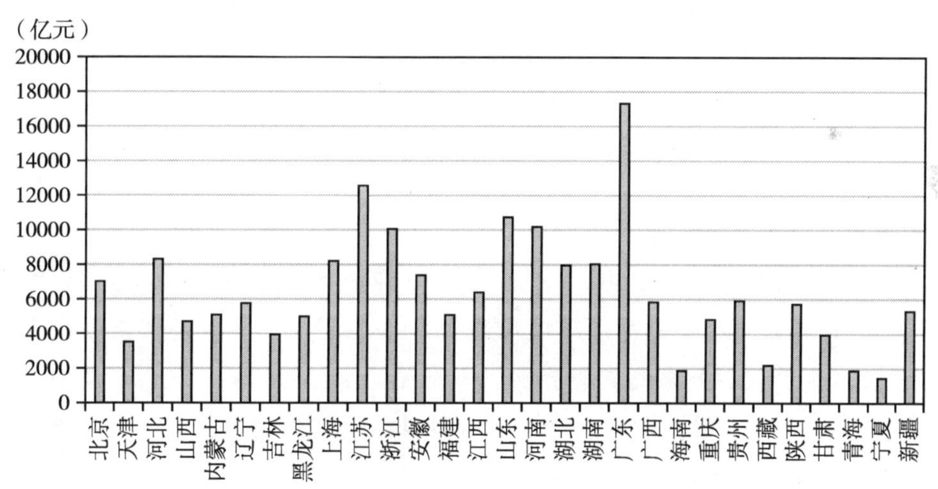

图3-1 各省（区、市）2019年一般公共预算支出

资料来源：各省（区、市）2019年预算执行情况。

与总规模相比，各省（区、市）2019年一般公共预算人均支出水平更为集中，大部分省份人均支出水平处于12000元至20000元之间。平均值为18563.37元，去除端点值西藏自治区的数据后，平均值为16962.54元。图3-2展示了2019年我国各省（区、市）一般公共预算人均支出的状况。其中，一般公共预算人均支出水平高于 20000 元的有西藏、上海、北京、青海、天津、新疆、宁夏、内蒙古共 8 个省（区、市）。与总规模分布特征不同的是，经济欠发达的西部边疆地区、高原地区和少数民族地区都有着较高的人均支出水平。一般公共预算人均支出水平最低的为河南省，人均支出 10594.79 元，主要原因在于河南常住人口规模较大，为 9605 万人。实际上，一般公共预算人均支出均处于较低水平的省份都有较大的常住人口规模，例如河南、湖北、安徽等。

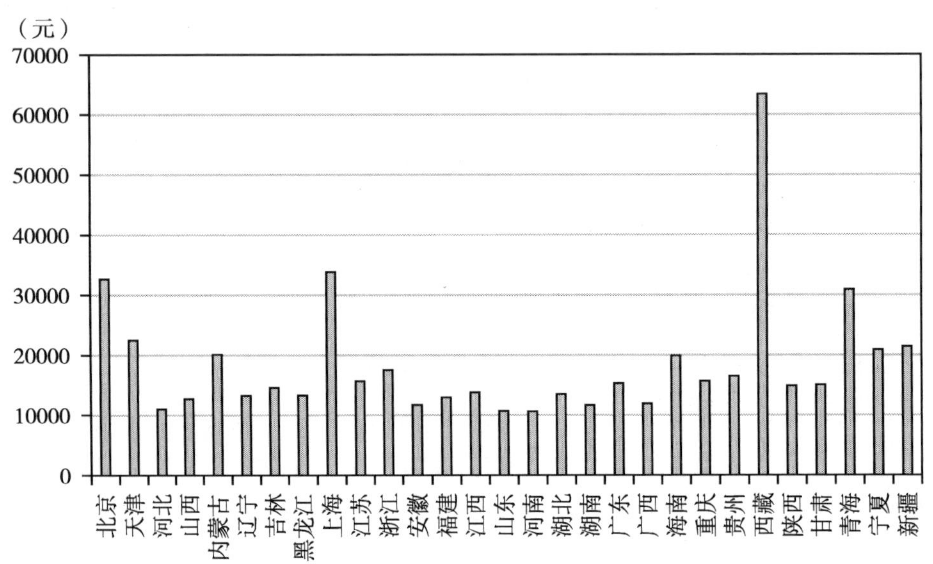

图 3－2　各省（区、市）2019 年一般公共预算人均支出

资料来源：各省（区、市）2019 年预算执行情况。

与 2018 年度各省（区、市）一般公共预算支出总规模相比，2019 年各省（区、市）该项支出呈现较高的正增长趋势，平均同比增长率在 8% 左右。如图 3－3 所示，除北京、上海两直辖市外，其余省份均呈正增长趋势。其中，同比增长率最高的为贵州省，该省一般公共预算支出 5921.40 亿元，增加 891.72 亿元，增长 17.7%，剔除中央下达的新增一般债券安排的易地扶贫搬迁和脱贫攻坚支出因素后，同口径增长 8.9%。次高为浙江省，全省一般公共预算支出 10052.99 亿元，同比增长 16.5%，剔除新增地方政府一般债务安排的支出等因素，实际增长 7.6%。北京、上海同比负增长，增长率分别为 －5.89% 和 －1.85%。

各省（区、市）2020 年全省（区、市）预算草案中，一般公共预算支出增长率体现了各省（区、市）对于一般公共预算支出的预期变化。如图 3－4 所示，2020 年全省（区、市）预算草案中，大部分省份对一般公共预算安排进行

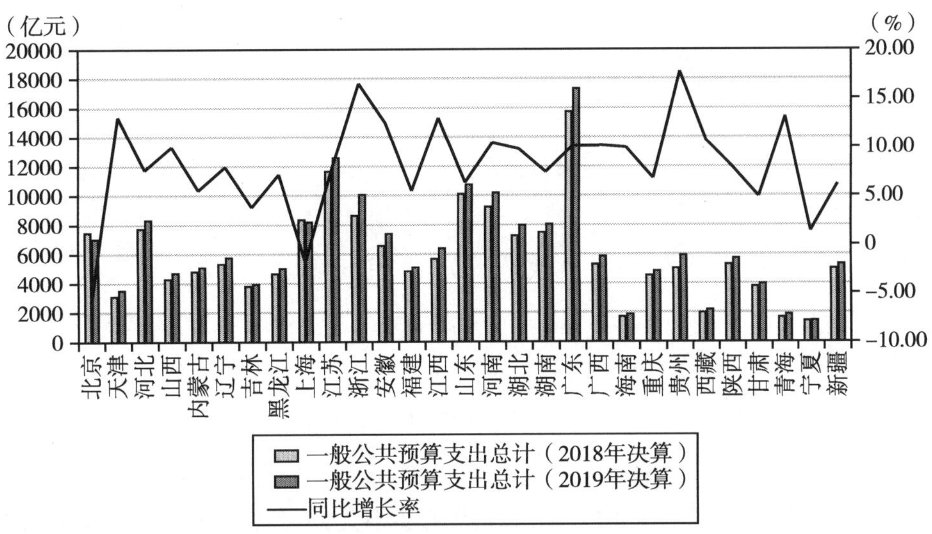

图 3－3　各省（区、市）2019 年一般公共预算支出同比增长率

资料来源：各省（区、市）2018 年、2019 年预算执行情况。

了轻微削减，共有 20 个省份的一般公共预算支出安排相对比 2019 年该省（区、市）一般公共预算支出呈负增长。呈正增长趋势的共有 9 个省份中，平均增长率仅为 3.14%。增长率最低的是贵州省，增长率－19.94%，但目前贵州省的预算安排没有包括中央非固定专项补助，年度预算执行中，实际支出预计会有所增加。

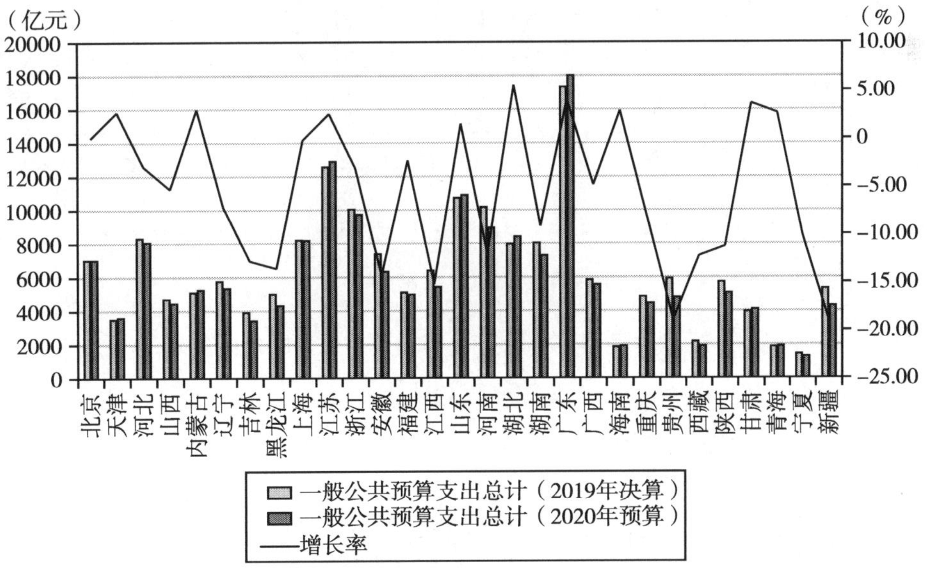

图 3－4　各省（区、市）2020 年一般公共预算支出安排增长率

资料来源：各省（区、市）2019 年预算执行情况和 2020 年预算草案。

3.1.1 一般公共服务支出

我国各省（区、市）一般公共服务支出总规模在300亿元至800亿元之间，平均值为636.66亿元，各省（区、市）间的差距并不明显。2019年我国各省（区、市）一般公共服务支出总规模情况如图3-5所示。[①] 支出规模最高且高于1000亿元以上的省份有广东、江苏、山东，分别为1862.11亿元、1221.64亿元、1060.98亿元；支出规模较低且低于300亿元的有天津、宁夏，分别为226.47亿元、97.06亿元。总体来看，各省（区、市）一般公共服务支出总规模情况与一般公共预算支出总规模情况特征一致，一般公共服务支出总规模与本省（区、市）经济发展状况、常住人口规模等密切相关，同时由东向西逐步降低。

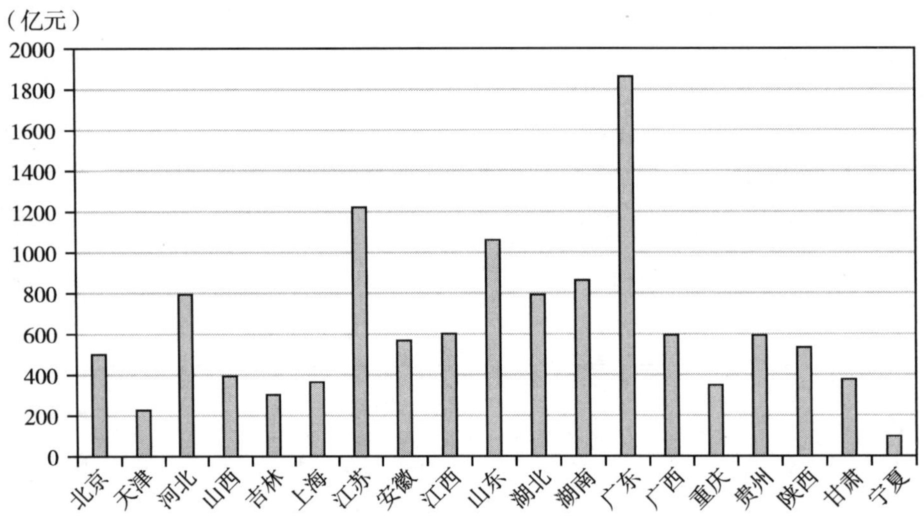

图3-5 各省（区、市）2019年一般公共服务支出

资料来源：各省（区、市）2019年预算执行情况。

我国各省（区、市）一般公共服务人均支出在1000元至1600元之间，平均值为1353.14元。图3-6展示了2019年我国各省（区、市）一般公共服务人均支出的状况。其中，北京、贵州、广东一般公共服务人均支出相对较高，为2324.19元、1648.97元、1641.20元；安徽、河北、山东一般公共服务人均支出相对较低，为897.77元、1051.09元、1056.02元。与各省（区、市）一般公共预算人均支出

① 尽管大部分省（区、市）及时在财政厅网站发布了《2019年预算执行情况和2020年预算草案的报告》，但仍然存在部分省份未披露全省预算执行情况相关附表，因此部分细分科目数据暂缺。下同。

状况相一致，经济发达、经济欠发达且常住人口规模较小的省份有较高的一般公共服务人均支出，常住人口规模较大的省份一般公共服务人均支出处于中低水平。

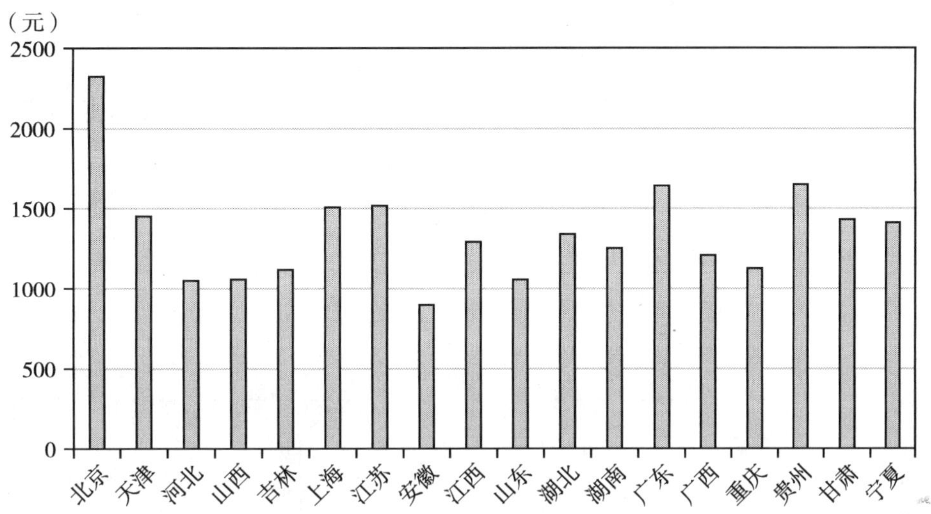

图 3-6　各省（区、市）2019 年一般公共服务人均支出

资料来源：各省（区、市）2019 年预算执行情况。

与 2018 年度各省（区、市）一般公共服务支出总规模相比，2019 年各省（区、市）该项支出总体呈正增长趋势。如图 3-7 所示，全国各省（区、市）一般公共服务预算支出平均同比增长率在 8.5% 左右。其中，同比增长率最高

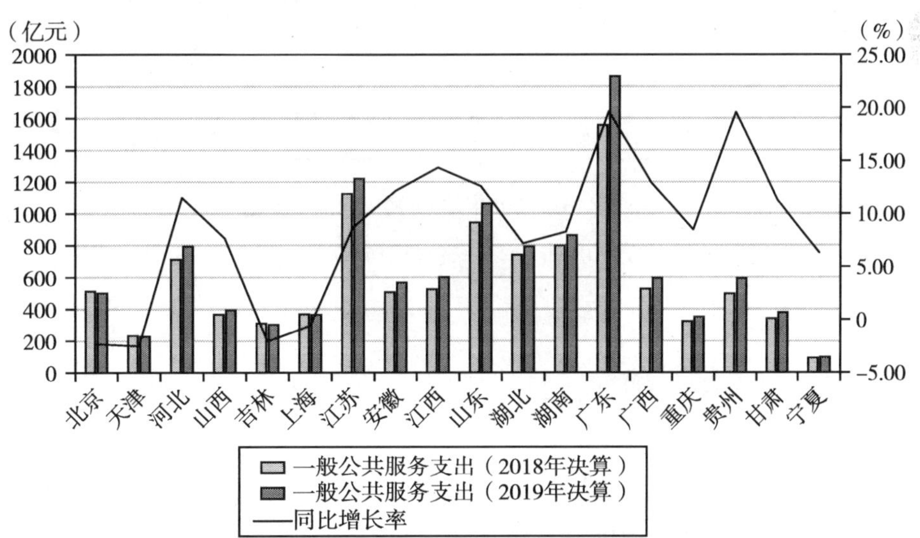

图 3-7　各省（区、市）2019 年一般公共服务支出同比增长率

资料来源：各省（区、市）2018 年、2019 年预算执行情况。

的省份依次为广东、贵州、江西，分别是 19.65%、19.57%、14.36%；同比增长率最低的依次为天津、北京、吉林，分别为 -2.49%、-2.3%、-2.06%。变化特征与各省（区、市）一般公共预算支出总规模同比增长率基本一致。

2019 年，减税降费等财政政策的落实对各省（区、市）一般公共预算收入增长产生影响，因此各省（区、市）2020 年全省（区、市）预算草案中，一般公共服务支出安排总体呈下降趋势。具体情况如图 3-8 所示：对比 2019 年一般公共服务支出决算数据，2020 年一般公共服务支出安排增长率最高的为安徽省，增长 4.9%；增长率最低的为陕西省，增长 -37.41%。

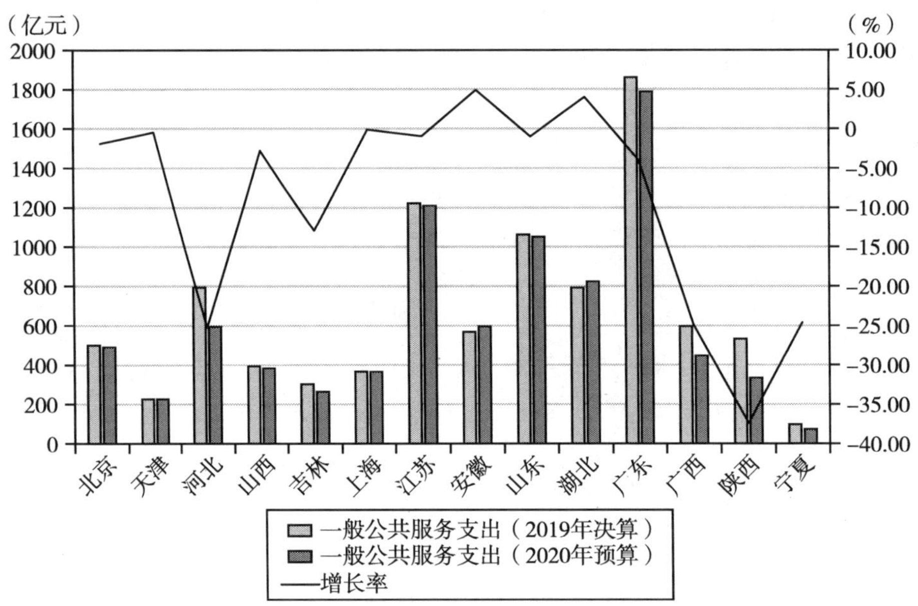

图 3-8　各省（区、市）2020 年一般公共服务支出安排增长率

资料来源：各省（区、市）2019 年预算执行情况和 2020 年预算草案。

3.1.2　卫生健康支出

我国各省（区、市）卫生健康支出总规模在 300 亿元至 700 亿元之间，平均支出水平为 560.83 亿元。2019 年我国各省（区、市）卫生健康支出总规模情况如图 3-9 所示：卫生健康支出规模高于 700 亿元的省份有广东、山东、江苏，分别为 1581.04 亿元、911.70 亿元、905.62 亿元；支出规模低于 300 亿元的有吉林、天津、宁夏，分别为 281.69 亿元、197.73 亿元、106.83 亿元。可以看出，医疗卫生支出总规模当地常住人口规模、行政区划面积等因素呈正相关关系。

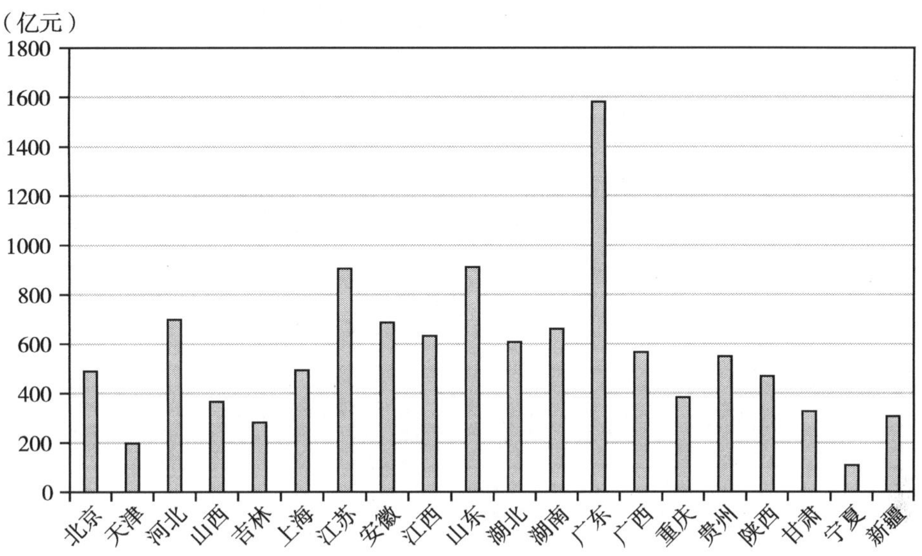

图 3 -9　各省（区、市）2019 年卫生健康支出

资料来源：各省（区、市）2019 年预算执行情况。

各省（区、市）人均卫生健康支出水平大致在 900 元至 1500 元之间，平均值为 1276.17 元。图 3 -10 展示了 2019 年我国各省（区、市）卫生健康人均支出的

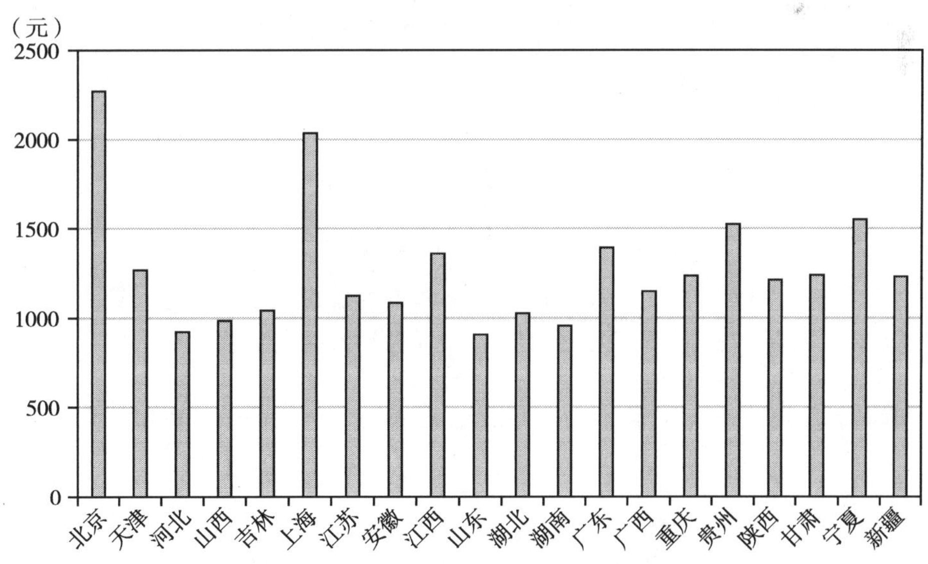

图 3 -10　各省（区、市）2019 年卫生健康人均支出

资料来源：各省（区、市）2019 年预算执行情况。

状况：其中2019年卫生健康人均支出水平高于1500元的省（区、市）有北京、上海、宁夏、贵州，分别为2270.07元、2035.48元、1552.83元、1525.78元；人均支出水平最低的省份依次为山东、河北、湖南，分别为907.44元、922.93元、957.04元。总体来看，卫生健康人均支出水平与各省（区、市）一般公共预算人均支出状况相一致，常住人口规模对该支出水平的影响较大。

与2018年度各省（区、市）卫生健康支出总规模相比，2019年各省（区、市）该项支出总体呈正增长趋势。如图3－11所示，2019年全国各省（区、市）卫生健康支出同比增长率在2%至9%之间，平均同比增长率为4.86%。其中，增长率高于9%的省份为贵州、广东、安徽，分别是14.01%、12.33%、9.47%；同比增长率低于2%的省（区、市）有宁夏、河北、吉林、北京，分别是1.22%、0.87%、0.17%、－0.23%。

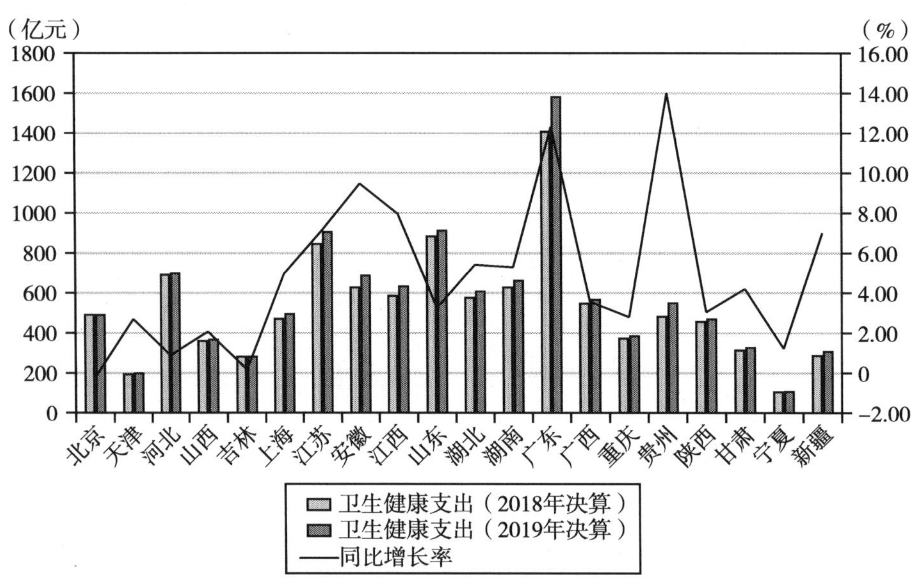

图3－11　各省（区、市）2019年卫生健康支出同比增长率

资料来源：各省（区、市）2018年、2019年预算执行情况。

2020年卫生健康支出安排各省（区、市）之间存在一定差异，平均增长率为0.43%。具体情况如图3－12所示，尽管各省份2020预算草案中一般公共预算支出总体呈负增长趋势，但对于卫生健康支出规模的调整，各省份较为谨慎。对比2019年卫生健康支出决算数据，2020年卫生支出安排增长率最高的省份为河北，9.41%；增长率最低的为宁夏，－11.11%。

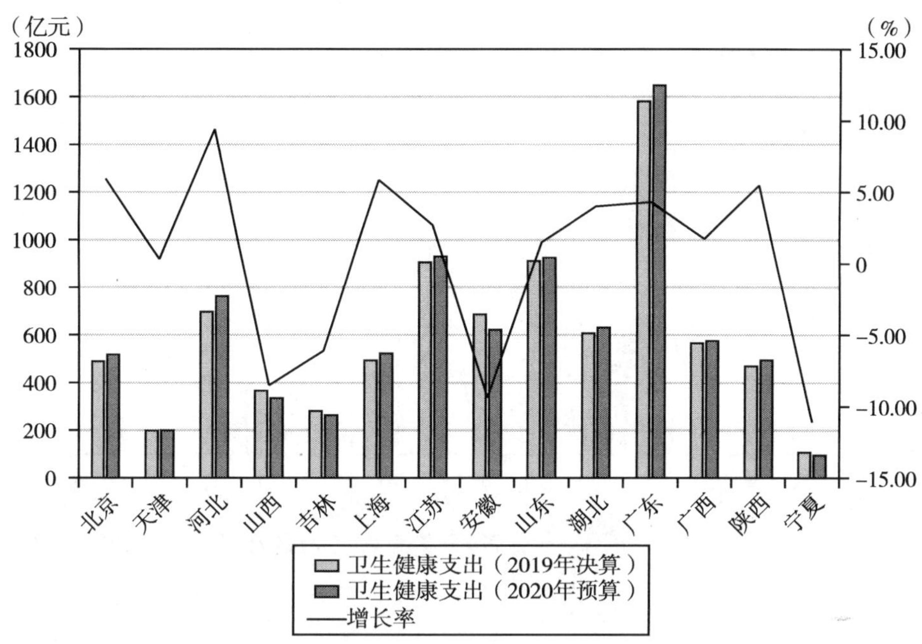

图 3－12　各省（区、市）2020 年卫生健康支出安排增长率

资料来源：各省（区、市）2019 年预算执行情况和 2020 年预算草案。

3.1.3　灾害防治及应急管理支出、预备费

首先是灾害防治及应急管理支出。2019 年我国各省（区、市）灾害防治及应急管理支出如图 3－13 所示：共有 19 个省份存在灾害防治及应急管理支出，总规模在 20 亿元至 60 亿元之间，平均支出水平为 36.76 亿元。灾害防治及应急管理支出规模在 60 亿元以上的省份有广东、山东，分别为 108.36 亿元、63.46 亿元；支出规模在 20 亿元以下的宁夏，规模为 6.66 亿元。根据对各省（区、市）2018 年预算执行情况的整理，2018 年发生灾害防治及应急管理项目支出的仅有北京，支出规模为 36.21 亿元。

然后是预备费支出。为了保证年度预算收支的平衡，使必须解决而预算又未列入的临时性需要有可靠的资金来源作保证，政府部门在制作预算安排时，一般会按照一般公共预算支出的 1%—3% 设置预备费。

如图 3－14 所示，各省（区、市）2020 年预算草案中，有 14 个省份明确对预备费支出项目作出了列示。其中，预备费支出项目安排最高的为上海市，金额 245 亿元，占一般公共预算支出规模的 3%；支出安排最低的为宁夏，金额 19.95 亿元，占一般公共预算支出规模的 1.59%；另外，河北、湖北、陕西 3 省预备费支出安排分

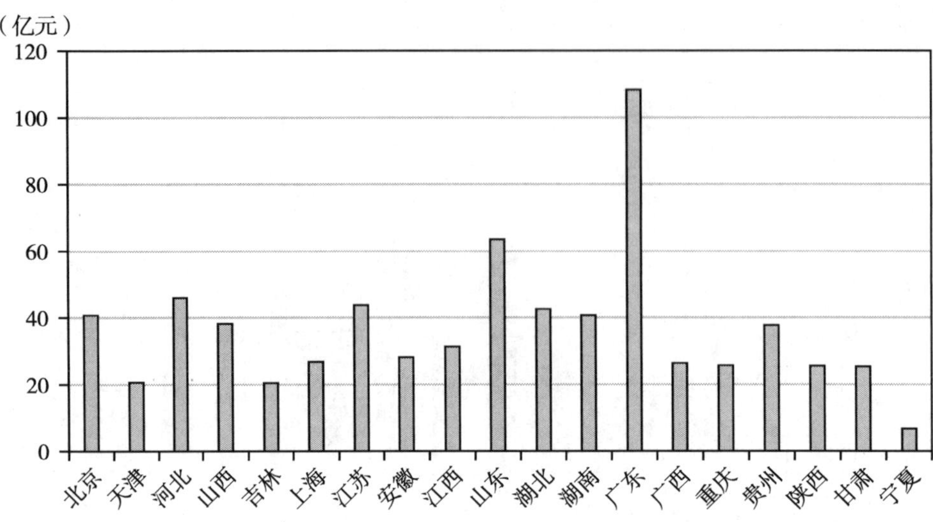

图 3－13　各省（区、市）2019 年灾害防治及应急管理支出

资料来源：各省（区、市）2019 年预算执行情况。

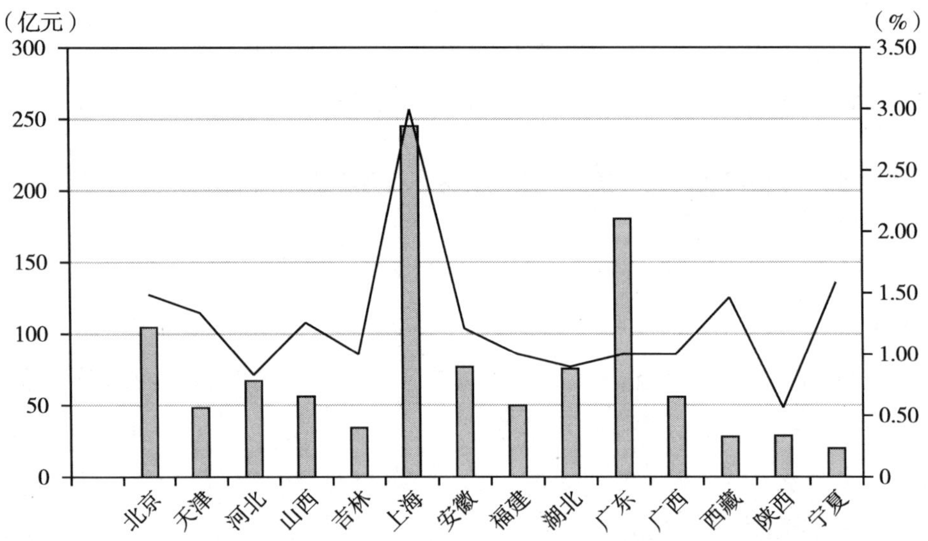

图 3－14　各省（区、市）2020 年一般公共预算预备费支出安排

资料来源：各省（区、市）2020 年预算草案。

别为 67 亿元、75.34 亿元、28.63 亿元，占本省一般公共预算支出规模的比例分别为 0.83%、0.9%、0.56%，均低于《中华人民共和国预算法》（以下简称《预算法》）规定的最低比例（1%—3%）。14 个省份的预备费支出安排平均金额为 76.38 亿元。

现阶段，为做好新型冠状病毒感染的肺炎疫情防控工作资金保障，广东、安徽等多个省份财政厅按照《预算法》以及省级预算管理有关要求，动支预备费并紧急下拨，专项用于疾控、医疗机构购置防护用品，检测检验试剂耗材，体外人工膜肺、负压救护车等专业医疗救治救助设备，落实防控设施设备、应急物资储备、医疗救治的资金保障。

3.1.4　社会保障和就业支出

2019 年我国各省（区、市）社会保障和就业支出总规模大致在 600 亿元至 1400 亿元之间，平均支出水平为 958.75 亿元，不同区域的省份在支出水平上存在一定差异，常住人口规模较大的省份社会保障和就业支出规模相对较大。如图 3 - 15 所示：2019 年社会保障和就业支出总规模在 1400 亿元以上的省份有广东、山东、江苏，分别为 1709.48 亿元、1443.28 亿元、1415.97 亿元；支出总规模低于 600 亿元的有贵州、天津、甘肃，分别为 595.02 亿元、550.57 亿元、531.2 亿元。

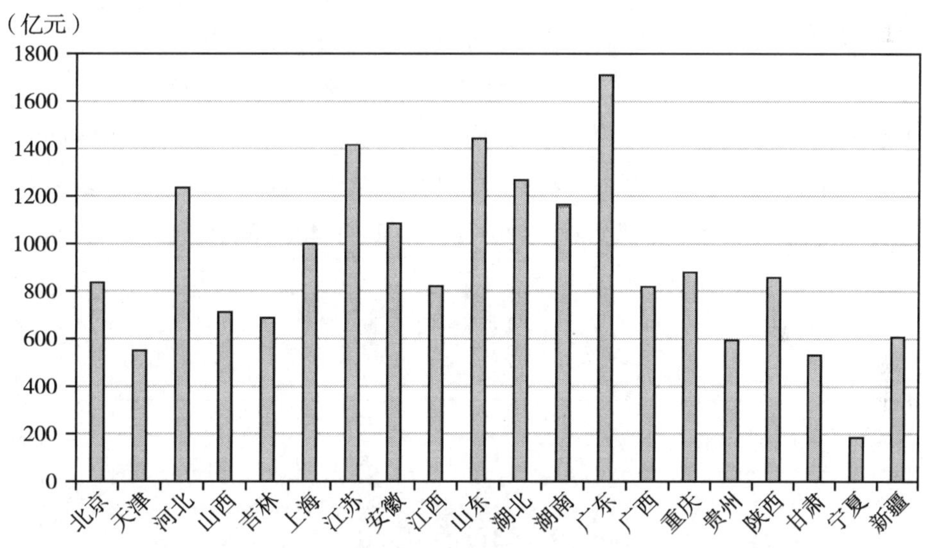

图 3 - 15　各省（区、市）2019 年社会保障和就业支出

资料来源：各省（区、市）2019 年预算执行情况。

大部分省份社会保障和就业人均支出水平在 1500 元至 3000 元之间，平均支出水平为 2256.83 元。图 3 - 16 展示了 2019 年我国各省（区、市）社会保障和就业人均支出的状况：人均支出水平前 4 位的为上海、北京、天津、重庆，分别是 4124.59 元、3885.69 元、3529.32 元、2837.31 元，这表明直辖市及部分常住人口较低的经济发达地区在社会保障和就业人均收入及人均支出方面都存在一定的优势，往往能够提供更高质量的社会保障和就业服务；人均支出水平较低的省份有河北、广东、山东，分别为 1634.84 元、1506.68 元、1436.52 元，常

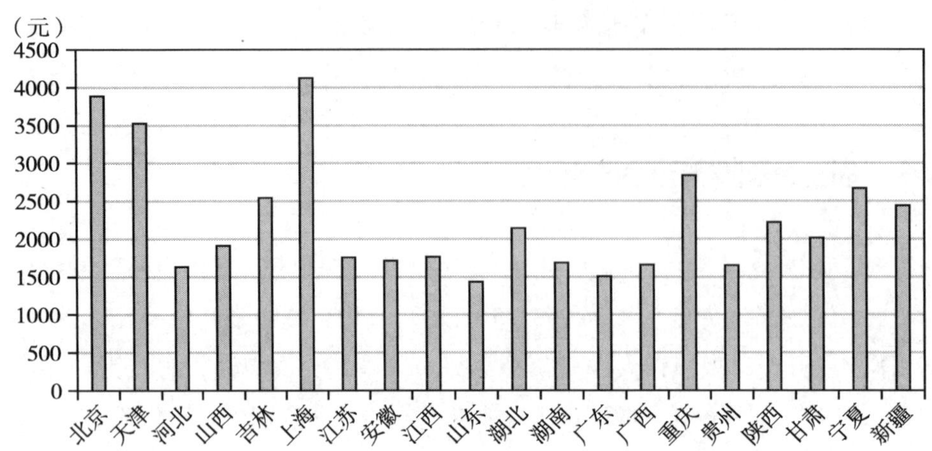

图 3－16　各省（区、市）2019 年社会保障和就业人均支出

资料来源：各省（区、市）2019 年预算执行情况。

住人口规模对社会保障和就业人均支出水平有较为重要的影响。

与 2018 年度各省（区、市）社会保障和就业支出总规模相比，2019 年各省（区、市）该项支出呈正增长趋势，平均同比增长率为 8.23%。作为增进公共福利水平，提高国民生活质量的一项重要支出，各省（区、市）对社会保障和就业支出都给予了一定关注。如图 3－17 所示：2019 年全国各省（区、市）社会保障与就业支出同比增长率最高的前三名是山东、重庆、安徽，分别为 14.99%、13.99%、13.60%；同比增长率最低的三个是北京、宁夏、新疆，分

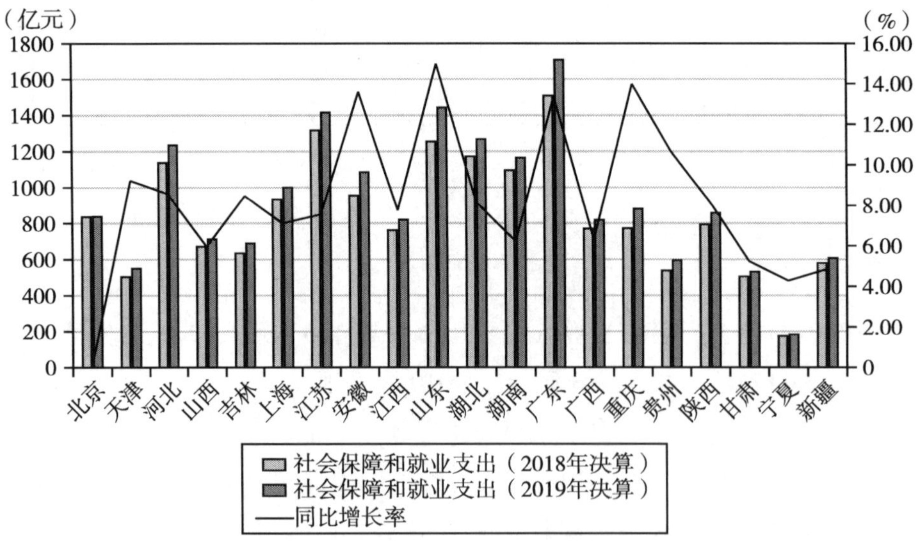

图 3－17　各省（区、市）2019 年社会保障和就业支出同比增长率

资料来源：各省（区、市）2018 年、2019 年预算执行情况。

别为 0.16%、4.28%、4.86%。

在削减一般公共预算支出的背景下，各省（区、市）2020 年社会保障与就业支出安排存在一定差异，平均增长率为 -2.62%。具体情况如图 3-18 所示。对比 2019 年相关决算数据，2020 年社会保障和就业支出安排增长率最高的省份为湖北，5%；增长率最低的省份为吉林，-17.01%。

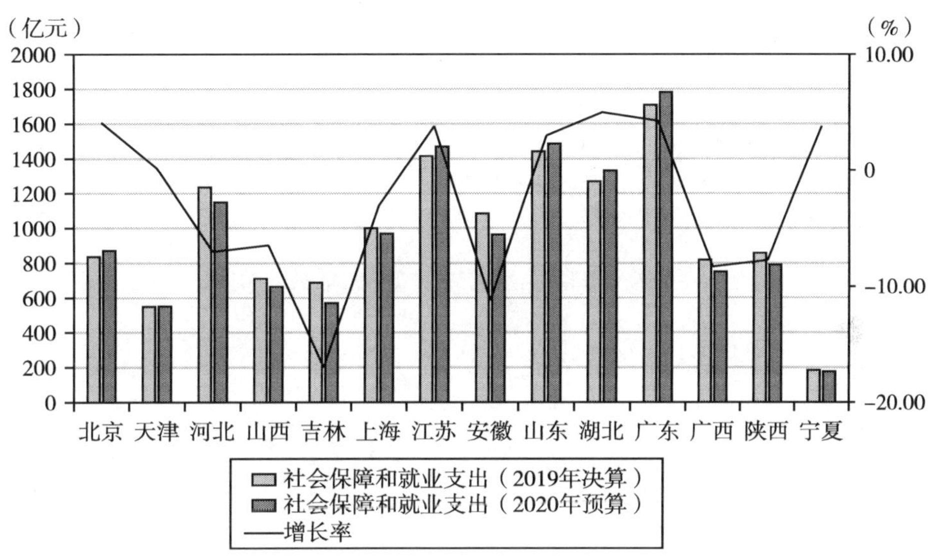

图 3-18 各省（区、市）2020 年社会保障和就业支出安排增长率

资料来源：各省（区、市）2019 年预算执行情况和 2020 年预算草案。

3.1.5 教育支出

2019 年我国各省（区、市）教育支出总规模大致在 600 亿元至 2000 亿元之间，平均支出水平为 1156.75 亿元，不同区域的省份在教育支出水平上存在一定差异，常住人口规模较大的省份教育支出规模也相对较大。如图 3-19 所示，2019 年教育支出总规模最高的为广东省，实际支出 3189.64 元；教育支出规模低于 600 亿元的有吉林、天津、宁夏，分别为 500.53 亿元、466.98 亿元、180.31 亿元。

大部分省份教育人均支出水平在 1800 元至 3000 元之间，平均支出水平为 2618.59 元。图 3-20 展示了 2019 年我国各省（区、市）教育人均支出的状况：2019 年人均教育支出水平高于 3000 元的有北京、上海、新疆，分别为 5239.17 元、4107.67 元、3469.64 元，在教育资源相对集中的省份或地区，人均教育支出水平也往往更高；人均教育支出水平最低的省份为湖南，人均支出 1839.28

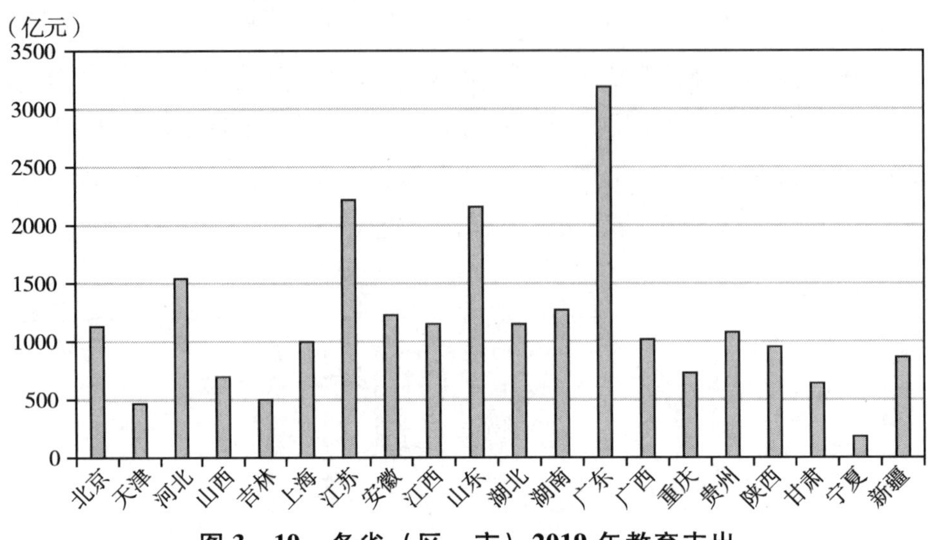

图 3－19　各省（区、市）2019 年教育支出

资料来源：各省（区、市）2019 年预算执行情况。

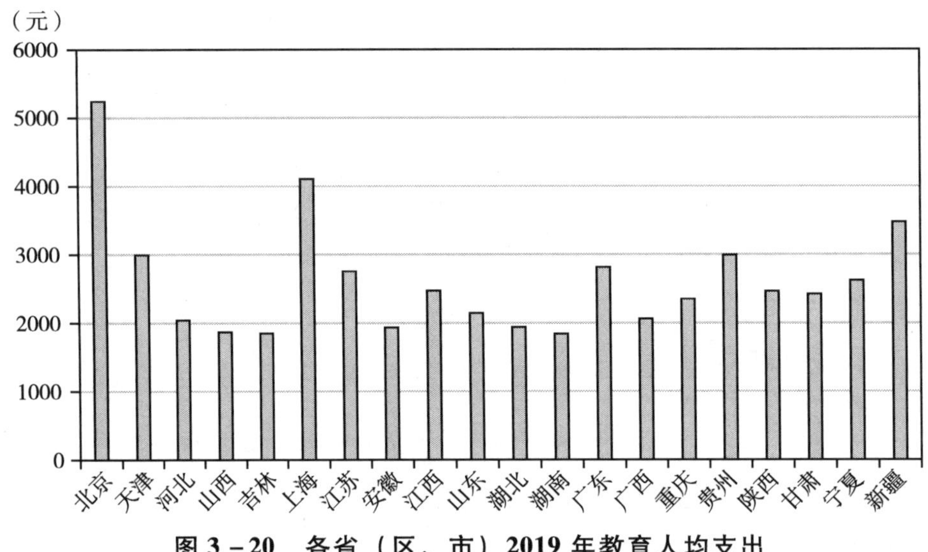

图 3－20　各省（区、市）2019 年教育人均支出

资料来源：各省（区、市）2019 年预算执行情况。

元。常住人口规模对教育人均支出水平有较为重要的影响。

与 2018 年度各省（区、市）教育支出总规模相比，2019 年各省（区、市）该项支出总体呈正增长趋势，平均同比增长率为 7.62%。教育对于国民经济的发展有着重要意义，教育支出在一般公共预算支出中也占据了比较重要的位置。如图 3－21 所示：2019 年全国各省（区、市）教育支出同比增长率最高的省份为山东，增长率 14.21%；增长率最低的且唯一负增长的省份为吉林，增长率－2.59%。

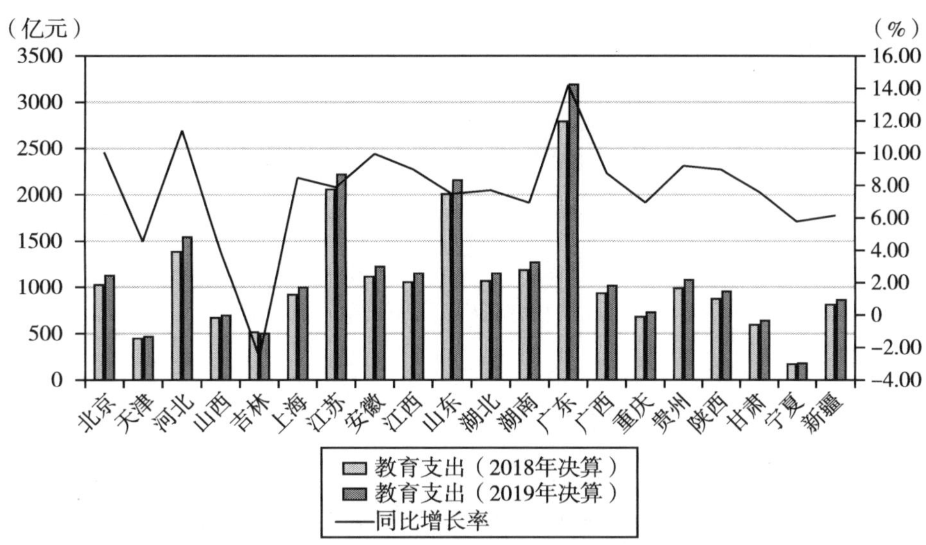

图 3－21　各省（区、市）2019 年教育支出同比增长率

资料来源：各省（区、市）2018 年、2019 年预算执行情况。

在削减一般公共预算支出的背景下，各省（区、市）2020 年教育支出安排基本维持支出规模不变，平均增长率为 0.01%，各省（区、市）在教育支出安排调整上存在一定差异。具体情况如图 3－22 所示。对比 2019 年相关决算数据，2020 年教育支出安排增长率最高的为广西，6.39%；增长率最低的为安徽，－16.07%。

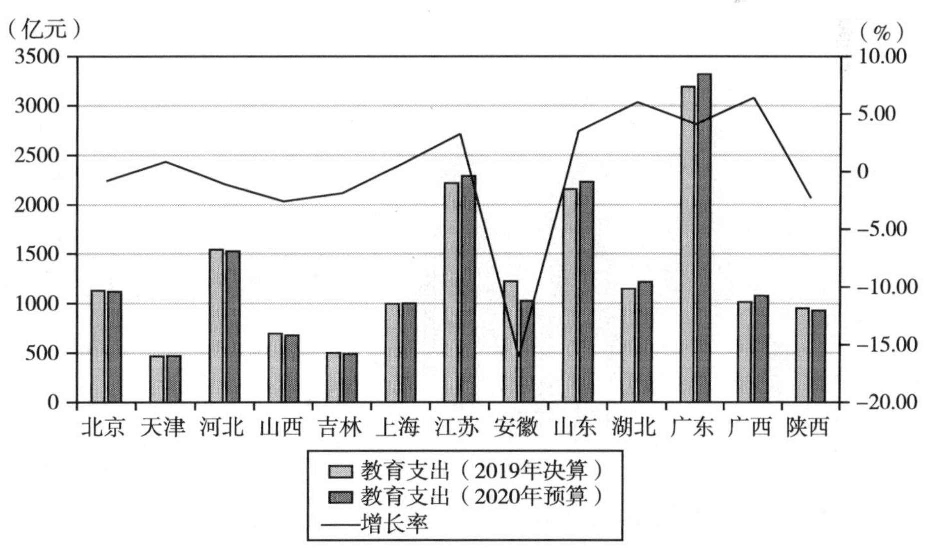

图 3－22　各省（区、市）2020 年教育支出安排增长率

资料来源：各省（区、市）2019 年预算执行情况和 2020 年预算草案。

3.2 政府性基金预算支出状况

2019 年，我国各省（区、市）政府性基金预算支出总体呈增长趋势，支出总规模平均增长率为 21.19%，“以收定支”仍然是各省政府安排政府性基金预算支出的最主要策略。

各省份对于 2020 政府性基金预算支出安排主要以负增长为主，省份差异较大，支出规模平均增长率为 -11.69%。考虑到为应对疫情冲击，2020 年地方专项债发行规模将会有较大增长，用于专项债还本付息的政府性基金支出也将会有较大增长，年中和年末各省（区、市）政府性基金支出将与年初预算安排有较大偏离。

3.2.1 决算执行

2019 年我国各省（区、市）政府性基金预算支出总规模情况如图 3-23 所示，平均支出水平为 2892.35 亿元，各省（区、市）支出总规模上存在一定差距。其中支出规模最高且超过 5000 亿元的省份有浙江、江苏、山东、广

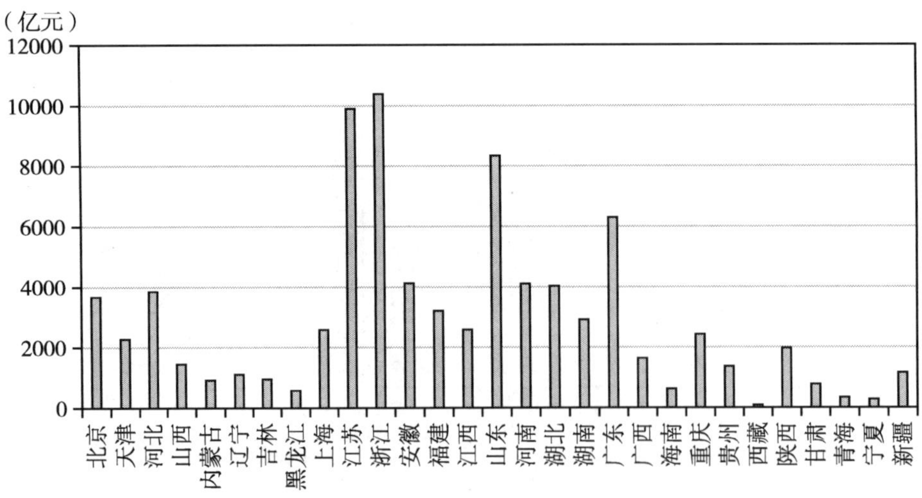

图 3-23 各省（区、市）2019 年政府性基金预算支出

资料来源：各省（区、市）2019 年预算执行情况。

东，分别为 10388.89 亿元、9896.01 亿元、8341.99 亿元、6290.68 亿元；支出规模较低且低于 500 亿元的省（区）有青海、宁夏、西藏，分别为 334.6 亿元、278.6 亿元、84 亿元。总体来看，政府性基金预算支出总规模与本省（区、市）市场经济发展状况、常住人口规模、区位及行政区划面积大小都有较密切的关系。

除个别省份外，我国其他主要省份政府性基金预算人均支出水平处于 4000 至 8000 元之间，平均值为 6500 元。2019 年我国各省（区、市）政府性基金预算人均支出情况如图 3－24 所示。人均支出水平最高且超过 10000 元的省（市）有浙江、北京、天津、江苏、上海，分别为 18108.58 元、17011.72 元、14584.17 元、12291.66 元、10643.56 元；人均支出水平较低，且低于 2500 元的省（区）有西藏、黑龙江，分别为 2441.86 元、1524.25 元。总体来看，我国各省（区、市）政府性基金预算人均支出情况与本省（区、市）经济发展水平基本相一致，常住人口规模也对人均支出水平有一定影响。

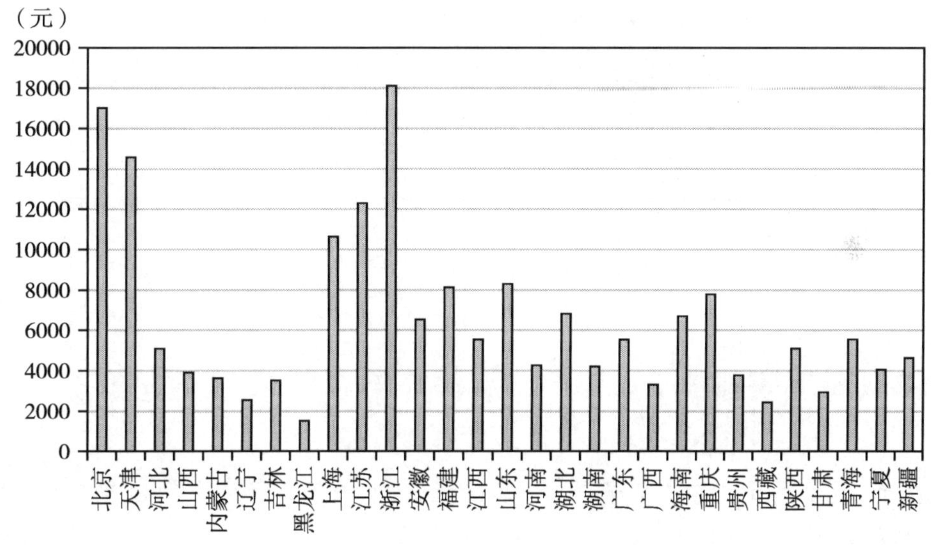

图 3－24　各省（区、市）2019 年政府性基金预算人均支出

资料来源：各省（区、市）2019 年预算执行情况。

与 2018 年度各省（区、市）政府性基金预算支出总规模相比，2019 年各省（区、市）该项支出主要呈较高水平的正增长趋势，全国各省（区、市）政府性基金预算支出总规模平均增长率为 21.19%。如图 3－25 所示：政府性基金预算支出总规模同比增长率最高的为新疆，同比增长率为 49.92%，主要是新增地方政府专项债券安排的支出增加。甘肃省政府性基金预算支出总规模同比增长40.67%，同样处于较高水平，原因在于发行政府收费公路、棚户区改造等专项债券规模增加，同时交通运输、城乡社区等支出也有所增长。政府性基金预算支出总规模同比增长率最低的为西藏，增长率-23.48%。此外，同比增长率为负数的省（市）还有江西、重庆，分别为-3.88%、-9.64%。

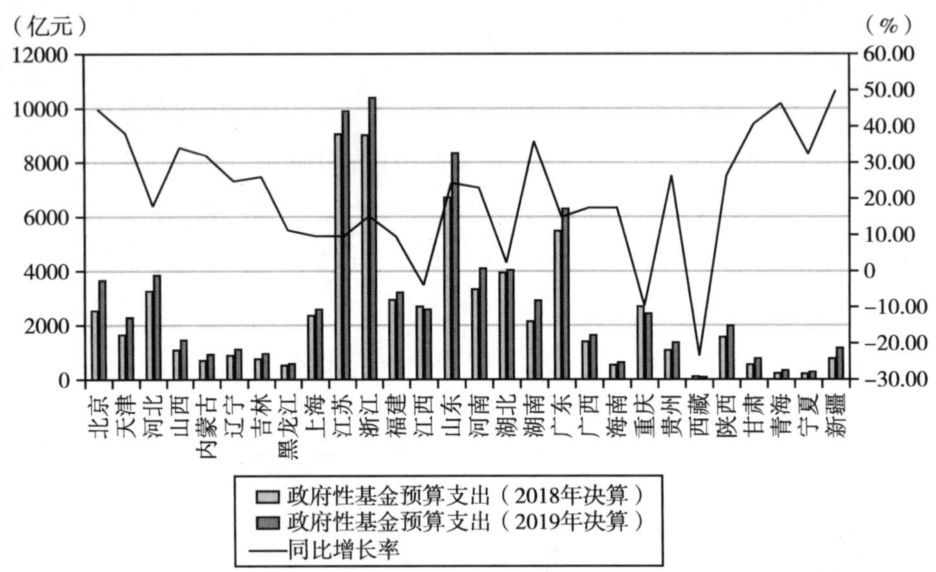

图3-25　各省（区、市）2019年政府性基金预算支出同比增长率

资料来源：各省（区、市）2018年、2019年预算执行情况。

3.2.2　预算安排

各省（区、市）对于2020年政府性基金预算支出安排主要以负增长为主，平均增长率为-11.69%。如图3-26所示，其中2020年政府性基金预算支出增长率最高的省份为贵州，增长率为31.5%，支出规模为1788.24亿元，加上调出资金、结转资金安排的支出等，支出合计2291.02亿元。次高的有辽宁和广西两省（区），分别为24.36%和20.91%。增长率水平最低的为新疆，主要是2019年自治区本级支出汇总列入兵团地方政府新增专项债券支出217.3亿元，抬高了对比基数，同时车辆通行费收入减少，相应减少支出。次低且增长率水平低于-30%的还有宁夏、青海两省（区），分别为-39.66%和-47.91%。

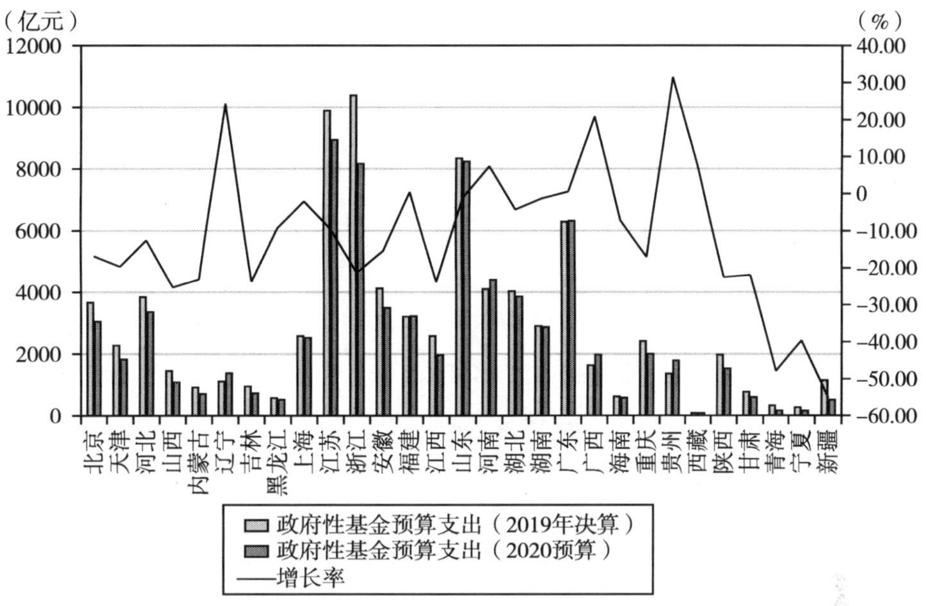

图 3－26　各省（区、市）2020 年政府性基金预算支出安排增长率

资料来源：各省（区、市）2019 年预算执行情况和 2020 年预算草案。

3.3　国有资本经营预算支出状况

2019 年，各省（区、市）国有资本经营预算支出差异较大。由于存在国有企业战略性重组和产业结构调整、国有企业资本金注入、大额转移性支出等因素，部分省份国有资本经营预算支出大幅增长；部分省份则由于国有股权转让及部分产业产能转移、缩减等活动，或中央政策性补助降低、预算调整导致全省国有资本经营预算支出大幅下降。

2020 年预算草案中，对于各省（区、市）国有资本经营预算支出安排仍然存在较大差异。部分省份在国有企业改革发展、推动国有经济结构向重点行业和关键领域调整等方面继续保持了较高速度的支出增长。

3.3.1　决算执行

总量上，2019 年我国各省（区、市）国有资本经营预算支出情况如图 3－27

所示，除部分省份数据暂缺以外，其余各省份国有资本经营预算支出规模与其国有资本经营预算收入规模基本一致，同时也与本省（区、市）国有经济发展情况密切相关。支出规模最大且接近100亿元的省（市）有江苏、广东、上海、辽宁，支出规模分别为167.06亿元、142.1亿元、112.6亿元和98.4亿元；支出规模较低且低于5亿元的省（区）有西藏、海南、宁夏、青海、吉林，支出规模分别为3.5亿元、2.6亿元、1.49亿元、1.3亿元及0.74亿元。其中，西藏、海南、宁夏、青海等均属于经济欠发达的西部地区且常住人口规模较低，因此国有资本经营预算支出较低，吉林则由于国有股权转让及部分产业产能转移、缩减等活动，全省国有资本经营预算支出大幅下降，仅完成了年初预算的33%。

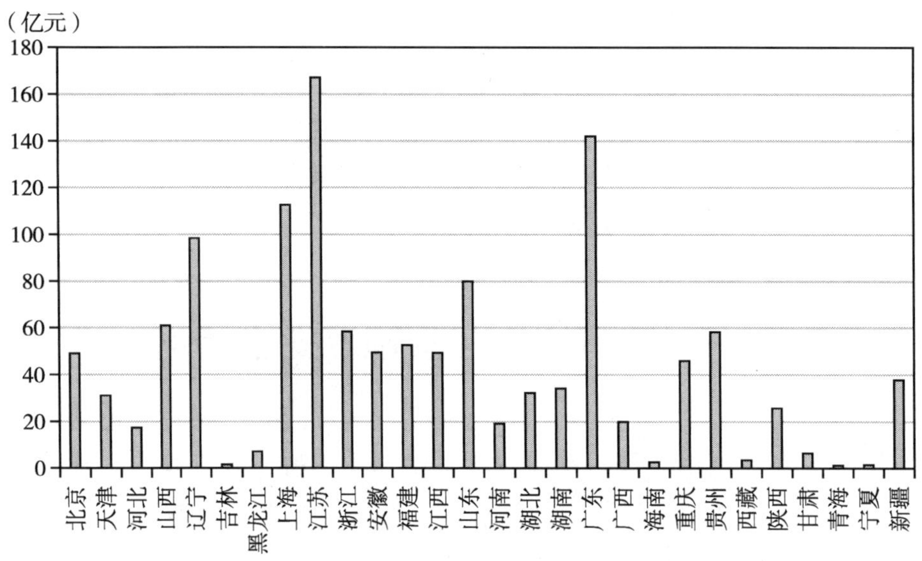

图3-27　各省（区、市）2019年国有资本经营预算支出

资料来源：各省（区、市）2019年预算执行情况。

2019年我国各主要省（区、市）国有资本经营预算支出规模同比增长率情况如图3-28所示，大部分省份国有资本经营预算支出呈正增长趋势，且保持了较高的增长率。在正增长省份中，去除端点值新疆的数据后，各省份国有资本经营预算支出平均同比增长率在40%左右。其中同比增值率最高的为新疆，支出规模较2018年增加28.1亿元，增长286.7%，原因在于2019年乌鲁木齐市为推动国有企业战略性重组和产业结构调整，注入国有企业资本金31亿元。次高省（市）为天津和江苏，增长率分别为152.96%、111.61%，两省（市）同样存在国有企业资本金注入、大额转移性支出等项目。国有资本经营预算支出呈负增长的省份共计11个，其中甘肃省同比增长率最低，为-69.17%，主要原因在于国有股权转让及部分产业产能转移、缩减等活动导致的全省国有资本经营预算支出大幅下降。由于中央政策性补助降低、预算调整（调整国有资本经营预算支出至一般公共预算）等原因，甘肃、宁夏、江西等省（区）支出规模大幅下降，分别为-56.29%、-51.47%、-46.65%。

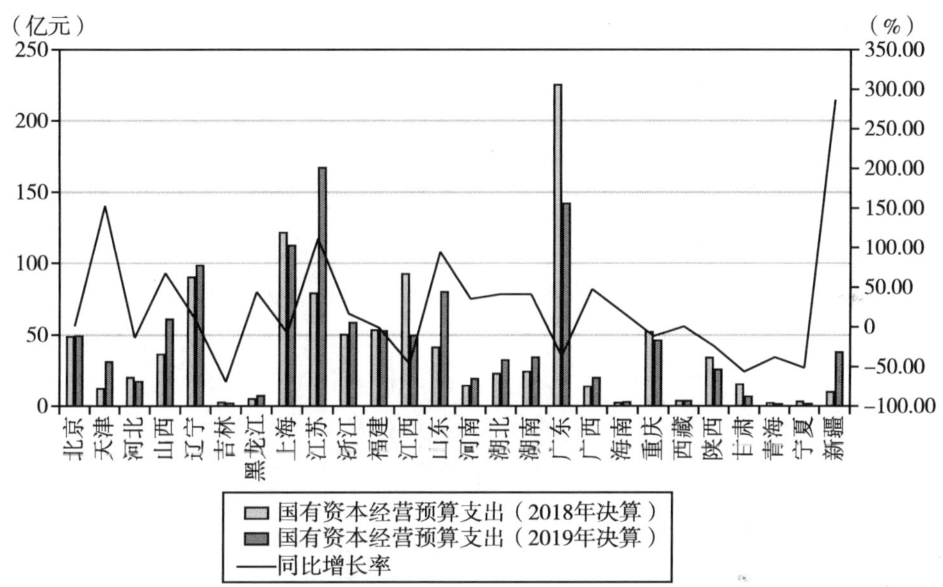

图3-28 各省（区、市）2019年国有资本经营预算支出规模及同比增长率

资料来源：各省（区、市）2018年、2019年预算执行情况。

3.3.2 预算安排

如图3-29所示①，各省（区、市）2020年国有资本经营预算支出安排并不一致，呈正增长趋势的省份共15个，去除吉林省数据后，平均增长率为40%；呈负增长趋势的省份有13个，平均增长率为-30.15%。其中增长率最高的省为吉林，全省2020年国有资本经营支出安排48.77亿元，比上年增长65.1倍，主要原因在于中央补助吉林省厂办大集体改革支出46.61亿元，引起支出金额的较

① 吉林省2020年国有资本经营预算支出安排较上年决算水平增长6510%，远高于其余省份增长水平，故图3-29中未包含吉林省数据。

大变化。次高的省（区）有西藏、安徽、海南，增长率分别为 131.43%、74.55%、57.69%，原因在于各省（区）国有企业股权转让收入增加，相应安排国有企业“三供一业”及支持国有企业改革发展、推动国有经济结构向重点行业和关键领域调整等方面支出对应增长。2020 年国有资本经营预算支出增长水平最低的为新疆，为 -80.74%，主要原因是新疆在 2019 年度存在一次性国有股权、股份转让收入。次低的省份主要有辽宁、黑龙江，分别为 -60.74% 和 -55.56%。

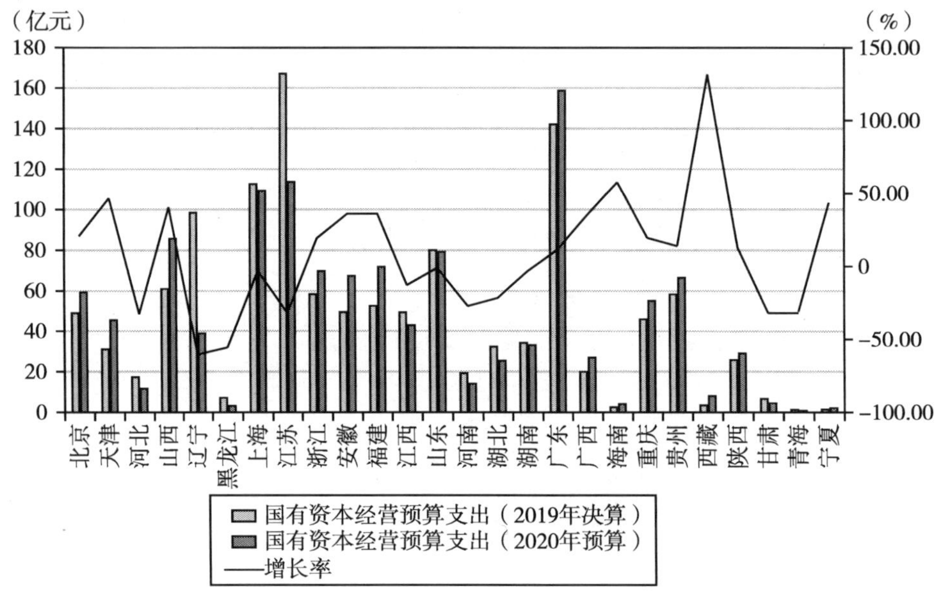

图 3-29　各省（区、市）2020 年国有资本经营预算支出安排增长率

资料来源：各省（区、市）2019 年预算执行情况和 2020 年预算草案。

3.4　社会保险基金预算支出状况

2019 年，各省（区、市）社会保险基金支出规模平均增长 13%，增长率水平与往年相比有一定程度下降。

2020 年各省（区、市）将持续加强社会保障建设，推进全民参保计划，因此 2020 年预算草案中，各省（区、市）社会保险基金预算支出水平进一步温和增长，但平均增长率降至 8% 左右。

3.4.1　决算执行

2019 年我国各省（区、市）的社会保险基金预算支出情况如图 3－30 所示，支出规模在大致在 1000 亿元至 4000 亿元之间，这与各省份社会保险基金预算收入基本一致，体现了“量入为出”的财政原则。支出总规模高于 4000 亿元的省（市）有 6 个，分别为广东 6193.05 亿元、江苏 5368.74 亿元、山东 5232.66 亿元、浙江 4933.84 亿元、湖北 4094.1 亿元、上海 4003.1 亿元，除上海以外，其余 5 省均为“人口大省”，常住人口规模均高于 5500 万人，广东、山东常住人口规模过亿，分别为 1.13 亿和 1.05 亿人。支出规模低于 1000 亿元的省（区）有 4 个，分别为青海 455.7 亿元、海南 454.9 亿元、宁夏 410 亿元、西藏 161.3 亿元，均为经济欠发达及常住人口规模较少的省（区）。

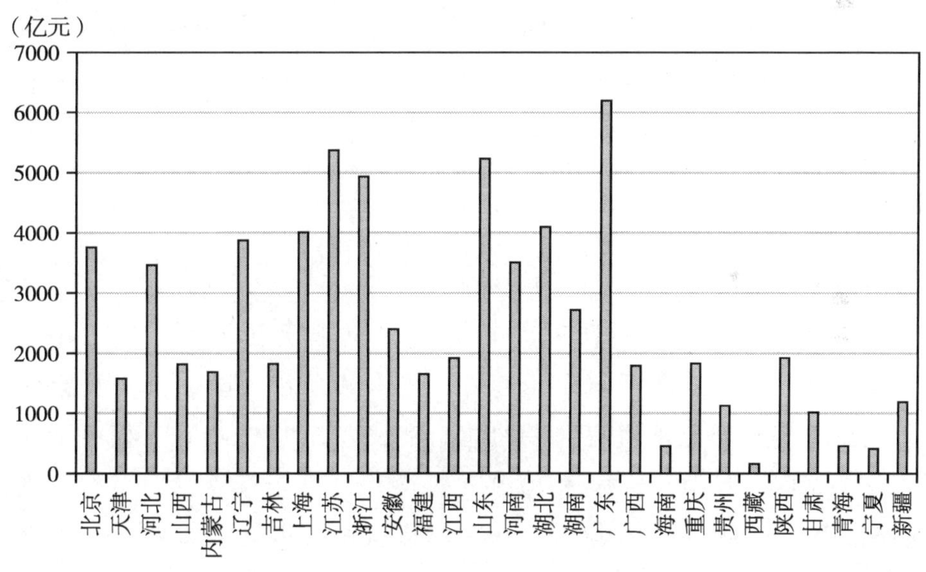

图 3－30　各省（区、市）2019 年社会保险基金预算支出

资料来源：各省（区、市）2019 年预算执行情况。

2019 年我国各省（区、市）的社会保险基金预算人均支出情况如图 3－31 所示：除北京、上海两直辖市外，我国其他主要省（区、市）社会保险基金预算人均支出水平基本处于 4000 元至 8000 元之间，平均值 5500 元。各省（区、市）社会保险基金预算人均支出水平与本省（区、市）经济发展水平并不完全一致，还和本省（区、市）常住人口规模密切相关。其中，人均支出水平在

10000 元以上的为北京、上海、天津，分别为 17432.89 元、16514.44 元、10096.24 元；人均支出水平最低的 3 个省（区）为贵州、广西、河南，分别为 3126.67 元、3632.52 元、3648.2 元。

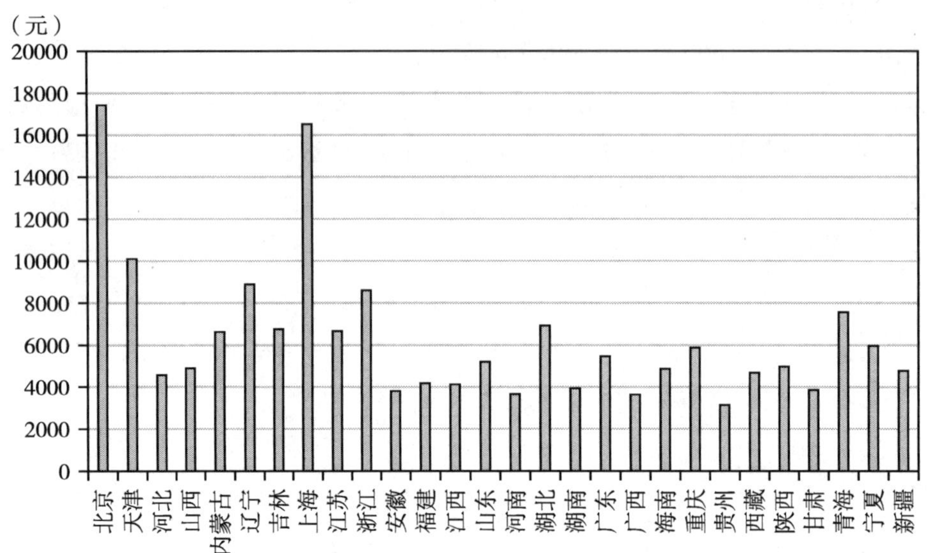

图 3-31　各省（区、市）2019 年社会保险基金预算人均支出

资料来源：各省（区、市）2019 年预算执行情况。

目前由于我国社会保障水平的不断提升，养老保险待遇连续调整，医保目录不断扩容等，我国社会保险基金预算支出总规模近年来连续正增长。如图 3-32 所示，2019 年除西藏、江苏外，我国其余省（区、市）社会保险基金预算支出总规模同比正增长，平均同比增长率为 13% 左右，相比于往年有一定程度的下降。其中，吉林省 2019 年社会保险基金预算支出总规模同比增长率最高，为 44.33%，原因在于 2019 年该省机关事业基本养老保险基金单位参保缴费工作和退休人员纳入社保发放启动所致。此外青海及湖北两省社会保险基金预算支出总规模同比增长率也处于较高水平，分别为 37.55% 和 27.60%。社会保险基金预算支出总规模同比负增长的省（区）为江苏和西藏，分别为 -5.96% 和 -27.15%，主要是因为落实社保费缴费费率政策引起当地社会保险基金预算收入水平下降，进而支出水平也受到影响。[①] 实际上，该因素对其他省（区、市）社会保险基金预算支出也存在不同程度的影响。

① 2019 年社会保险基金预算收入同比增长率：江苏，-8.19%；西藏，-21.28%。

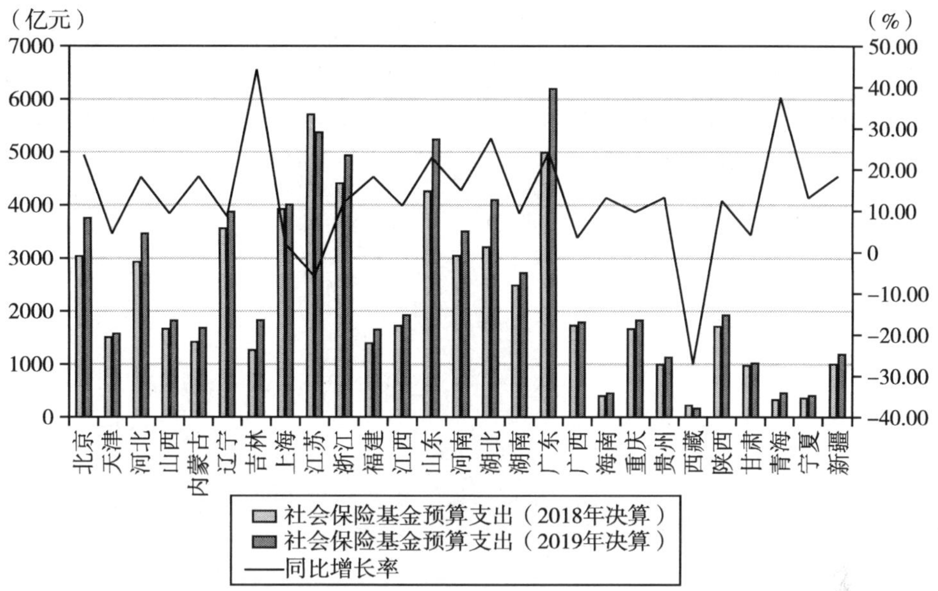

图 3－32　各省（区、市）2019 年社会保险基金预算支出同比增长率

资料来源：各省（区、市）2018 年、2019 年预算执行情况。

3.4.2　预算安排

如图 3－33 所示，为保证我国社会保障水平的持续提升，深入推进全民参保

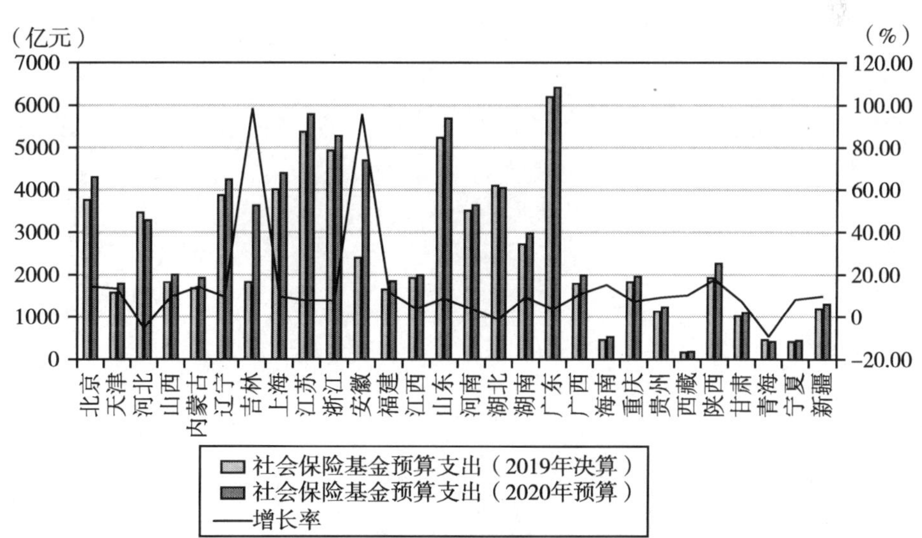

图 3－33　各省（区、市）2020 年社会保险基金预算支出安排增长率

资料来源：各省（区、市）2019 年预算执行情况和 2020 年预算草案。

计划，大部分省份对2020年社会保险基金预算支出安排呈温和正增长趋势，增长率水平大致在8%左右。其中，安徽、吉林两省2020年社会保险基金预算支出安排增长率分别为95.8%和98.6%，这主要是因为两省企业职工基本养老保险基金按照财政部要求调整编报口径，将上级补助收入、下级上解收入、补助下级支出、上解上级支出纳入基金收支统计范围所致。湖北、河北及青海三省2020年社会保险基金预算支出安排中削减了对部分项目的支出，总体呈负增长，增长率分别为-1.18%、-5.32%及-9.35%。

第4章 各省（自治区、直辖市）一般公共预算执行情况分析

通常认为，年末预算执行数和年初预算数的差异是预算执行情况的重要衡量方式，差异越小表示预算越准确、执行越严格。本章将分析各省（自治区、直辖市）2019年一般公共预算收支的执行情况，基于收支情况对各省（自治区、直辖市）预算执行水平进行评价，并基于结构特征对各省（自治区、直辖市）预算执行差异展开解释。

4.1 一般公共预算收入执行情况

2018年和2019年连续两年大规模的减税降费政策，使得地方政府面临的财政收入压力陡增。总量上，2019年16省一般公共预算收入“少收”，平均执行预算的95.94%，13省“多收”，平均执行预算的104.92%。“少收”省（区、市）以吉林、重庆和宁夏为代表。而“多收”省（区、市）以天津、西藏和内蒙古为代表，这可能与2018年天津和内蒙古财政大力度“挤水分”有关。仅9省预算执行偏差不超过1%。相较2018年，22省一般公共预算收入执行情况变化较大，其中“少收”省份数量增加了6省，多数省份预算执行情况并未改善。

结构上，大规模减税导致的税收收入实际执行数不足预算是一般公共预算收入执行的下行因素，而非税收入超预算执行成为一般公共预算执行的重要保障。各省2019年税收收入执行情况达到93.83%，较上年平均下降0.43%，其中增值税和企业所得税执行比例在95%左右，个人所得税仅在82%左右。相比而言，非税收入平均执行124.09%，其中增长较快的是国有资源（资产）使用收入。其重要原因是2019年国企加速混改、推进行政事业性国有资产管理制度改革等措施，使得地方财政能够多渠道盘活国有资金和资产，带动了国有资源

（资产）使用收入的增加，因而成为非税收入的保障。但是，这种以非税收入作为财政收入的“加油站”状态绝不应成为常态。

2020年，地方政府在地方人民代表大会上做出的财政预算草案，尚未考虑到疫情对财政收入的影响。疫情冲击之下，一方面各级政府采取一系列减税降费政策，另一方面经济增长率下滑会导致税源减少。预计2020年各省（区、市）一般公共预算收入执行普遍不到100%，并有大幅度下降。

4.1.1 总量

2019年各省（区、市）一般公共预算执行情况为16省（区、市）“少收”，13省（区、市）“多收”。表4-1报告了2019年各省（区、市）一般公共预算收入的执行情况。[①]

表4-1　2019年一般公共预算收入执行情况　　单位：亿元

省（区、市）	预算执行数	预算数	预算执行比例	上年预算执行比例
吉林	1116.86	1241	90.00%	100.47%
重庆	2135	2333	91.51%	95.79%
宁夏	423.6	458	92.49%	97.66%
甘肃	850.2	900	94.47%	102.48%
辽宁	2652	2786	95.19%	102.79%
上海	7165.1	7465	95.98%	100.00%
陕西	2287.72	2377.7	96.22%	103.51%
山西	2347.56	2437	96.33%	115.32%
青海	282.1	292.4	96.48%	103.13%
北京	5817.09	6015	96.71%	100.04%
江苏	8802.36	9000	97.80%	99.66%
黑龙江	1262.6	1287.9	98.04%	97.33%
新疆	1577.3	1608	98.09%	95.00%

① 一般公共预算收入指的是当年全省一般公共预算收入，不是一般公共预算总收入。后者指当年收入加中央税收返还及转移支付收入、地方政府一般债务收入、上年结转收入及预算稳定调节基金等的总和。支出类似，不再赘述。

续表

省（区、市）	预算执行数	预算数	预算执行比例	上年预算执行比例
山东	6398.45	6507.20	98.33%	99.85%
福建	3052.72	3097.58	98.55%	100.07%
广东	12651.46	12790	98.92%	98.18%
海南	814.1	812.9	100.15%	101.51%
贵州	1767.35	1761	100.36%	100.05%
河北	3742.66	3725	100.47%	101.56%
安徽	3182.5	3164.91	100.56%	102.51%
江西	2486.5	2468.4	100.73%	100.08%
湖北	3388.4	3357	100.94%	94.28%
湖南	3007	2975.1	101.07%	97.44%
河南	4041.6	3997.8	101.10%	102.65%
浙江	7048	6925	101.78%	106.31%
广西	1811.89	1705.05	106.27%	100.63%
内蒙古	2059.7	1865	110.44%	106.15%
西藏	221.9	187.5	118.35%	138.05%
天津	2410.25	1980	121.73%	94.03%

资料来源：各省（区、市）2019 年预算执行情况和 2020 年预算草案。
注：按照当年预算执行比例进行排序，下同。

根据表 4－1 可知，“少收”省（区、市）收入平均执行 95.94%，“多收”省（区、市）收入平均执行 104.92%。“少收”省（区、市）包括吉林、重庆、宁夏、甘肃、辽宁、上海、陕西、山西、青海、北京、江苏、黑龙江、新疆、山东、福建和广东共 16 个。其中，吉林一般公共预算“少收”比例最大，其 2019 年预算数为 1241 亿元，但实际执行数仅 1116.86 亿元，相比预算少了 10% 左右。其次是重庆、宁夏和甘肃，执行水平仅为 91.51%、92.49% 和 94.47%，“少收”比例均超过了 5%。而“多收”省（区、市）包括海南、贵州、河北、安徽、江西、湖北、湖南、河南、浙江、广西、内蒙古、西藏和天津共 13 个。其中，天津一般公共预算“超收”最多，达到 21.73%。超收比例超过 5% 的还有西藏、内蒙古、广西，预算执行比例分别为118.35%、110.44%和106.27%。其他“超收”省份中，有3省“超收”比例略微超过1%，6省不足1%，基本没有超收。

按照近些年一般公共预算收入执行比例的整体趋势，我们认为收入预决算差（包括“多收”和“少收”）在1%以内表示预算执行情况相对较好，超过5%则表示预算执行相对宽松。表4－1表明，9省预算执行情况相对较好，8省预算执行相对宽松。

以预决算差5%为分界线，超过这一比例的“少收”省（区、市）为吉林、重庆、宁夏和甘肃，“多收”省（区、市）为天津、西藏、内蒙古和广西。这些省份中大多是经济发展水平相对落后的地区。重庆2019年一般公共预算收入2135亿元，预算执行比例仅91.51%，预算执行数比上年减少5.76%，主要是因为重庆市积极落实减税降费政策，使得税收收入比上年减少3.87%，非税收入更是下降了10.34%。对于“超收”比例最大的天津，2019年一般公共预算收入执行2410亿元，比上年增长14.43%。从其构成来看，税收收入1634亿元，仅增长0.57%，非税收入776亿元，较上年增长61.23%。这是因为2019年天津市实施了政府持有股权转让等增收措施，“超收”得益于非税收入的大幅增长。

以预决算差1%为分界线，海南、贵州、河北、安徽、江西、湖北、湖南、广东和河南共9省预算执行情况较好。其中，海南省预决算偏差最小，2019年一般公共预算收入执行814.1亿元，仅比预算数812.9亿元多0.15%。可以发现，预算执行较好的省份多是经济规模相对较大、经济增速下滑较慢或逆势增长的地区，其中一个可能原因是这些省份对本区域一般公共预算收入预测较为准确、税收收入和非税收入执行较为严格。

预算偏离程度相比预算执行比例能够更加清晰地观察预算执行情况的变化趋势。通过比较2018年和2019年的一般公共预算收入偏离程度，能够分析各省（区、市）预算执行的改善状况。图4－1展示了2018年和2019年各省（区、市）收入预算偏离程度。[①] 如果当年收入偏离绝对值小于上年，表示预算执行情况得到了改善，如果偏离程度变大，则表示预算执行变差。

可以看到，2019年22省（区、市）一般公共预算收入执行情况相较上年变

---

① 根据高培勇的研究（《关注预决算偏离度》，《涉外税务》，2008年第1期），收入预算偏离程度的度量方式是（决算收入－预算收入）/预算收入。支出亦同。

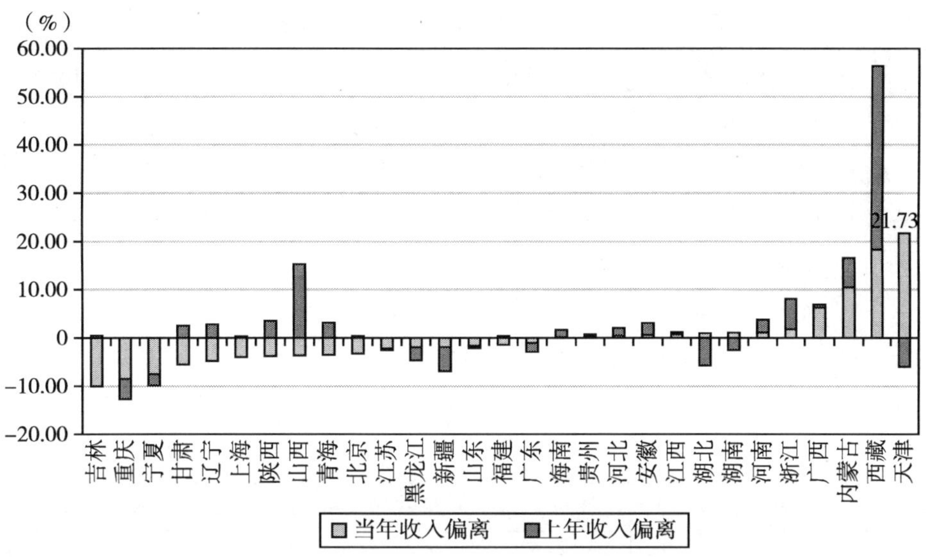

图 4－1　2018 年、2019 年一般公共预算收入偏离情况

资料来源：各省（区、市）2019 年预算执行情况和 2020 年预算草案。

化较大，仅 7 省维持当前水平。西藏和山西 2019 年预算执行情况相较上年有了较大改善，天津和吉林是预算执行情况变化最大的两个省（市），而河北、广东、黑龙江、陕西、贵州、青海和江西共 7 省预算执行保持了较好水平。与 2018 年相比，11 省（区、市）一般公共预算收入执行情况有所改善，18 省（区、市）并未改善。西藏 2018 年预算执行比例为 138.05%，2019 年为 118.35%，"超收"现象得到了明显改观。相对的，天津和吉林两省（市）预算执行情况并不稳定，天津由 2018 年的"少收"变为 2019 年的"超收"，吉林则由"超收"变为"少收"，表明两省（市）预算执行水平有待加强。

4.1.2　结构

首先，税收收入下降是一般公共预算收入实际执行数不足预算的主要原因。表 4－2 报告了各省（区、市）2019 年税收收入和主要税种的预算执行情况。[①] 从中可见，各省（区、市）2019 年税收收入执行比例平均达到 93.83%，较上年下降 0.43%。

① 10 省未公开 2019 年全省一般公共预算收支的结构性预算数。受限于数据缺失，本报告只分析了 19 省收支细项的预算执行情况。支出细项的缺失数目更大，不再赘述。

表 4-2　　2019 年各省（区、市）税收收入预算执行情况　　单位：%

省（区、市）	税收收入		个人所得税		增值税		企业所得税	
	预算执行比例	增长率	预算执行比例	增长率	预算执行比例	增长率	预算执行比例	增长率
宁夏	83.33	-10.32	84.67	-24.18	81.33	-14.72	104.67	0
吉林	86.88	-10.53	72.87	-33.14	89.80	-9.85	86.31	-12.14
辽宁	89.40	-2.38	—	—	—	—	—	—
重庆	89.85	-3.87	—	-28.95	—	-2.11	—	-2.63
北京	90.62	-3.32	79.44	-25.30	92.59	1.08	85.82	-4.60
新疆	90.72	-3.39	—	—	—	—	—	—
安徽	92.84	1.32	78.04	-29.50	91.98	4.01	99.95	10.79
上海	93.06	-1.09	82.47	-21.62	95.97	5.41	86.90	-4.39
天津	94.03	0.57	—	-25.66	—	4.27	—	1.33
广东	94.13	3.34	69.95	-24.41	93.57	1.38	96.34	6.57
河北	95.27	2.92	65.05	-33.65	95.60	0.43	93.62	1.26
福建	95.42	-1.28	99.34	-5.13	105.40	1.18	85.05	-3.14
广西	95.76	2.20	79.43	-36.60	96.28	6.44	102.25	11.00
陕西	95.88	4.05	67.82	-27.45	95.09	0.80	102.54	9.70
江苏	96.26	1.05	86.71	-25.42	95.25	1.07	97.51	0.32
山东	97.81	-0.99	88.75	-31.50	99.16	2.97	97.31	2.77
浙江	99.00	5.58	98.65	-11.36	91.70	-1.42	104.26	14.71
湖南	101.18	5.22	78.33	-31.35	100.51	1.51	101.85	4.88
湖北	101.23	2.72	104.50	-27.70	100.38	4.18	103.02	3.19

资料来源：各省（区、市）2019 年预算执行情况和 2020 年预算草案。①

注：增长率指 2019 年预算执行数相较上年的增长比例。下同。

① 从预算公开的角度，各省预算公开的执行情况较好，但预算透明度的改善“任重而道远”。首先，29 省（区、市）及时在财政厅网站发布了《2019 年预算执行情况和 2020 年预算草案的报告》和相关附表（即《2019 年预算执行情况和 2020 年预算草案》）。这积极响应了新《预算法》第十四条的要求，“第十四条经本级人民代表大会或者本级人民代表大会常务委员会批准的预算、预算调整、决算、预算执行情况的报告及报表，应当在批准后二十日内由本级政府财政部门向社会公开，并对本级政府财政转移支付安排、执行的情况以及举借债务的情况等重要事项作出说明”；其次，近一半省份未公开全省层面一般公共预算收支的结构性数据。尽管新《预算法》对人大决算审查的重点是预算收支，并未着重说明结构，对本级预算强调的更多，且明确要求年中报告决算情况，但仍有 16 省（区、市）在年初公开了全省（区、市）预算的结构性数据。对于未公开全省（区、市）层面结构性收支数据的地区，社会公众很难了解到年初时政府制订的全盘计划（例如要把钱花在哪里、打算征多少税），因此应当对全省（区、市）层面收支预算结构进行公开。

图 4－2 可知，多数省份税收收入“少收”，仅湖南和湖北两省小幅“超收”，“少收”省份往往呈现税收收入负增长的特征。表 4－2 前两列分别报告了各省（区、市）2019 年税收收入的预算执行比例和税收收入增长率（相比上年）。从中可见，“少收”省份平均少执行 7.04%，其中宁夏、吉林、辽宁和重庆 4 省（区、市）税收收入执行比例不足 90%，河北、福建、广西、陕西、江苏、山东、浙江 7 省超过 95%，仅湖南和湖北两省税收收入实现“超收”，“超收”幅度仅为 1% 左右。此外，从税收收入增长率来看，有 9 省（区、市）负增长，10 省（区、市）正增长。税收收入缩减较快的省（区、市）依次是宁夏、吉林、重庆、北京和新疆，均为“少收”省份。而安徽、天津、广东、河北、广西、陕西、江苏、浙江 8 省（区、市）则是面临税收收入执行数不及预期的压力下仍能保持正增长的地区。

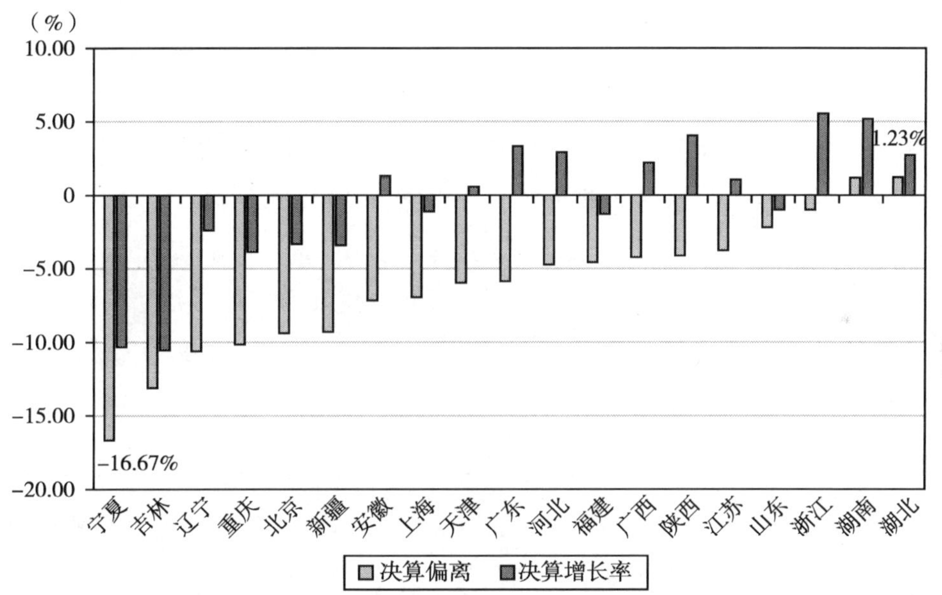

图 4－2　2019 年税收收入偏离情况

资料来源：各省（区、市）2019 年预算执行情况和 2020 年预算草案。

从税收收入结构来看，2019 年各省（区、市）个人所得税执行比例平均为 82.20%，相比其他主要税种，“少收”比例较大。同时，各省（区、市）个人所得税规模与上年相比，均出现了不同程度的缩减。除湖北小幅“超收”外，其他省份均为“少收”。其中，河北、陕西和广东 3 省“少收”比例超过 30%，吉林、安徽、湖南、广西和北京 5 省（区、市）“少收”超过 20%，其余省份

“少收”比例低于20%，其中浙江和福建个人所得税执行情况较好。从增长率来看，仅福建维持了个位数的个人所得税收入负增长，其他省份大多表现为20%以上幅度的下降。

增值税执行比例平均为95.95%，仅福建、湖南和湖北“超收”，同时多数省份收入仍保持正增长。5省增值税预算执行比例不足95%，其中吉林甚至不足90%。“超收”最多的是福建，达到5.4%。尽管大多数省份增值税“少收”，但预算执行数相较上年仍然保持了小幅度的增长。税收多寡依赖于税率、税源与税收管理，2019年增值税实行了大规模减税政策，在此背景下增值税还能保持增长，说明税源扩大和管理加强的影响超过了减税政策的影响，其中包括了减税对经济的刺激作用。

企业所得税执行比例与增值税基本相同，平均达到95.91%，仅6省实现“超收”。“少收”比例较大的省（市）依次是福建、北京、上海和吉林，均超过了10%。而“超收”省份中，浙江“超收”比例最大，为4.26%。可以看到，尽管企业所得税执行比例与增值税相当，但各省“少收”程度的差异性明显大于增值税，因此企业所得税是各省预算执行差异较大的税种之一。

其次，非税收入增长是各省面临经济增速下滑和减税降费压力时一般公共预算收入执行情况仍能多数较好的重要保障。表4－3报告了各省（区、市）非税收入和国有资源（资产）有偿使用收入的预算执行情况。从中可见，绝大多数省份非税收入“超收”，预算执行比例平均达到124.09%，即使扣除天津市的数据，平均值也达到了113.10%。

表4－3　2019年各省（区、市）非税收入预算执行情况①　单位：%

省（区、市）	非税收入		国有资源（资产）有偿使用收入	
	预算执行比例	增长率	预算执行比例	增长率
重庆	96.12	－10.34	—	—
陕西	97.63	－5.79	92.83	－16.33
吉林	98.87	－8.64	95.15	－17.60
湖北	100.09	1.68	100.54	6.60

① 国有资源（资产）有偿使用收入是非税收入的重要组成部分。国有资产有偿使用收入是执收单位将其占有使用的固定资产、流动资产、无形资产，通过处置、租赁、对外合作、对外服务、对外投资和担保等形式取得的收入。国有资源有偿使用收入是执收单位利用各种形态的自然资源、公共资源、政府信誉、信息和技术资源向社会提供公共服务、准公共服务、经营服务以及出租、出让、转让国有资源使用权取得的收入。

续表

省（区、市）	非税收入		国有资源（资产）有偿使用收入	
	预算执行比例	增长率	预算执行比例	增长率
湖南	100.84	4.87	100.31	3.19
江苏	106.38	7.04	132.33	28.80
福建	107.81	9.60	140.18	47.89
山东	108.27	5.67	102.04	-0.68
宁夏	113.94	12.93	154.49	48.56
新疆	115.02	17.01	—	—
辽宁	115.10	12.95	—	—
河北	115.38	16.10	126.21	29.01
浙江	118.86	13.67	—	22.72
上海	120.87	15.27	133.93	33.93
广东	123.29	9.35	172.63	29.88
安徽	123.96	12.10	150.03	31.17
广西	131.05	18.91	178.04	71.74
北京	143.51	24.72	119.79	25.95
天津	320.69	61.23	—	65.44

资料来源：各省（区、市）2019 年预算执行情况和 2020 年预算草案。

由图 4-3 可知，非税收入多数省份“超收”，“少收”的省份仅有重庆、陕西和吉林。“超收”省份中，天津市非税收入预算 242 亿元，实际执行 776.06 亿元，预算执行比例达到 320.69%，预算执行数相较上年增长 61%。除天津以外，非税收入“超收”比例在 20% 以上的有上海、广东、安徽、广西、北京 5 省（区、市），10% 以上的有宁夏、新疆、辽宁、河北、浙江 5 省（区），而“少收”省（市）仅重庆、陕西和吉林。

国有资源（资产）有偿使用收入“超收”是 2019 年各省非税收入增长的重要支撑。广西和广东是该项收入“超收”最多的省（区），预算执行比例超过 170%，年内大幅度的增收保证了非税收入执行情况以及一般公共预算收入执行情况处于较好态势。总的来说，其“超收”幅度越大，非税收入“超收”比例越高，一般公共预算收入超预算执行的情况越好。以广东为例，尽管税收收入仅执行 94.13%，但国有资源（资产）有偿使用收入“超收”72.63%，使得非

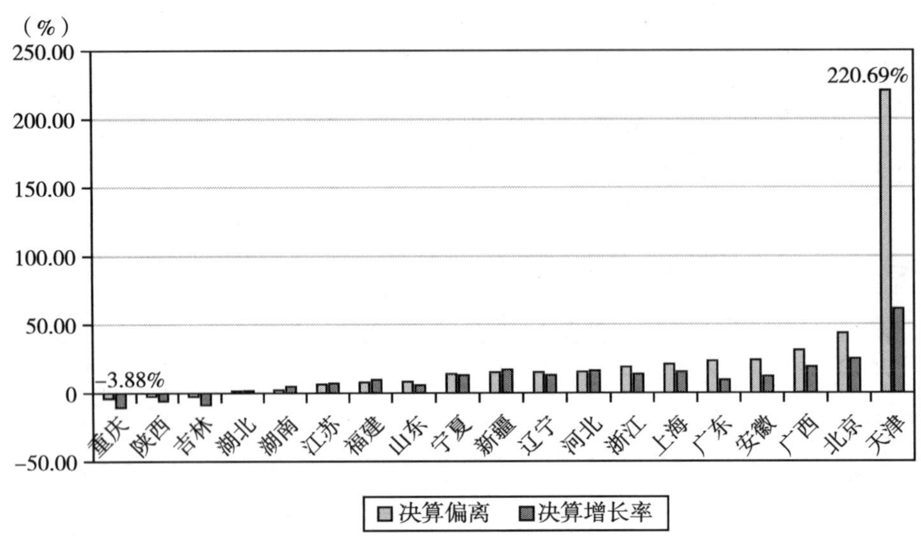

图 4－3　2019 年非税收入偏离情况

资料来源：各省（区、市）2019 年预算执行情况和 2020 年预算草案。

税收入预算执行数超过预算数 20% 以上，间接导致一般公共预算收入基本维持了预决算相等的状态，使得其一般公共预算收入执行情况相对较好。

4.1.3　小结

2019 年各省（区、市）一般公共预算收入执行面临着非常大的财政压力。这是因为，经济下行压力带来的收入增速下降，以及中美贸易摩擦带来的外部环境恶化，特别是近两年陆续出台的一系列减税降费政策，包括全面推进小微企业普惠性减税、个人所得税专项附加扣除、深化增值税改革等税收政策落地，社保降费、清理规范政府性基金和行政事业性收费等降费政策实施，各省财政收入压力陡然增大。尽管这些政策从长期看有利于增加经济增长后劲、培育和涵养未来财源、提升财政可持续发展能力，但 2018 年全国减税降费规模达到 1.3 万亿元，2019 年更是超过了 2.3 万亿元，这在短期内对财政收入产生了较为明显的减收效应。

2019 年各省（区、市）一般公共预算收入执行比例多数保持在 95% 至 105%之间，但相较 2018 年，大多数省份收入执行情况并未改善，预决算偏差变大。总量上，16 省（区、市）“少收”，13 省（区、市）“多收”，预算执行比例平均达到 95.94% 和 104.92%。“少收”省份以吉林、重庆和宁夏为代表，

“多收”省份以天津、西藏和内蒙古为代表，这些省份预算执行情况相对宽松。而其他省份预算偏离度则保持在 5% 以内，预算执行情况较好。总的来说，经济发达省份预算执行情况更好，表现在对本区域内收入预测较为准确，税收收入和非税收入征管较为严格，使得预算执行数并未偏离预算数过多。同时，从预算执行情况的改善角度，一般公共预算收入执行情况改善的有 11 省（区、市），未改善的有 18 省（区、市）。多数省份 2019 年预算执行情况较 2018 年有较大改变，其中西藏和山西有明显改善，而天津和吉林预算执行水平仍有待改善。

结构上，大规模减税导致的税收收入实际执行数不足预算是一般公共预算收入执行的下行因素，而非税收入超预算执行成为一般公共预算执行的重要保障。首先，深化增值税改革，小微企业普惠性税收减免、个人所得税改革等政策的颁布，加之地方政府不折不扣的落实这些减税降费政策，使得多数省份税收收入“少收”。从税种上看，个人所得税、增值税和企业所得税执行比例平均值分别为 82.2%、95.95% 和 95.91%，增值税和企业所得税“少收”情况明显优于个人所得税，一方面是由于对企业减税是以政府收入“减法”换企业效益“加法”，企业生产积极性调动间接减缓了税收下滑；另一方面，增值税和企业所得税是地方财政收入的重要来源，各省面临减税降费的财政压力和增速下滑的经济压力，税收执行手段相比个人所得税更加完备、税收执行态度更加积极。就非税收入而言，降费政策的实施，使得非税收入中教育费附加、行政事业费收入等大幅下降，作为非税收入中重要组成部分的国有资本保值增值成为保障非税收入持续增长的关键因素之一。因为 2018 年非税收入增长是以国有资本经营收入大幅增长为前提的，而 2019 年国企加速混改、推进行政事业性国有资产管理制度改革等措施，使得地方财政能够多渠道盘活国有资源资产，加强了当年国有资源有偿使用活动和收入的管理，带动了国有资源资产收入的增加，成为非税收入的保障。因此，国有资源（资产）有偿使用收入大幅“超收”保证了非税收入执行情况处于较好态势，成为 2019 年各省（区、市）非税收入增长的重要支撑。

4.2　一般公共预算支出执行情况

2019 年，我国在实施大规模减税降费的同时，积极财政政策还对调整支出结构、强化逆周期调节、保障改善民生和财政收支平衡等做出了更高要求，这给地方政府“花多少钱、在哪花钱”提出了更大挑战。

总量上，2019 年 5 省（区、市）一般公共预算支出“少支”，24 省（区、市）“超支”。其中，西藏、陕西、贵州、新疆、江西 5 省（区）是“超支”比例达到 20% 以上的省份，而河北、北京、上海、河南、甘肃、青海、海南、江苏、内蒙古、广东 10 省（区、市）预算执行情况较好。相较 2018 年，19 省（区、市）支出预算执行情况明显改善，缩减幅度平均达到 10% 左右。这积极响应了《关于人大预算审查监督重点向支出预算和政策拓展的指导意见》对支出预算审查和监督的要求。

结构上，多数项目“超支”，仅商业服务业等支出、债务发行费用支出和其他支出等 3 项“少支”。一般公共服务支出多数省份“超支”，仅 5 省（区、市）“少支”；社会保障和就业支出、城乡社区支出、教育支出等“三保”相关支出得到了保障；科学技术支出、节能环保支出“超支”相对规模排名前列，表明各省（区、市）加快推进科技项目建设和加力支持重点产业发展的积极性。

2020 年，疫情冲击之下，各省（区、市）财政部门持续安排疫情防控资金，同时要考虑到，疫情会导致各省（区、市）增加各种潜在财政支出，如行政征用补偿、政府兜底采购收储、增加医护人员薪酬待遇、弥补社会保障缺口、增加失业补贴等。财政资金将更多用于重大项目、疫情防控、生态建设、脱贫攻坚等重点领域。2020 年各省（区、市）财政支出结构跟 2019 年预算执行和 2020 年预算草案相比，必将有重大调整，财政支出总体执行率将普遍超过 100%。

4.2.1 总量

2019 年各省（区、市）一般公共预算支出表现为 5 省“少支”，24 省“超支”。多数省份支出预算执行比例在 95% 至 120% 之间。表 4-4 报告了 2019 年各省（区、市）一般公共预算支出的执行情况。可以看到，河北、北京、上海、河南、甘肃 5 省（市）一般公共预算“少支”，其余省份均“超支”，其中西藏、陕西、贵州预算执行数超过预算数的比例达到 20% 以上，而江西和新疆两省（区）“超支”最多，比例达到 30% 以上。以江西省为例，2019 年一般公共支出预算执行数为 6402.6 亿元，超过预算数近 1400 亿元，“超支”比例达到 31.27%。从结构上看，江西省城乡社区支出 1081.6 亿元主要用于进一步加大道路、地铁等基础设施建设投入，占超支总量的三分之一左右，相比 2018 年增长超过 60%，是造成预算执行数超过预算的重要原因。“少支”省份中除甘肃以外均属于经济规模排名靠前的省份。其中，河北省一般公共预算支出预算执行数为 8313. 7 亿元，相比上年增加 7. 7%，预算执行比例 96. 02%，是“少支”最多的省份。北京、上海、河南和甘肃 4 省（市）均由 2018 年的“超支”转为 2019 年“少支”，“少支”比例小于 5%。

表 4 – 4　　2019 年一般公共预算支出执行情况　　单位：亿元

省（区、市）	预算执行数	预算数	预算执行比例（%）	上年预算执行比例（%）
河北	8313. 70	8658. 46	96. 02	123. 78
北京	7031. 02	7231. 00	97. 23	110. 36
上海	8197. 30	8385. 00	97. 76	106. 80
河南	10176. 30	10337. 30	98. 44	126. 20
甘肃	3956. 70	4000. 00	98. 92	107. 78
青海	1863. 70	1838. 40	101. 38	122. 34
海南	1859. 10	1811. 60	102. 62	113. 39
江苏	12573. 31	12200. 00	103. 06	103. 54
内蒙古	5097. 90	4900. 00	104. 04	99. 62
广东	17314. 12	16524. 24	104. 78	98. 66
湖北	7967. 70	7475. 27	106. 59	98. 37
福建	5097. 25	4731. 87	107. 72	115. 22
重庆	4848. 00	4372. 00	110. 89	114. 53
山西	4713. 13	4239. 74	111. 17	120. 78
广西	5849. 02	5247. 39	111. 47	113. 57
山东	11827. 88	10488. 20	112. 77	103. 40
辽宁	5761. 40	5050. 80	114. 07	112. 84
吉林	3933. 42	3440. 61	114. 32	122. 32
宁夏	1438. 40	1257. 00	114. 43	130. 09
浙江	10052. 90	8735. 00	115. 09	114. 30
安徽	7391. 00	6394. 90	115. 58	111. 00

续表

省（区、市）	预算执行数	预算数	预算执行比例（%）	上年预算执行比例（%）
黑龙江	5011.50	4330.90	115.71	128.35
湖南	8034.13	6814.80	117.89	129.54
天津	3508.71	2970.00	118.14	100.13
西藏	2180.50	1762.37	123.73	126.36
陕西	5721.56	4505.10	127.00	128.79
贵州	5921.39	4660.00	127.07	114.31
新疆	5322.30	4078.60	130.49	132.21
江西	6402.60	4877.50	131.27	127.50

资料来源：各省（区、市）2019 年预算执行情况和 2020 年预算草案。

按照近些年一般公共预算支出执行比例的整体趋势，同时考虑到支出相对收入不可预测性更强，我们认为支出预决算差（包括“多支”和“少支”）在5%以内表示预算执行情况较好，超过 20% 则表示预算执行相对宽松。可以看到，10 省（区、市）支出预算执行数超过预算数比例的绝对值小于 5%，预算执行情况较好；5 省（区、市）一般公共预算“超支”较多，预算执行相对宽松；其余 14 省（区、市）“超支”比例在 5% 至 20% 之间。

以预决算差 20% 为分界线，超过这一比例的为西藏、陕西、贵州、新疆、江西 5 省（区），均是经济总量较低但经济增速较高的省份。这 5 省（区）实际增长率均超过了全国水平，新疆、江西和贵州经济增长率更是达到了 8% 以上，充分说明面临经济下行压力，以及兼顾强化逆周期调节和财政收支平衡的要求，这些省份倾向于采取支出扩张来推动经济更快增长，导致“超支”水平位于前列。

以预决算差 5% 为分界线，小于这一比例的“少支”省（市）为河北、北京、上海、河南、甘肃，“多支”省（区）为青海、海南、江苏、内蒙古、广东。总的来看，这 10 省（区、市）预算执行情况较好，且基本上是经济规模较大的省份，也符合了经济发展水平越高预算控制越严格的基本事实。特别是广东省，2019 年一般公共支出预算执行数为 17314.12 亿元，作为经济体量最大的省份，仅超过预算 800 亿，表明有较强的预算制订科学性和预算执行严格性。

我们用 2019 年一般公共预算支出偏离情况与 2018 年比较来分析预算执行的改善状况。图 4 - 4 展示了 2018 年和 2019 年各省（区、市）一般公共预算支出偏离情况。图中可见，19 省（区、市）2019 年支出偏离有明显降低，缩减幅度平均达到 10%，其中河南、河北、北京、上海和甘肃更是由“超支”转为“少支”，偏离程度均有减少。相对地，10 省 2019 年支出偏离增大，均有支出扩张的趋势，其中内蒙古、广东和湖北 3 省（区）由“少支”变为“超支”。总的来说，2019 年多数省份一般公共预算支出执行情况有一定改善。

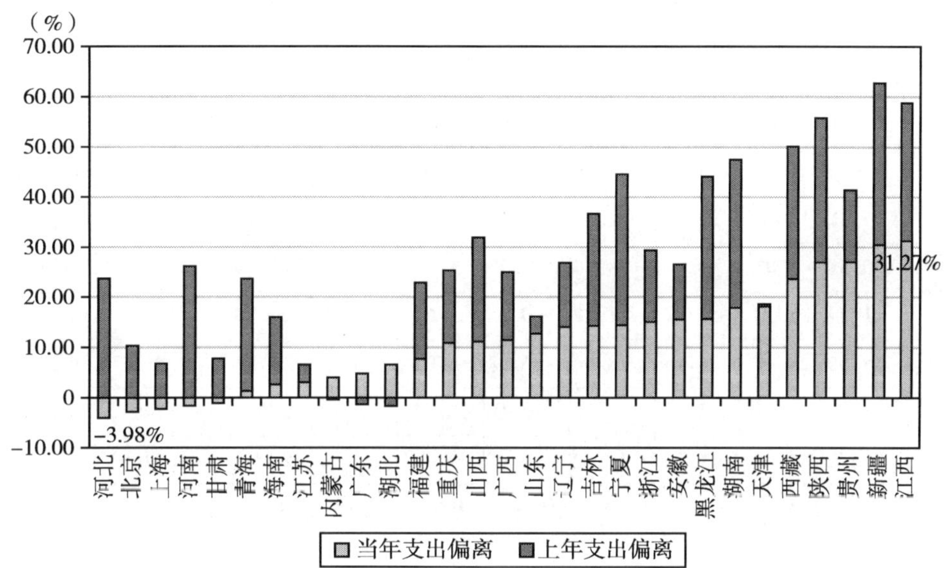

图 4－4　2018 年、2019 年一般公共预算支出偏离情况

资料来源：各省（区、市）2019 年预算执行情况和 2020 年预算草案。

4.2.2　结构

一般公共预算支出中多数细项“超支”。表 4－5、表 4－6 和表 4－7 分别展示了各省 2019 年一般公共预算细项支出的执行情况。

表 4－5　　2019 年一般公共预算支出细项偏离情况（一）　　单位：%

	一般公共服务支出	公共安全及国防支出	教育支出	科学技术支出	文化旅游体育与传媒支出	社会保障和就业支出	卫生健康支出	节能环保支出	城乡社区支出	农林水支出	交通运输支出
北京	－0.51	5.13	6.48	1.12	2.30	10.15	7.88	－28.62	－15.07	－2.94	2.22
河北	－0.37	－1.33	－0.42	－2.49	－2.81	－1.44	－2.16	－0.07	0.00	－0.07	－1.50

续表

	一般公共服务支出	公共安全及国防支出	教育支出	科学技术支出	文化旅游体育与传媒支出	社会保障和就业支出	卫生健康支出	节能环保支出	城乡社区支出	农林水支出	交通运输支出
山西	7.76	14.14	-5.98	-22.15	41.02	1.39	-3.90	173.38	74.52	32.8	55.12
吉林	13.16	24.88	1.87	-5.50	-3.72	20.83	6.16	34.67	-2.85	26.79	57.42
上海	-3.62	2.51	0.24	-2.18	-9.32	4.22	-0.06	0.33	-8.95	10.83	-1.25
江苏	11.06	1.68	6.61	12.20	19.67	-0.28	5.30	9.91	-0.89	-2.25	5.50
浙江	—	—	13.00	33.69	0.77	15.49	15.58	—	—	4.30	—
安徽	-5.37	13.40	22.12	32.23	-13.6	16.96	16.35	103.83	54.34	19.56	-15.7
山东	-0.58	5.03	3.21	28.90	7.77	1.27	1.66	10.94	6.17	10.35	5.94
湖北	11.54	5.30	1.87	7.72	30.55	4.64	0.80	29.70	7.74	2.66	12.58
广东	18.95	23.70	7.45	8.53	6.03	6.33	6.07	23.37	9.41	1.9	-18.41
广西	35.79	18.11	1.17	13.22	-10.60	16.81	5.12	29.13	99.74	2.51	-23.17
陕西	54.29	44.68	15.68	41.72	26.08	26.15	15.10	122.96	84.87	26.43	2.76

资料来源：各省（区、市）2019 年预算执行情况和 2020 年预算草案。

表 4-6　2019 年一般公共预算支出细项偏离情况（二）　单位：%

	资本勘探信息等支出	商业服务业等支出	金融支出	援助其他地区支出	自然资源海洋气象等支出	住房保障支出	粮油物资储备支出	灾害防治及应急管理支出	债务付息支出	债务发行费用支出	其他支出	资本勘探信息等支出
北京	24.56	-23.80	32.23	19.36	2.09	-38.02	1.82	34.68	0.70	-10.29	3.70	24.56
河北	-15.88	-36.96	-3.66	-11.39	-4.64	-6.96	-11.23	-6.91	-0.42	-27.98	-83.47	-15.88
山西	8.38	-11.15	106.27	12.07	44.88	35.17	13.54	—	5.90	—	-88.99	8.38
吉林	7.60	-14.85	—	7.75	5.02	14.97	5.71	-31.16	27.69	-25.86	-35.82	7.60
上海	14.63	3.24	0.34	9.09	-4.82	-0.22	-3.40	1.52	3.34	-54.55	33.40	14.63
江苏	-14.47	-15.59	-24.94	—	1.13	6.91	-1.10	-4.91	1.62	—	-59.84	-14.47
安徽	-33.70	-14.07	-55.72	-2.08	-22.54	41.91	20.24	6.80	2.58	-20.92	-94.59	-33.70
山东	—	—	2.15	—	2.04	-11.96	10.90	15.88	1.33	—	-68.01	—
湖北	46.52	-35.38	75.05	2.65	5.29	4.80	7.60	97.82	6.85	17.10	-12.94	46.52
广东	-16.85	18.41	-9.12	27.09	-29.10	-21.24	6.52	720.91	1.28	38.60	-65.89	-16.85
广西	20.28	1.66	2.31	—	25.75	3.56	14.68	-11.99	7.32	-51.35	-99.79	20.28
陕西	-5.09	-2.07	48.32	8.58	8.72	28.77	-5.86	101.49	25.29	84.12	-79.45	-5.09

资料来源：各省（区、市）2019 年预算执行情况和 2020 年预算草案。

表 4－7　　2019 年一般公共预算支出细项平均执行情况　　单位:%

项目	预算执行比例	增长率	项目	预算执行比例	增长率
一般公共服务支出	111.84	8.56	资本勘探信息等支出	103.27	－1.96
公共安全及国防支出	113.10	4.53	商业服务业等支出	88.13	－28.55
教育支出	105.64	8.34	金融支出	115.75	－1.51
科学技术支出	111.31	11.13	援助其他地区支出	108.12	0.87
文化旅游体育与传媒支出	107.24	16.06	自然资源海洋气象等支出	102.82	－2.43
社会保障和就业支出	109.43	9.21	住房保障支出	104.81	－6.75
卫生健康支出	105.69	5.35	粮油物资储备支出	104.95	0.25
节能环保支出	142.46	19.18	灾害防治及应急管理支出	184.01	12.49
城乡社区支出	125.75	9.97	债务付息支出	106.96	20.41
农林水支出	110.22	6.09	债务发行费用支出	94.32	－8.47
交通运输支出	106.79	6.02	其他支出	45.69	－37.70

资料来源：各省（区、市）2019 年预算执行情况和 2020 年预算草案。

注：由于多省（区、市）未列示预备费预算，故不包括预备费支出。

平均来看，多数项目“超支”，仅商业服务业等支出（88.13%）、债务发行费用支出（94.32%）和其他支出（45.69%）等三项“少支”。其中“超支”幅度最大的是灾害防治及应急管理支出（184.01%）、节能环保支出（142.46%）、城乡社区建设支出（125.75%）。对于灾害防治及应急管理支出，广东省 2019 年预算仅 13.20 亿元，预算执行数却高达 108.36 亿元，大幅“超支”的原因是安全生产应急救援体系建设、安全生产风险防控建设和安全生产重大隐患治理建设等经费的增加。

首先，一般公共服务支出偏离程度平均达到 11.84%，仅 5 省“少支”。对比各省一般公共预算支出的其他细项，一般公共服务支出 2019 年“超支”幅度排在中位，且有 16 省“超支”比例低于本地区一般公共预算支出。分省来看，多数省份一般公共服务支出“超支”，仅少数省（市）“少支”，分别是河北（－0.37%）、北京（－0.51%）、山东（－0.58%）、上海（－3.62%）和安徽（－5.37%）5 省（市）。①

① 受限于多省（区、市）在《2018 年预算执行情况和 2019 年预算草案》中未报告全省层面 2019 年支出预算的结构性数据，支出细项的分析仅限于表 4－5 和表 4－6 列示的省份。

其次，教育支出、社会保障和就业支出、卫生健康支出、城乡社区支出、农林水支出和住房保障支出“超支”，这可能意味着各省对保工资、保运转、保基本民生的“三保”等重点支出的重视程度提高。以教育支出预算为例，“超支”比例平均为5.64%，除山西（-5.98%）和河北（-0.42%）两省并未完成支出预算外，其他省份预算执行数均超过了预算数，特别是安徽（22.12%）、陕西（15.68%）和浙江（13.00%），“超支”比例超过10%。

最后，科学技术支出、节能环保支出“超支”规模较为靠前，体现了各省（区、市）产业发展支持力度较大、加快推进科技项目建设的积极性。对于科学技术支出，陕西、安徽、浙江3省“超支”比例均超过了30%；对于节能环保支出，安徽、陕西、山西3省“超支”比例更是达到100%以上。这种严重“超支”现象，一方面是年初预算制订不够科学完整，另一方面是部分省份在优化财政资源配置、实现支出结构调整等政策目标时，“用力过猛”所致。

4.2.3 小结

经济下行压力较大、减税降费规模超额实施、外部经济环境恶化等因素，导致财政收入压力较大，因而各省（区、市）在预算支出安排和执行方面倾向于更加谨慎。同时，各省积极响应积极的财政政策要加力提效，年初往往制定了要大力调整支出结构、扎实保障和改善民生、推动经济社会平稳发展等政策目标，促使各省（区、市）采取更加积极的支出政策。

叠加这两方面因素的影响，2019年各省（区、市）一般公共预算支出表现为5个省份“少支”，24个省份“超支”，多数省份预算执行比例在95%至120%之间。相比2018年，19个省份一般公共预算支出执行情况得到了改善，支出偏离的缩减幅度平均达到10%。

特别是2018年末《关于人大预算审查监督重点向支出预算和政策拓展的指导意见》（以下简称《意见》）的出台，对支出预算总量与结构等进行了明确审查要求。首先，《意见》要求重点审查预算安排是否符合发展目标、调控要求，审查支出政策可持续性，审查跨年度预算约束情况等，强化了各省（区、市）支出预算的总量约束。总的来说，各省（区、市）积极响应了这一文件要求，2019年仅少数省份预算执行情况较为宽松。

《意见》亦对审查支出预算结构做出了明确指示，包括重点审查功能分类下各项支出预算是否符合相关政策方针要求，是否保障基本民生需要，是否突出支出重点、优化支出结构等。从支出预算执行的结构性分析可以看到，“三保”相关支出基本得到保障，科学技术支出和环保支出的加码则积极响应了国家对保障打好三大攻坚战、优化支出结构的切实要求。

第5章　各省（自治区、直辖市）地方公共债务情况分析

新《预算法》实行以来，我国不断加强地方公共债务管理，对地方政府一般债务、专项债务进行预算管理，同时也针对城投债进行规范化管理。地方公共债务与地方财政、公共政策息息相关，广受社会关注。此部分就各省（自治区、直辖市）2019年地方公共债务状况进行分析。

5.1　地方公共债务发行情况

全国地方政府债券发行额经历2017年大幅下降和2018年小幅回落后，2019年发行额增长4.74%，规模为43624亿元。其中专项债券发行规模同比增长率达33.01%，且发行规模首次超过一般债券，专项债券在政府融资中发挥重要作用。

2019年，各省（区、市）地方政府债券发行规模主要集中在500亿元至2500亿元之间，江苏、湖南和山东为全国前三。各地政府债券发行与自身经济发展水平挂钩，2019年发行额增长率差异很大，14个省份负增长。各地政府债券发行结构，总体上专项债券比例高于一般债券，但东北三省、部分西部省份和湖北省共10个省份一般债券发行额大于专项债券；2019年各省（区、市）地方政府债券发行以新增债券为主，其次是再融资债券，仍有7个省份发行置换债券。

各地城投债规模不容忽视。2019年各地城投债发行规模上，江苏省一省独大，高达7046亿元，除此外绝大部分省份发行规模低于2000亿元；各省城投债发行额同比增长率平均值为49.51%，呈现较快增长，城投债快速增长的问题需

要得到关注。

5.1.1　地方政府债务：全国

2019 年全国地方政府债券发行额为 43624 亿元，其中一般债券为 17742 亿元，专项债券为 25882 亿元。按债券性质分，2019 年全国地方政府新增债券、再融资债券以及置换债券发行额分别为 30561 亿元、11484 亿元以及 1579 亿元。

较 2018 年而言，2019 年全国地方政府债券发行额增长 4.74%，其中专项债券发行额增长率为 33.01%，而一般债券增长率为 -20.05%。其中重要的原因是中央出台政策以更好发挥地方政府专项债券在经济发展中的重要作用，着力加大对重点领域和薄弱环节的支持力度，保持经济持续健康发展。按债券性质，全国地方政府债券发行额增长通过发行新增债券拉动（较 2018 年增长 40.80%），再融资债券发行规模所有缩减，置换债券发行额大幅减少。

表 5-1　2019 年全国地方政府债券发行情况　单位：亿元

项目	2019 年发行额	2018 年发行额	增长率（%）
地方政府债券发行额合计	43624	41652	4.74
其中：一般债券	17742	22192	-20.05
专项债券	25882	19459	33.01
一、新增债券发行额	30561	21705	40.80
其中：一般债券	9073	8177	10.96
专项债券	21487	13527	58.85
二、再融资债券发行额	11484	13130	-12.53
其中：一般债券	8045	8556	-5.97
专项债券	3439	4574	-24.81
三、置换债券发行额	1579	6817	-76.83
其中：一般债券	623	5459	-88.58
专项债券	956	1358	-29.62

资料来源：财政部官网“地方政府债券市场报告（2019 年 12 月）”和中国地方政府债券信息公开平台。

总体上看，2019 年全国地方政府债券发行规模较上年有小幅增长，其中一般债券、专项债券比例为4∶6。从地方政府债券功能上看，2019 年发行地方政府债券主要用于新增债券，其次用于偿还旧债，置换债券的份额很小。以上说明，地方政府一般债券和专项债券均扮演着重要角色，发行债券主要用于新的项目，债务偿还压力较小，债务置换工作基本不依靠发新债完成。

5.1.2 地方政府债务：分地区

地区层面上，2019 年地方政府债券发行规模主要集中在 500 亿元至 2500 亿元之间。江苏省政府债券发行规模以 2852 亿元居于榜首，其次是湖南省，西藏自治区发行规模最少，仅有 128 亿元。以政府债券发行规模 1000 亿元、2000 亿元为界，全国各省（区、市）可以划分为 3 个梯队，其中政府债券发行规模在 2000 亿元以上的地区共 7 个，以江苏、湖南、山东为代表；政府债券发行规模处于 1000 亿元至 2000 亿元的省份有 15 个，以湖北、河南和安徽省为首，4 个直辖市的政府债券发行规模均在此区间；其余 9 个省份 2019 年间政府债券发行规模低于 1000 亿元，其中西藏自治区发行规模 128 亿元，为全国最低。

较 2018 年而言，2019 年各省（区、市）地方政府债券发行额的增长率差异很大。其中，北京市和西藏自治区的增长率超过 100%；以安徽省、山东省为代表的 14 个省份政府债券发行额增长率为负；其他 15 个省份债券发行额增长率，除上海市为 79.53%、湖北省为 47.09% 外，其余 10 个省份增长率在 30% 以下。

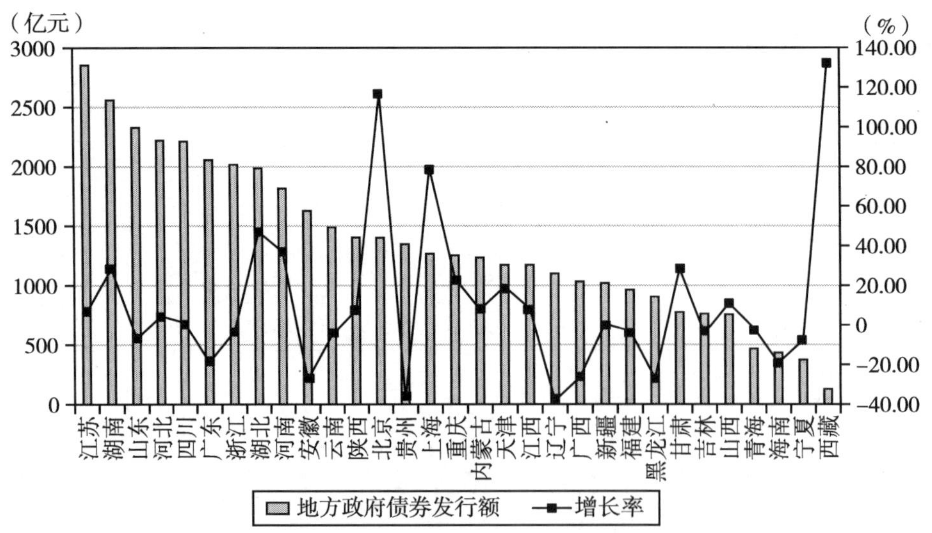

图 5－1 2019 年各省（区、市）政府债券发行规模

资料来源：财政部官网“地方政府债券市场报告（2019 年 12 月）”和中国地方政府债券信息公开平台。

5.1.3　地方政府债务：各省（区、市）发行结构

按债券类型分，2019 年各省（区、市）政府债券发行整体上专项债券稍多于一般债券。值得一提的是，2019 年地方政府专项债券发行规模首次超过一般债券，与前几年有所不同。相较于一般债券，地方政府专项债券发展项目收益与融资自求平衡，在地方政府融资中扮演越来越重要角色。

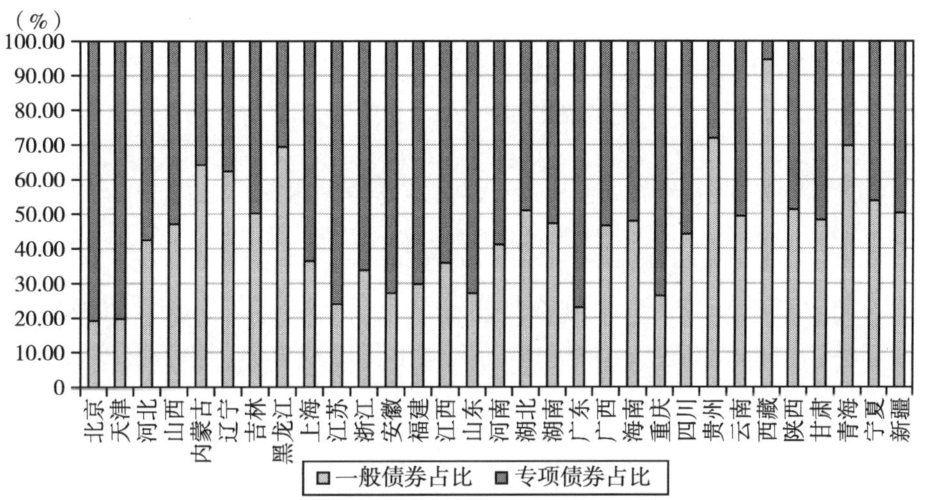

图 5－2　2019 年各省（区、市）政府债券发行结构（按债券类型分）

资料来源：财政部官网“地方政府债券市场报告（2019 年 12 月）”。

分省份看，2019 年各地政府债券发行结构有所差异（见图 5－2）。虽然整体上各地专项债券发行规模高于一般债券，但内蒙古自治区、东北三省、湖北省、贵州省、西藏自治区、陕西省、青海省、宁夏回族自治区这 10 个省份的一般债券发行规模高于专项债券，说明部分地区一般公共预算收支可能存在困难，一般债券的作用相对突出。

按债券性质分，2019 年各省（区、市）地方政府债券发行以新增债券为主。图 5－3 展示了按债券性质分 2019 年地方政府债券发行结构，其中大部分省份（22 省）新增债券发行额在地方政府债券总发行额中占比超过 70%。以辽宁省、浙江省、贵州省为代表的部分省份再融资债券发行额占比较高，辽宁省占比高达 67%，说明这些省份偿债压力较大，通过举借新债偿还旧债成为重要偿还渠道。全国绝大部分省份债务置换工作基本完成，2019 年内蒙古自治区、辽宁省、

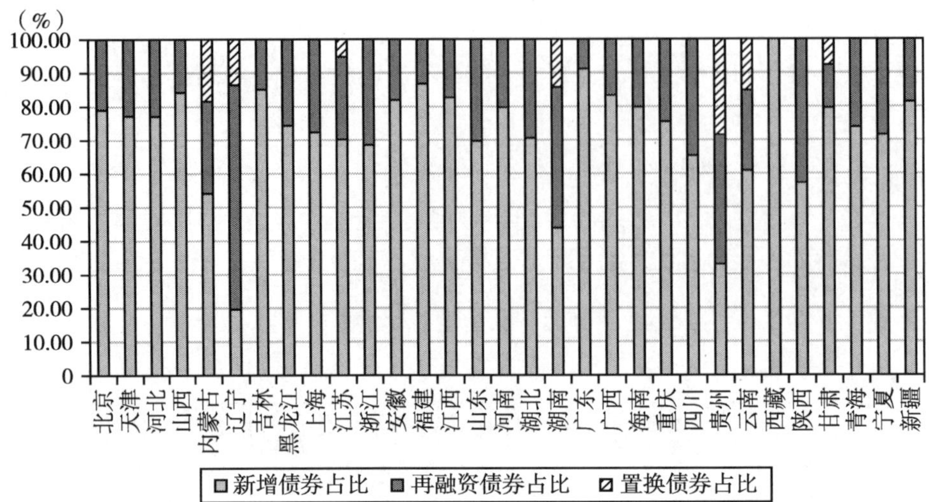

图 5－3　2019 年各省（区、市）政府债券发行结构（按债券性质分）

资料来源：财政部官网“地方政府债券市场报告（2019 年 12 月）”。

江苏省、湖南省、贵州省、云南省及甘肃省 7 省（区）依旧发行置换债券，一部分原因在于存量债务较大，政府债务置换工作仍需要继续推行。

5.1.4　城投债

城投债的发债主体是地方投融资平台公司，[①] 而非地方政府，但地方投融资平台公司与地方政府具有密切联系，且城投债所募集资金主要用于地方基础设施建设或公益性项目，因此有大量研究认为地方政府债券与城投债可以统称为地方公共债务。[②] 基于 Wind 统计口径，本报告整理了 2019 年各省（区、市）城投债发行情况。

图 5－4 为 2019 年各地城投债发行规模，可以看到，2019 年各省（区、市）城投债发行规模具有很大差异性。江苏省 2019 年城投债发行规模居于全国首位，

① 地方政府融资平台公司指由地方政府及其部门和机构等通过财政拨款或注入土地、股权等资产设立，承担政府投资项目融资功能，并拥有独立法人资格的经济实体（根据国发〔2010〕19 号文件定义）。财政部、发展改革委、人民银行、银监会关于贯彻国务院关于加强地方政府融资平台公司管理有关问题的通知相关事项的通知（财预〔2010〕412 号）进一步明确了地方政府融资平台的概念，表述如下：地方政府融资平台是由地方政府及其部门和机构、所属事业单位等通过财政拨款或注入土地、股权等资产设立，具有政府公益性项目投融资功能，并拥有独立企业法人资格的经济实体，包括各类综合性投资公司，如建设投资公司、建设开发公司、投资开发公司、投资控股公司、投资发展公司、投资集团公司、国有资产运营公司、国有资本经营管理中心等，以及行业性投资公司，如交通投资公司等。

② 本报告中城投债的统计口径为 Wind 口径，可能与其他不同口径的统计数据存在差异。下同。

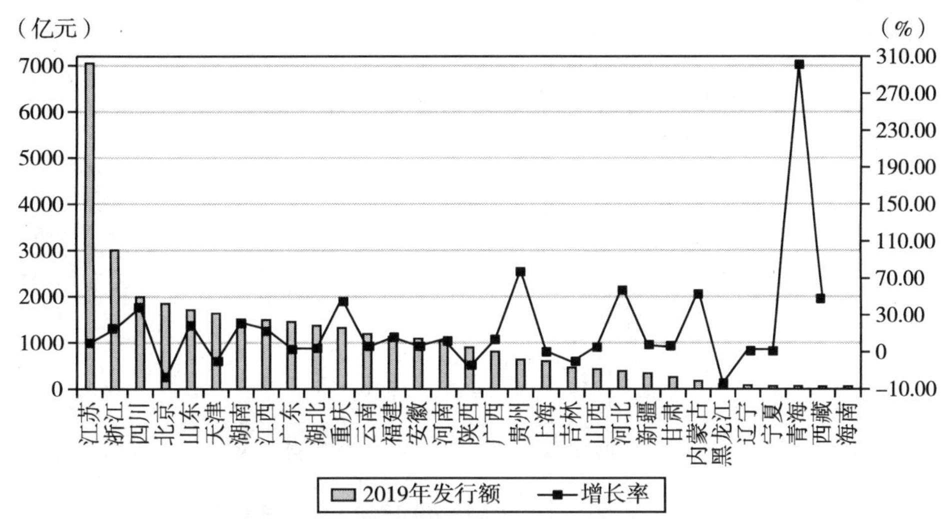

图 5－4　2019 年各省（区、市）城投债发行规模

资料来源：Wind 数据库。

达 7046 亿元；其次是浙江省，发行规模为 3005 亿元；以四川省、北京市为代表的 13 个省份城投债发行规模处于 1000 亿元至 2000 亿元之间；剩下 16 个省份的发行规模均位于 1000 亿元以下，其中辽宁省、宁夏回族自治区、青海省、西藏自治区以及海南省 2019 年城投债发行规模不超过 100 亿元。从发行规模上看，各地城投债发行与政府债券相当，部分省份 2019 年城投债发行规模超过政府债券，说明地方显性、隐性债务问题都是防范、化解债务风险的重要内容。

2019 年各地城投债发行规模同比增长率平均值为 49.51%，增长速度较快。其中，青海省增长率达 302%，位居榜首，主要在于其基期发行规模很小（2018 年发行额为 15 亿元）；其次是贵州省，同比增长率为 104%，与全国各地相比，城投债发行规模增长速度处于高位水平；河北省、内蒙古自治区、重庆市为代表的 7 个省份城投债发行规模同比增长率大于 50%，2019 年城投债发行规模增长速度较快；浙江省、江西省等 19 个省份 2019 年城投债发行规模增长率低于 50%，增长速度相对较缓慢；北京市、黑龙江省 2019 年城投债发行规模少于 2018 年，增长率为负数。

2019 年各地城投债发行数量具有较大差异。江苏省、浙江省和四川省的城投债发行数量位于全国前列，北京市、天津市等 13 个省份发行数量为 100 只至 200 只，剩下 15 个省份的发行数量少于 100 只。

城投债发行平均票面利率方面，2019 年各地城投债平均发行利率主要集中

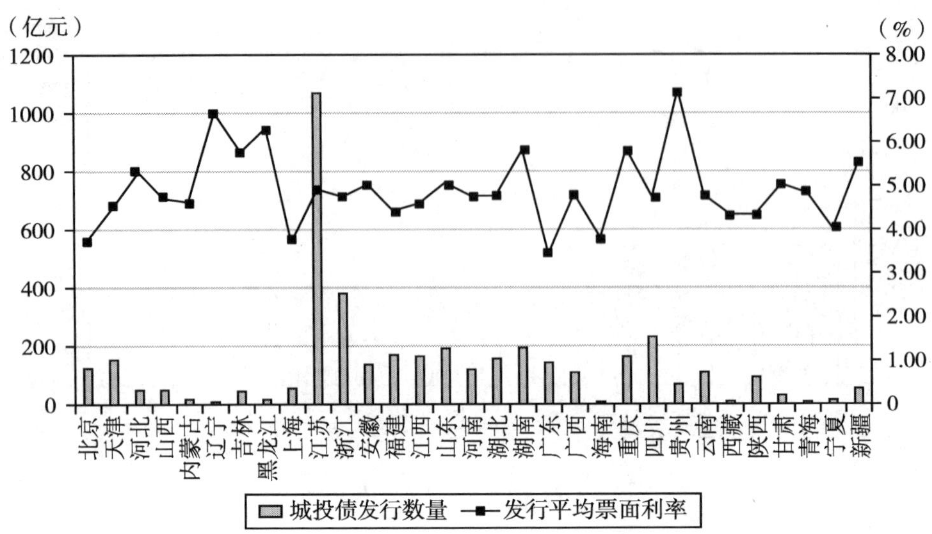

图 5－5　2019 年各省（区、市）城投债发行数量及平均票面利率

资料来源：Wind 数据库。

在 4%—6% 之间。其中，贵州省 2019 年城投债发行平均票面利率最高，为 7.19%，其次是辽宁省（6.68%）和黑龙江省（6.33%），以上 3 省城投债发行成本较高；北京市、上海市、广东省和海南省 4 省（市）的城投债发行平均票面利率低于 4%，横向比较而言，其城投债发行成本较低。

5.2　地方公共债务余额情况

全国地方政府债务余额自 2015 年以来保持着稳步增长趋势，2019 年全国地方政府债务余额为 21.3 万亿元，同比增长 15.89%。其中，专项债务余额增长速度为 27.67%，远高于一般债务的 7.96%。在结构上，一般债务余额占比为 55.71%，专项债务余额占比为 44.29%。地方政府债务余额主要以政府债券为主，还存有少量非政府债券形式债务。

各地政府债券余额中，处于全国前列的主要是东部省份。2019 年各地政府债券余额增长率几乎都超过 10%，远高于地方一般公共预算收入增长率，各地平均值也高于地方政府性基金预算收入增长率，存量债务问题在未来需要稳妥化解。

2019 年各地城投债余额中，江苏省遥遥领先，高达 16721 亿元。分地区看，城投债余额规模排名较前的主要是东部省份、湖南省和四川省，城投债余额地区分布上与地区经济发展水平有关。2019年，全国有一半省份城投债余额增长速度高于10%，城投债余额增长较快，未来地方债务管理工作不仅需要关注政府债务，也需要关注地方隐性债务问题。

5.2.1　地方政府债券余额：全国

2019年，全国地方政府债务余额213072亿元，其中一般债务118694亿元、专项债务94378亿元，二者在政府债务余额中占比分别为55.71%和44.29%。2019年全国地方政府债券余额211183亿元，非政府债券形式政府债务为1889亿元。

表5－2　2019年全国地方政府债务余额情况　单位：亿元

项目	2019年余额	2018年余额	增长率（%）
地方政府债务余额合计	213072	183862	15.89
其中：一般债务	118694	109939	7.96
专项债务	94378	73923	27.67
其中：地方政府债券余额	211183	180711	16.86
非政府债券形式债务余额	1889	3151	－40.05

资料来源：财政部官网“2018年、2019年地方政府债券发行和债务余额情况”。

与2018年相比较，2019年全国地方政府债务余额增长了15.89%，其中一般债务、专项债务的增长率分别为7.96%和27.67%。总体看来，2019年全国地方政府债务余额较上年有所增长，其中专项债务余额的增长率远高于一般债务，说明专项债务在地方融资上的作用越发突出。

5.2.2　地方政府债券余额：分地区

分地区看，2019年各省（区、市）地方政府债券余额主要集中在2000亿元至15000亿元之间。[①] 2019年全国地方政府债券余额前三位分别为江苏省、山东省和浙江省，其债券余额分别为14769亿元、13072亿元和12290亿元。广东省、

① 地方政府债务余额＝地方政府债券余额＋地方非政府债券形式债务余额，其中非政府债券形式余额占比非常小（2019年占比为0.9%），本报告重点分析地方政府债券余额。

四川省、湖南省等 14 省（区、市）的政府债券余额处于 6000 亿元至 12000 亿元之间，剩下上海市、重庆市等 14 省（区、市）政府债券余额少于 6000 亿元，西藏自治区以 248 亿元居于全国最低位。

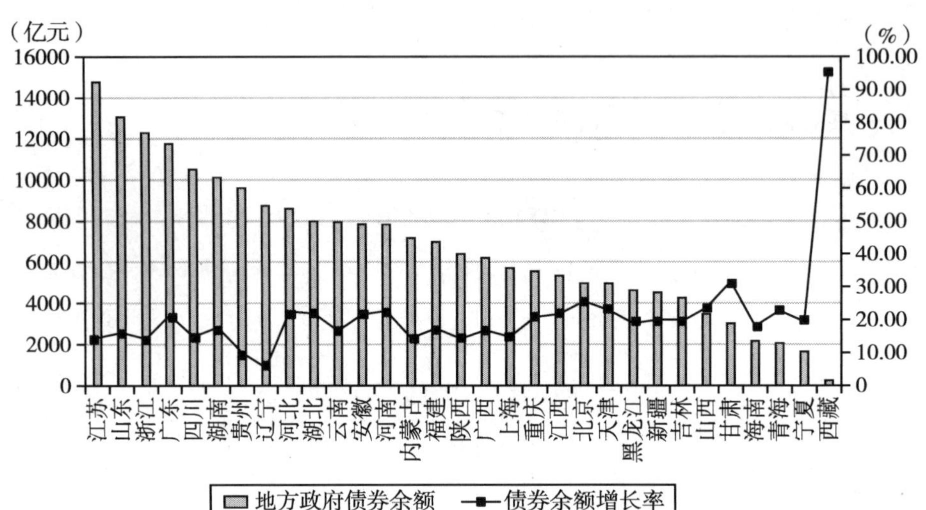

图 5-6　2019 年地方政府债券余额情况

资料来源：大智慧数据库。

以 2018 年年末为基期，2019 年年末各省（区、市）政府债券余额增长率主要在 10% 至 25% 之间波动。西藏自治区因体量小而呈现迅速增长的态势，除此之外，甘肃省政府债券余额同比增长 31.49%，债券余额增长速度与全国其他地区而言处于高位水平。重庆、广东及安徽等 12 个省份政府债券余额增长率在 20% 至 26% 之间，政府债券余额增长率保持在较高水平；江苏省、山东省以及浙江省等 16 个省份 2019 年政府债券余额增长率介于 10% 至 20% 之间，辽宁省以 5.41% 的增长率为全国最低水平。

地方政府存量债务风险值得关注。2019 年各地政府债券余额增长率几乎都超过 10%，远高于地方一般公共预算收入增长率（3.24%），各地平均值（21.19%）也高于地方政府性基金预算收入增长率（12.76%），存量债务问题在未来需要稳妥化解，警惕规模增长过快引发系统性财政风险。

5.2.3　地方政府债券余额：结构

按债券类型分（见图 5-7），整体上 2019 年一般债券余额在政府债券余额中占比稍高于专项债券。其中，4个直辖市的专项债券余额占比均高于一般债券，天津市专项债券余额占比69.81%，为全国最高。除此之外，江苏、安徽、福建、山东和广东5省政府债券余额结构中专项债券占比也高于一般债券。以上地区中，除天津市的专项债券占比69.81%外，其余8省份专项债券余额的比例均在50%至60%之间。

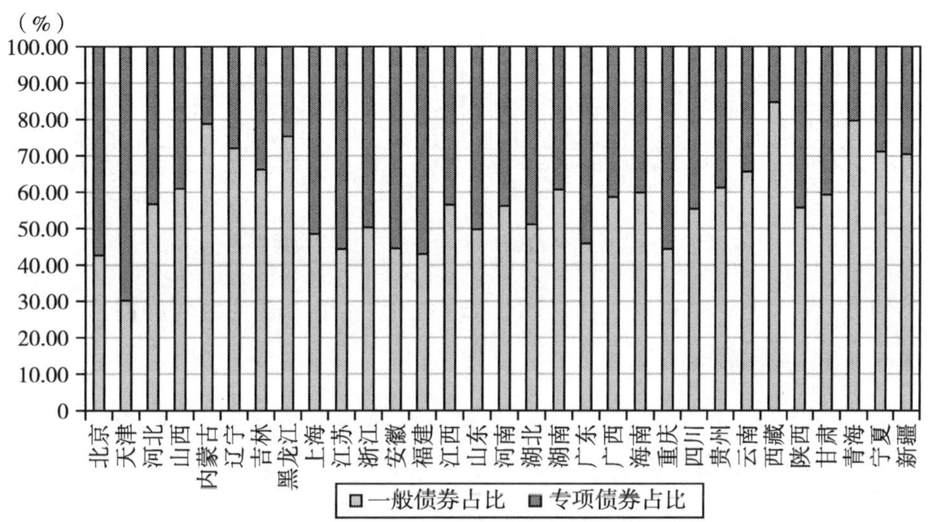

图5-7 2019年各省（区、市）政府债券余额构成（按债券类型分）

数据来源：大智慧数据库。

2019年政府债券余额结构中，共有22个省份一般债券余额占比高于专项债券。其中，浙江、湖北两省政府债券余额中，一般债券和专项债券的比例基本为5∶5，一般债券和专项债券并驾齐驱；四川、山西和河南等8省，其一般债券余额在政府债券余额中的比例处于55%至60%之间，略高于专项债券；剩下湖南、山西、贵州等10省份的一般债券余额比例均高于60%，西藏自治区一般债券余额占比高达84.74%。值得一提的是，东北三省（黑龙江省、吉林省、辽宁省）2019年的政府债券余额结构中，一般债券余额占比均高于65%，其中辽宁省和黑龙江省的比例超过70%，一般公共预算收入约束较紧，未来偿债压力较高。

按债券性质分（见图5-8），2019年全国各地政府债券余额构成中主要以新增债券和置换债券为主。具体的，西藏自治区2019年政府债券余额中新增债券余额占比高达96.99%外，辽宁省、贵州省的新增债券余额占比分别为16.68%和18.11%，内蒙古自治区新增债券余额占比31.70%。除此之外，其他

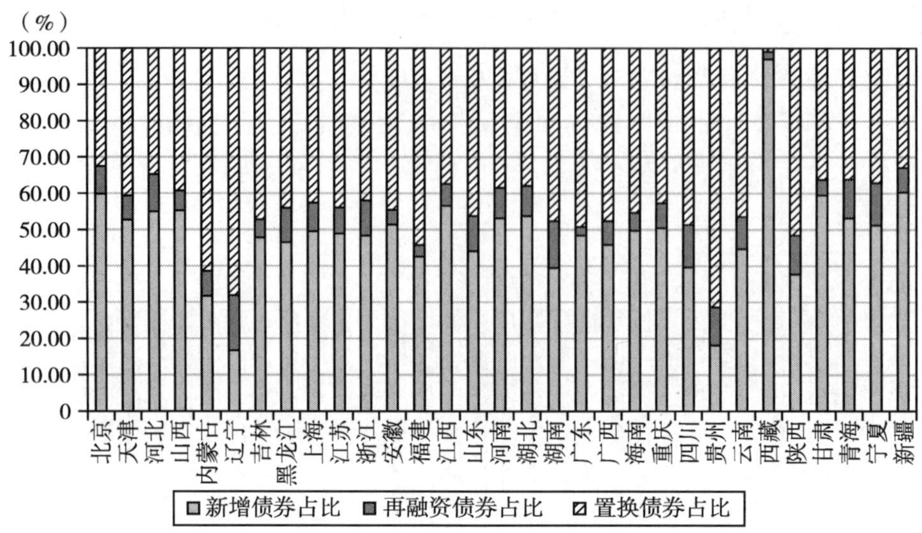

图 5－8　2019 年各省（区、市）政府债券余额构成（按债券性质分）

数据来源：大智慧数据库。

27 省（区、市）新增债券余额在政府债券余额中的占比都位于 40% 至 60% 之间，其中北京市、天津市等 13 个省（区、市）新增债券余额占比超过 50%。

同时需要关注置换债券余额。2019 年虽然只有 7 个省份发行了置换债券，但是 43 号文件［国务院关于加强地方政府性债务管理的意见（国发〔2014〕43 号）］以来，2015—2018 年各地发行了大量置换债券以力争完成存量政府债务置换工作，因此，置换债券余额在各地政府债券余额中占据重要地位。2019 年贵州省、辽宁省和内蒙古自治区政府债券余额中置换债券余额的比例分别为 71.41%、68.11% 和 61.33%，福建、湖南等 18 个省份的置换债券余额占比超过 40%，置换债券偿还依旧是未来几年的重要工作。由此看来，存量债务的偿还问题在未来几年需要得到重视。

5.2.4　非债券形式地方政府债务余额

地方政府债务余额中绝大部分为政府债券余额，同时还有很小部分非债券形式地方政府债务（主要是外债）余额。2018 年和 2019 年各地非债券形式地方政府债务余额情况见图 5－9。相较于 2018 年，2019 年所有省份的非债券形式地方政府债务余额均有不同程度下降。2019 年共有广东、广西等 9 个省份的非债券形式地方政府债务余额大于 100 亿元（广东省数额最大，为 201 亿元），北京市、天津市等 9 个省份的非债券形式地方政府债务余额低于 50 亿元（北京市数额最低，为 4.63 亿元）。

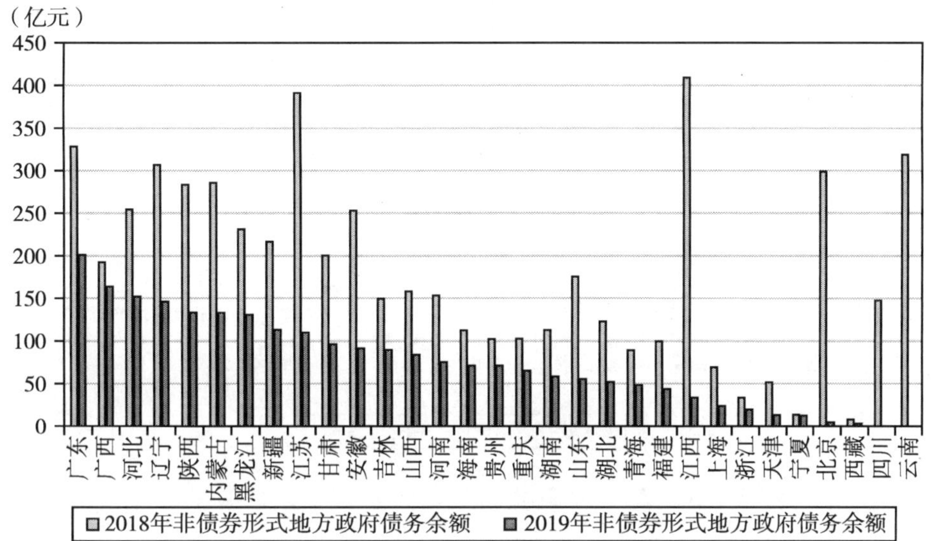

图 5-9　2018—2019 年各省（区、市）非债券形式地方政府债务余额①

资料来源：根据大智慧数据库和各省 2019 年预算执行情况和 2020 年预算草案中相关数据计算得到。

整体上，2019 年各地非债券形式地方政府债务余额相较于地方政府债券余额微乎其微，但防范化解地方政府债务是防范化解重大风险的重要内容，因此全方面掌握和防范化解地方债务不容忽视，警惕非债券形式地方政府债务风险扩大。

5.2.5　城投债余额

2019 年各地城投债余额主要集中在 1000 亿元至 4000 亿元之间（见图 5-10）。2019 年江苏省城投债余额规模遥遥领先全国各地，其城投债余额高达 16721 亿元，城投债余额规模一省独大。其次是浙江省，2019 年其城投债余额为 7093 亿元，城投债余额规模处于高位水平。湖南、四川等 15 个省份的城投债余额介于 2000 亿元至 4000 亿元之间，广西壮族自治区、上海市等 14 个省份余额规模少于 2000 亿元，其中青海省、宁夏回族自治区、西藏自治区和海南省的城投债余

① 云南省、四川省 2019 年预算执行报告尚未召开会议审议，二者 2019 年的非债券形式地方政府债务余额缺失。

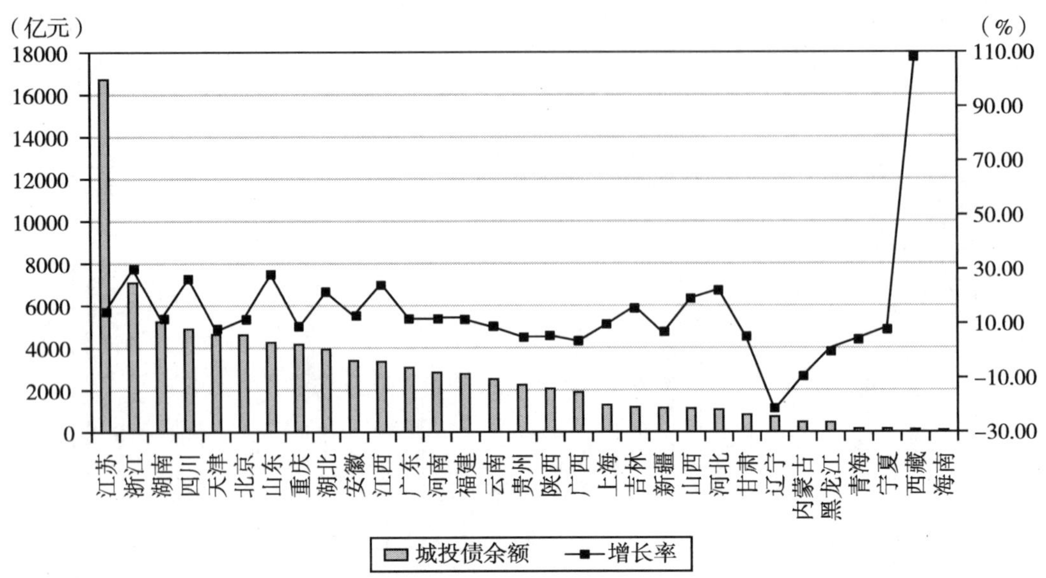

图 5－10　2019 年各省（区、市）城投债余额情况

资料来源：Wind 数据库。

额规模不到 200 亿元，海南省 82 亿元为全国最低水平。

同比增长率方面，2019 年各地城投债余额增长率以 10%、20% 分为三级梯队。内蒙古自治区和辽宁省 2019 年城投债余额规模低于 2018 年，城投债余额出现负增长。上海市、重庆市等 12 个省份 2019 年城投债余额同比增长率低于 10%，处于低增长区间；山西、吉林等 9 个省份增长率在 10% 至 20% 之间，城投债余额中速增长；浙江、山东等 7 个省份 2019 年城投债余额与上年相比增长率超过 20%（其中西藏自治区因基数小，2019 年城投债余额同比增长 108%），其城投债余额高速增长。防范化解地方债务风险，不仅需要管控增量，同时也需要关注存量债务的化解问题。

5.3　地方公共债务政策空间

2019 年各地政府债务余额均控制在债务限额之内，各地均未出现超限额举债的情况，说明从债务余额方面防范地方政府债务风险具有明显效果。

2019 年地方政府债券债务依存度，主要集中在 10%—20%。北京市、上海市等地债务限额与政府债务余额的差值较大，各地债务限额分配有待完善。

从债务依存度和负债率两个指标看，全国各地的债务风险基本未达到国际预警线，未来地方债务尚有一定政策空间，但需要时刻警惕部分地区出现债务规模脱离经济发展的情况。

本章节分析地方政府债务未来政策空间。首先关注地方债务风险，分别从地方政府债务限额使用情况、债务依存度和负债率三方面进行分析。需要说明的是，本报告中地方公共债务指政府债务（地方政府债券 + 地方政府非债券形式债务）和城投债，① 具体包括债务依存度、负债率的分析。然后结合经济下行压力和减税降费政策造成的短期财政收入增长承压，分析地方债务和财政可持续问题，并发现地方政府债务整体风险可控，在地方财政可持续上有发挥空间。

5.3.1　地方债务风险：地方政府债务限额使用情况

对比 2019 年各地政府债务余额和地方政府债务限额（见图 5－11），可以发现，全国所有省（区、市）2019 年地方政府债务余额均小于财政部下达的地方

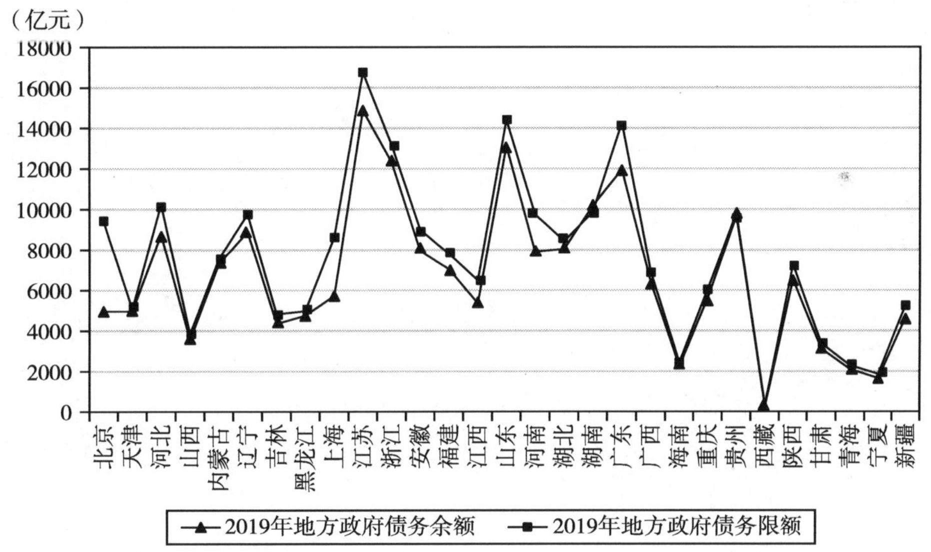

图 5－11　2019 年各省（区、市）政府债务限额使用情况

资料来源：各省（区、市）2019 年预算执行情况和 2020 年预算草案、中国地方政府债券信息公开平台。

① 城投债又称“准市政债”，是以地方投融资平台作为发行主体，公开发行企业债和中期票据，其主业多为地方基础设施建设或公益性项目。它的形式是企业债，但是与地方政府行为有着密切联系。这里我们将之称为地方公共债务，以示与地方政府债务（一般债与专项债）的区别。

政府债务限额，地方政府严格在债务限额内举债。从地方政府债务限额使用情况看，2019 年全国各地均未出现超限额举债的情况，地方政府债务限额从债务余额方面防范地方政府债务风险具有明显效果。同时，每年地方政府债务新增限额按照中央决策部署，并根据经济形势和宏观调控的需要来确定，由财政部在全国人大或其常委会批准的地方政府债务规模内测算，报国务院批准后下达地方。政府债务限额管从分配管理、实际执行上，可以有效控制地方政府债务风险。

5.3.2 地方债务风险：债务依存度

此部分测算地方政府债券债务依存度（见图 5－12）。整体上，2019 年地方政府债券债务依存度，主要集中在 10% 至 20% 之间。[①]

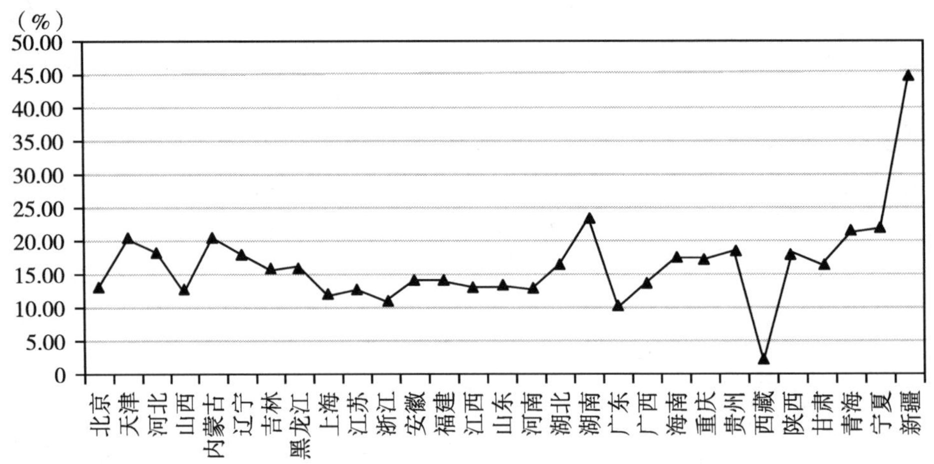

图 5－12　2019 年地方政府债券债务依存度

资料来源：根据 2019 年各省（区、市）地方政府债券发行额、各省 2019 年预算执行情况和 2020 年预算草案中相关数据计算得到。

2019 年地方政府债券债务依存度主要集中在 10% 至 20% 之间。其中，新疆维吾尔自治区政府债券债务依存度为 45.03%，远高于其他省份；天津市、内蒙古自治区等 15 省（区、市）政府债券债务依存度高于 15%，与全国平均水平相对，处于较高水平；其余 13 个省份政府债券债务依存度均低于 15%，除西藏自

① 地方政府债券债务依存度 $=\dfrac{\text{地方政府一般债券发行额}+\text{地方政府专项债券发行额}}{\text{地方政府一般公共预算支出}+\text{政府性基金支出}}\times 100\%$。

治区为 1.98% 外，剩下 11 省份政府债券债务依存度在 10% 至 15% 之间。

国际上通用的债务依存度预警线为 30%，2019 年全国各地除新疆债务依存度超过 30% 外，其他省份均低于 30%，整体上债务发行规模可控，基本无债务依存度过高的风险。

5.3.3　地方债务风险：负债率（债务负担率）

以国际通用的负债率 60% 为预警线，2019 年地方政府债务和地方公共债务负债率总体上未超过预警线，但部分省份需要警惕负债率过高的风险。①

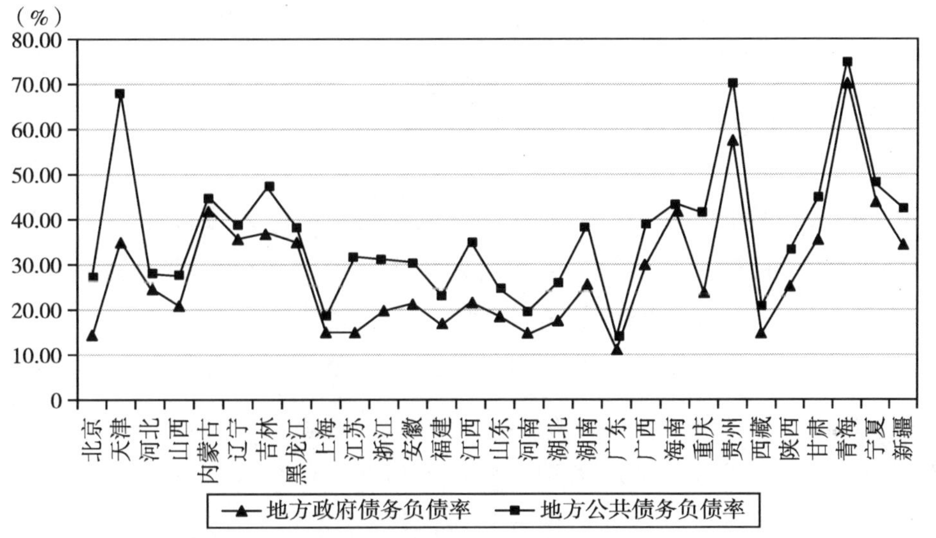

图 5-13　2019 年各省（区、市）地方政府债务、地方公共债务负债率

资料来源：根据各省 2019 年预算执行情况和 2020 年预算草案、大智慧数据库以及各省 2019 年国民经济和社会发展统计公报中相关数据计算得到。

2019 年各地地方政府债务负债率差异较大。其中，广东省负债率为全国最低，仅有 11.10%；北京市、上海市等 9 省（区、市）（不含广东省）的政府债务负债率介于 10% 至 20% 之间，负债率维持在较低水平；河北、山西等 8 个省份政府债务负债率在 20% 至 30% 之间，横向而言政府债务负债率处于中等水平；其余 11 个省份政府债务负债率居于高位水平，负债率超过 30%，青海省甚至超

① 地方政府债务负债率 $=\frac{\text{地方政府债务余额}}{\text{GDP}}\times 100\%$；地方公共债务负债率 $=\frac{\text{地方政府债务余额}+\text{城投债余额}}{\text{GDP}}\times 100\%$。

过 60% 的预警线。

2019 年各省（区、市）地方公共债务负债率的波动情况基本与地方政府债务保持一致，整体集中在 20% 至 50% 之间。简单分为三个区间：北京、湖北等 12 个省份地方公共债务负债率低于 30%，负债率水平较低，其中广东省仅有 13.95%，为全国最低；辽宁、黑龙江、江苏等 9 个省份处于 30% 至 40% 之间，地方公共债务负债率处于中等水平；其余 10 个省份地方公共债务负债率超过 40%，负债率处于高水平区间，其中天津市、贵州省以及青海省超过 60%，债务风险较高。

总体上，从负债率看，全国各地债务负债率处于可控区间，但需要警惕天津市、贵州省以及青海省这 3 省（市）债务负债率过高带来的债务风险。

5.3.4 地方债务与地方财政可持续

财政收入端增长空间小。近年来，减税降费不断深入推行，2019 年我国继续实施积极的财政政策，各地更大规模地推进减税降费政策的实施和落地。长期来看，减税降费有助于释放经济活力、促进经济社会发展，但短期内，减税降费对地方财力有一定负面影响。财政部表示，2020 年减税降费政策将继续发力，财税部门将继续落实落细各项减税降费政策，进一步巩固和拓展减税降费成效。突发的新冠肺炎疫情给各地财税政策带来新的变化，目前已经推出了一系列税费减免政策（如财政部、税务总局 2020 年第 8 号《关于支持新型冠状病毒感染的肺炎疫情防控有关税收政策的公告》、阶段性减征职工基本医疗保险费等），疫情在短期内会对财政收入产生负面影响。

与此同时，地方政府财政支出压力加大，需要地方政府债券支持。2019 年地方一般公共预算支出 203759 亿元，同比增长 8.27%，地方一般公共预算收入 101077 亿元，同比增长 3.24%，地方一般公共预算收支存在较大缺口。同时地方政府性基金预算收支也存在缺口，2019 年地方政府性基金预算支出 88252 亿元，同比增长 13.91%，地方政府性基金预算收入 80476 亿元，同比增长 12.76%。“四本预算”账本中，一般公共预算、政府性基金收支均存在赤字，财政支出压力加大。此外，防控新冠肺炎疫情的财政资金支出、经济增长下滑后财政补贴支出等超预算支出增加，导致地方财政般公共预算收支缺口进一步扩大，未来需要地方政府一般债务资金支持。同时，推动经济增长的部分项目建设，又需要地方专项债务提供资金。可以预见，2020 年将是各级财政压力巨大的一年，地方政府债券需要继续发力。

地方政府债务整体风险可控，在地方财政可持续上有发挥空间。2019 年全国财政赤字扩大，各地财政可持续受到一定影响，但同时各地政府债务限额使用、债券发行、存量化解尚留有空间。2019 年北京市、上海市的政府债务限额使用率（年末政府债务余额与政府债务限额的比值）分别为 52.76% 和 66.37%，政府债务限额还有相当部分尚未使用，这也说明地区间政府债务限额分配不尽合理，需根据各地经济财政状况合理分配。2019 年地方政府债券债务依存度主要集中在 10% 至 20% 之间，与国际通用预警线 30% 还有一定距离；另外，减税降费带来的经济红利在未来是可观的，可以在合适的偿还期限内，适当发行政府债券以缓解财政收支压力。2019 年各地政府债务负债率在 10% 至 40% 之间，与 60% 的预警线有所差距，在保持风险可控的前提下可以与政府债券发行相配合，通过地方政府债务缓解财政可持续性的压力。

第6章　各省（自治区、直辖市）经济和财政数据

本章节主要收集了全国、各省（自治区、直辖市）2019年经济运行和财政收支数据以及2020年度的预算安排情况，能够基本反映出2019年我国实际财政运行状况。数据主要来源于2019年全国及各省（自治区、直辖市）统计年鉴、各省（自治区、直辖市）发布的2019年预算执行情况和2020年预算草案、Wind数据。

表6-1　2019年全国和各省（区、市）经济运行指标（一）　单位：亿元

省（区、市）	GDP	GDP增长率（%）	一产增加值	一产增长率（%）	二产增加值	二产增长率（%）	三产增加值	三产增长率（%）
北京	35371.30	6.10	113.70	-2.50	5715.10	4.50	29542.50	6.40
天津	14104.28	4.80	185.23	0.20	4969.18	3.20	8949.87	5.90
河北	35104.50	6.80	3518.40	1.60	13597.30	4.90	17988.80	9.40
山西	17026.68	6.20	824.72	2.10	7453.09	5.70	8748.87	7.00
内蒙古	17212.50	5.20	1863.20	2.40	6818.90	5.70	8530.50	5.40
辽宁	24909.50	5.50	2177.80	3.50	9531.20	5.70	13200.40	5.60
吉林	11726.80	3.00	1287.30	2.50	4134.80	2.60	6304.70	3.30
黑龙江	13612.70	4.20	3182.50	2.40	3615.20	2.70	6815.00	5.90
上海	38155.32	6.00	103.88	-5.00	10299.16	0.50	27752.28	8.20
江苏	99631.52	6.10	4296.28	1.30	44270.51	5.90	51064.73	6.60
浙江	62352.00	6.80	2097.00	2.00	26567.00	5.90	33688.00	7.80
安徽	37114.00	7.50	2915.70	3.20	15337.90	8.00	18860.40	7.70
福建	42395.00	7.60	2596.23	3.50	20581.74	8.30	19217.03	7.30
江西	24757.50	8.00	2057.60	3.00	10939.80	8.00	11760.10	9.00
山东	71067.50	5.50	5116.40	1.10	28310.90	2.60	37640.20	8.70
河南	54259.20	7.00	4635.40	2.30	23605.79	7.50	26018.01	7.40
湖北	45828.31	7.50	3809.09	3.20	19098.62	8.00	22920.60	7.80

续表

省（区、市）	GDP	GDP增长率（%）	一产增加值	一产增长率（%）	二产增加值	二产增长率（%）	三产增加值	三产增长率（%）
湖南	39752. 12	7. 60	3646. 95	3. 20	14946. 98	7. 80	21158. 19	8. 10
广东	107671. 07	6. 20	4351. 26	4. 10	43546. 43	4. 70	59773. 38	7. 50
广西	21237. 14	6. 00	3387. 74	5. 60	7077. 43	5. 70	10771. 97	6. 20
海南	5308. 94	5. 80	1080. 36	2. 50	1099. 04	4. 10	3129. 54	7. 50
重庆	23605. 77	6. 30	1551. 42	3. 60	9496. 84	6. 40	12557. 51	6. 40
四川	46615. 82	7. 50	4807. 24	2. 80	173656. 33	7. 50	24443. 25	8. 50
贵州	16769. 34	8. 30	2280. 56	5. 70	6058. 45	9. 80	8430. 33	7. 80
云南	23223. 75	8. 10	3037. 62	5. 50	7961. 58	8. 60	12224. 55	8. 30
新疆	13597. 11	6. 20	1781. 75	5. 30	4795. 50	3. 70	7019. 86	8. 10
陕西	25793. 17	6. 00	1990. 93	4. 40	11980. 75	5. 70	11821. 49	6. 50
甘肃	8718. 30	6. 20	1050. 50	5. 80	2862. 40	4. 70	4805. 40	7. 20
青海	2965. 95	6. 30	301. 90	4. 60	1159. 75	6. 30	1504. 30	6. 50
宁夏	3748. 48	6. 50	279. 93	3. 20	1584. 72	6. 70	1883. 83	6. 80
西藏	1697. 82	8. 10	138. 19	4. 60	635. 62	7. 00	924. 01	9. 20
全国	990865	6. 10	70467	3. 10	386165	5. 70	534233	6. 90

资料来源：各省、自治区、直辖市数据来自所属统计局“2019 年经济运行情况报告”；全国数据来自“2019 年国民经济和社会发展统计公报”。下同。

表 6－2　2019 年全国和各省（区、市）经济运行指标（二）　单位：%

省（区、市）	一产增加值占比	二产增加值占比	三产增加值占比	规上增加值增长率	固资投资增长率
北京	0. 32	16. 16	83. 52	3. 10	－2. 40
天津	1. 31	35. 23	63. 45	3. 40	13. 90
河北	10. 02	38. 73	51. 24	5. 60	6. 10
山西	4. 84	43. 77	51. 38	5. 30	9. 30
内蒙古	10. 82	39. 62	49. 56	6. 10	6. 80
辽宁	8. 74	38. 26	52. 99	—	—
吉林	10. 98	35. 26	53. 76	—	—
黑龙江	23. 38	26. 56	50. 06	2. 80	6. 30
上海	0. 27	26. 99	72. 74	0. 40	5. 10
江苏	4. 31	44. 43	51. 25	6. 20	5. 10
浙江	3. 36	42. 61	54. 03	6. 60	10. 10

续表

省（区、市）	一产增加值占比	二产增加值占比	三产增加值占比	规上增加值增长率	固资投资增长率
安徽	7.86	41.33	50.82	7.30	9.20
福建	6.12	48.55	45.33	8.80	6.00
江西	8.31	44.19	47.50	8.50	9.20
山东	7.20	39.84	52.96	1.20	8.40
河南	8.54	43.51	47.95	7.80	8.00
湖北	8.31	41.67	50.01	7.80	10.60
湖南	9.17	37.60	53.23	8.30	10.10
广东	4.04	40.44	55.51	4.70	11.10
广西	15.95	33.33	50.72	4.50	9.50
海南	20.35	20.70	58.95	4.20	—
重庆	6.57	40.23	53.20	6.20	5.70
四川	2.37	85.58	12.05	8.00	10.20
贵州	13.60	36.13	50.27	9.60	13.00
云南	13.08	34.28	52.64	8.10	8.50
新疆	13.10	35.27	51.63	4.70	2.50
陕西	7.72	46.45	45.83	5.20	2.50
甘肃	12.05	32.83	55.12	5.20	6.60
青海	10.18	39.10	50.72	7.00	5.00
宁夏	7.47	42.28	50.26	7.60	-10.30
西藏	8.14	37.44	54.42	—	-2.10
全国	7.11	38.97	53.92	5.70	5.10

注：(1) 部分缺失数据为经济运行报告未公布项目，表中以"—"标示；(2) 北京、贵州、江苏进出口增长率根据2018年数据计算得出。

表6-3　2019年全国和各省（区、市）经济运行指标（三）　单位：元

省（区、市）	人均可支配收入	CPI（%）	消费品零售总额增长率（%）	进出口增长率（%）
北京	67756	2.30	7.50	5.58
天津	42404	2.70	—	—
河北	25665	3.00	8.40	12.60

续表

省（区、市）	人均可支配收入	CPI（%）	消费品零售总额增长率（%）	进出口增长率（%）
山西	23828	2.70	7.80	5.70
内蒙古	30555	2.40	4.10	5.90
辽宁	31820	2.40	—	—
吉林	24563	—	—	—
黑龙江	30945	2.80	6.20	6.70
上海	69442	2.50	6.50	0.10
江苏	41400	3.10	6.20	-0.97
浙江	49899	2.90	8.70	8.10
安徽	37540	2.70	10.60	9.30
福建	35616	2.60	10.00	7.80
江西	26262	2.90	11.30	11.10
山东	31597	3.20	6.40	5.80
河南	23903	3.00	10.40	3.60
湖北	37601	3.10	0.30	13.10
湖南	39842	2.90	10.20	41.20
广东	39014	3.40	8.00	-0.20
广西	23328	3.70	7.00	14.40
海南	26679	3.40	5.30	6.80
重庆	28920	2.70	8.70	11.00
四川	24703	3.20	10.40	13.80
贵州	20397	—	—	-9.43
云南	22082	2.50	10.40	17.90
新疆	23103	1.90	5.50	23.80
陕西	24666	2.90	7.40	—
甘肃	32323	2.30	7.70	-3.90
青海	22618	2.50	5.40	-22.68
宁夏	24412	2.80	5.20	-3.30
西藏	19501	2.30	8.70	—
全国	30733	2.90	8.00	3.40

注：部分缺失数据为经济运行报告未公布项目，表中以“—”标示。

表 6－4　2018 年、2019 年各省（区、市）一般公共预算收入比较　单位：亿元

省（区、市）	一般公共预算收入（2018 年决算）	一般公共预算收入（2019 年决算）	同比增长率（%）
北京	5785.92	5817.10	0.54
天津	2106.24	2410.25	14.43
河北	3513.86	3742.67	6.51
山西	2292.60	2347.56	2.40
内蒙古	1857.65	2059.70	10.88
辽宁	2616.08	2652.00	1.37
吉林	6485.38	6526.64	0.64
黑龙江	1240.89	1116.86	－10.00
上海	1282.60	1262.60	－1.56
江苏	7108.10	7165.10	0.80
浙江	8630.16	8802.36	2.00
安徽	6598.21	7048.00	6.82
福建	3048.67	3182.50	4.39
江西	3007.41	3052.72	1.51
山东	2373.01	2486.50	4.78
河南	3766.02	4041.60	7.32
湖北	3307.08	3388.40	2.46
湖南	2860.84	3007.00	5.11
广东	12105.26	12651.46	4.51
广西	1681.45	1811.89	7.76
海南	752.67	814.10	8.16
重庆	2265.54	2135.00	－5.76
贵州	1726.85	1767.36	2.35
西藏	230.35	221.90	－3.67
陕西	2243.10	2287.73	1.99
甘肃	871.05	850.20	－2.39
青海	272.89	282.10	3.38
宁夏	436.52	423.60	－2.96
新疆	1531.42	1577.30	3.00

资料来源：各省（区、市）2018 年、2019 年预算执行情况。

表 6－5　2019 年、2020 年各省（区、市）一般公共预算收入比较　单位：亿元

省（区、市）	一般公共预算收入（2019 年决算）	一般公共预算收入（2020 年预算）	增长率（%）
北京	5817.10	5817.10	0.00
天津	2410.25	2421.10	0.45
河北	3742.67	3986.00	6.50
山西	2347.56	2394.70	2.01
内蒙古	2059.70	1950.00	－5.33
辽宁	2652.00	2704.00	1.96
吉林	1116.86	1061.00	－5.00
黑龙江	1262.60	1287.90	2.00
上海	7165.10	7165.00	0.00
江苏	8802.36	9000.00	2.25
浙江	7048.00	7430.00	5.42
安徽	3182.50	3227.10	1.40
福建	3052.72	3113.77	2.00
江西	2486.50	2569.20	3.33
山东	6526.64	6591.00	0.99
河南	4041.60	4324.50	7.00
湖北	3388.40	3557.81	5.00
湖南	3007.00	3127.30	4.00
广东	12651.46	13157.50	4.00
广西	1811.89	1857.20	2.50
海南	814.10	867.00	6.50
重庆	2135.00	2156.00	0.98
贵州	1767.36	1802.00	1.96
西藏	221.90	193.00	－13.02
陕西	2287.73	2356.40	3.00
甘肃	850.20	880.00	3.51
青海	282.10	299.10	6.03
宁夏	423.60	433.00	2.22
新疆	1577.30	1624.50	2.99

资料来源：各省（区、市）2019 年预算执行情况和 2020 年预算草案。

表 6－6　　2019 年、2020 年部分省（区、市）税收收入比较

单位：亿元

省（区、市）	税收收入（2019 年决算）	税收收入（2020 年预算）	增长率（%）
北京	4822.98	4963.94	2.92
天津	1634.20	1667.10	2.01
河北	2630.41	2841.00	8.01
吉林	797.89	759.06	－4.87
上海	6216.30	6216.00	0.00
江苏	7339.59	7540.00	2.73
安徽	2209.56	2364.32	7.00
福建	2208.78	2255.48	2.11
山东	4849.22	4902.56	1.10
湖北	2530.64	2669.82	5.50
广东	10062.35	10568.40	5.03
广西	1146.78	1201.00	4.73
重庆	1541.00	1556.00	0.97
陕西	1845.97	1904.33	3.16
宁夏	267.50	287.00	7.29
新疆	1016.10	1062.70	4.59

资料来源：各省（区、市）2019 年预算执行情况和 2020 年预算草案。

表 6－7　　2019 年、2020 年部分省（区、市）非税收入比较

单位：亿元

省（区、市）	非税收入（2019 年决算）	非税收入（2020 年预算）	增长率（%）
北京	994.12	853.16	－14.18
天津	776.06	754.00	－2.84
河北	1112.25	1145.00	2.94
吉林	318.97	301.94	－5.34
上海	948.80	949.00	0.02
江苏	1462.77	1460.00	－0.19
安徽	972.98	862.81	－11.32
福建	843.94	858.29	1.70
山东	1677.42	1688.44	0.66

续表

省（区、市）	非税收入（2019 年决算）	非税收入（2020 年预算）	增长率（%）
湖北	857.75	887.99	3.52
广东	2589.11	2589.10	0.00
广西	665.11	656.20	-1.34
重庆	594.00	600.00	1.01
陕西	441.75	450.03	1.87
宁夏	156.10	146.00	-6.47
新疆	561.20	561.80	0.11

资料来源：各省（区、市）2019 年预算执行情况和 2020 年预算草案。

表 6-8　2018 年、2019 年主要省（区、市）政府性基金预算收入比较　单位：亿元

省（区、市）	政府性基金预算收入（2018 年决算）	政府性基金预算收入（2019 年决算）	同比增长率（%）
北京	2009.30	3664.32	82.37
天津	1160.00	1430.79	23.34
河北	2899.40	3328.81	14.81
山西	845.71	1186.31	40.27
内蒙古	567.50	637.40	12.32
辽宁	933.70	1241.50	32.97
吉林	558.32	665.25	19.15
黑龙江	357.10	377.90	5.82
上海	2095.40	2418.10	15.40
江苏	8222.81	9249.59	12.49
浙江	8736.56	10607.82	21.42
福建	2587.10	2569.68	-0.67
江西	2568.60	2537.40	-1.21
山东	6000.62	8952.16	49.19
河南	3828.20	4080.20	6.58
湖北	3535.13	3474.90	-1.70
湖南	2229.80	2993.90	34.27
广东	5886.85	6111.99	3.82

续表

省（区、市）	政府性基金预算收入（2018 年决算）	政府性基金预算收入（2019 年决算）	同比增长率（%）
广西	1436. 06	1699. 29	18. 33
海南	382. 00	455. 80	19. 32
重庆	2316. 00	2248. 00	-2. 94
贵州	1249. 89	1710. 93	36. 89
西藏	89. 14	75. 40	-15. 41
陕西	1464. 70	1859. 64	26. 96
甘肃	399. 20	519. 20	30. 06
青海	265. 00	416. 80	57. 28
宁夏	121. 30	118. 40	-2. 39
新疆	614. 30	527. 50	-14. 13

资料来源：各省（区、市）2018 年、2019 年预算执行情况。

表 6-9　　2018 年、2019 年主要省（区、市）国有土地使用权出让收入比较

单位：亿元

省（区、市）	国有土地使用权出让收入（2018 年决算）	国有土地使用权出让收入（2019 年决算）	同比增长率（%）
北京	1819. 66	2033. 73	11. 76
天津	986. 00	1361. 38	38. 07
吉林	451. 87	593. 29	31. 30
上海	1927. 70	2248. 50	16. 64
江苏	7478. 60	8564. 23	14. 52
浙江	7378. 81	8259. 54	11. 94
福建	2422. 62	2425. 66	0. 13
山东	5211. 65	6086. 38	16. 78
湖北	3162. 74	3103. 88	-1. 86
湖南	1891. 70	2656. 00	40. 40
广东	5374. 63	5528. 79	2. 87
重庆	2135. 28	1880. 23	-11. 94
陕西	1065. 60	1427. 76	33. 99

资料来源：各省（区、市）2018 年、2019 年预算执行情况。

表 6－10　2018 年、2019 年主要省（区、市）国有资本经营预算收入比较

单位：亿元

省（区、市）	国有资本经营预算收入（2018 年决算）	国有资本经营预算收入（2019 年决算）	同比增长率（%）
北京	65.40	74.99	14.67
天津	19.50	32.11	64.69
河北	30.70	26.34	－14.21
山西	41.17	68.21	65.68
辽宁	57.90	161.30	178.58
吉林	5.29	17.76	235.73
黑龙江	6.20	11.10	79.03
上海	148.10	166.60	12.49
江苏	128.66	235.39	82.95
浙江	81.28	92.19	13.42
福建	97.77	118.45	21.15
江西	111.00	83.00	－25.23
山东	57.34	90.53	57.88
河南	16.90	49.00	189.94
湖北	36.64	35.42	－3.31
湖南	34.60	45.20	30.64
广东	196.72	286.19	45.48
广西	21.20	38.87	83.36
海南	3.80	3.60	－5.26
西藏	105.00	132.00	25.71
重庆	4.07	4.00	－1.72
陕西	28.40	128.00	350.70
甘肃	11.60	8.50	－26.72
青海	3.30	2.40	－27.27
宁夏	3.45	4.86	40.87
新疆	8.10	52.80	551.85

资料来源：各省（区、市）2018 年、2019 年预算执行情况。

表 6－11　2019 年、2020 年主要省（区、市）社会保险基金预算收入比较

单位：亿元

省（区、市）	社会保险基金预算收入（2019 年决算）	社会保险基金预算收入（2020 年预算）	增长率（%）
北京	4216.70	4734.44	12.28
天津	1601.00	1610.43	0.59
河北	3251.40	3717.32	14.33
山西	1744.24	1788.40	2.53
内蒙古	1478.70	1695.00	14.63
辽宁	3261.70	3929.30	20.47
吉林	1312.58	1813.21	38.14
上海	4415.70	4598.40	4.14
江苏	6331.41	5813.18	－8.19
浙江	4673.58	4878.21	4.38
福建	1623.76	1759.09	8.33
江西	1943.90	1943.00	－0.05
山东	4734.19	5237.72	10.64
河南	3254.20	3623.20	11.34
湖北	3371.08	4399.22	30.50
湖南	2866.11	2915.00	1.71
广东	7286.29	7996.16	9.74
广西	1952.37	1873.59	－4.04
海南	505.90	549.40	8.60
重庆	1898.00	1950.00	2.74
贵州	1146.49	1283.28	11.93
西藏	247.60	194.90	－21.28
陕西	1829.10	2071.68	13.26
甘肃	1127.11	1056.50	－6.26
青海	575.00	717.50	24.78
宁夏	380.50	420.60	10.54
新疆	1168.50	1365.60	16.87

资料来源：各省（区、市）2019 年预算执行情况和 2020 年预算草案。

表6－12　　2018年、2019年各省（区、市）一般公共预算支出比较

单位：亿元

省（区、市）	一般公共预算支出（2018年决算）	一般公共预算支出（2019年决算）	同比增长率（%）
北京	7471.43	7031.02	－5.89
天津	3103.16	3508.71	13.07
河北	7726.21	8313.71	7.60
山西	4285.42	4713.13	9.98
内蒙古	4831.46	5097.90	5.51
辽宁	5337.72	5761.40	7.94
吉林	3789.59	3933.42	3.80
黑龙江	4676.75	5011.50	7.16
上海	8351.50	8197.30	－1.85
江苏	11657.35	12573.31	7.86
浙江	8629.53	10052.99	16.50
安徽	6572.15	7391.00	12.46
福建	4832.69	5097.25	5.47
江西	5667.52	6402.60	12.97
山东	10098.96	10736.82	6.32
河南	9217.73	10176.30	10.40
湖北	7258.27	7967.70	9.77
湖南	7479.61	8034.13	7.41
广东	15729.26	17314.12	10.08
广西	5310.74	5849.02	10.14
海南	1691.30	1859.10	9.92
重庆	4540.95	4848.00	6.76
贵州	5029.68	5921.40	17.73
西藏	1970.68	2180.50	10.65
陕西	5301.90	5721.56	7.92
甘肃	3772.23	3956.70	4.89
青海	1647.43	1863.70	13.13
宁夏	1419.06	1438.40	1.36
新疆	5012.45	5322.30	6.18

资料来源：各省（区、市）2018年、2019年预算执行情况。

表 6－13　　2019 年、2020 年各省（区、市）一般公共预算支出比较

单位：亿元

省（区、市）	一般公共预算支出（2019 年决算）	一般公共预算支出（2020 年预算）	增长率（%）
北京	7031.02	7031.03	0.00
天津	3508.71	3602.90	2.68
河北	8313.71	8067.89	－2.96
山西	4713.13	4463.10	－5.30
内蒙古	5097.90	5250.00	2.98
辽宁	5761.40	5348.80	－7.16
吉林	3933.42	3429.65	－12.81
黑龙江	5011.50	4330.90	－13.58
上海	8197.30	8180.00	－0.21
江苏	12573.31	12890.00	2.52
浙江	10052.99	9738.00	－3.13
安徽	7391.00	6334.10	－14.30
福建	5097.25	4979.77	－2.30
江西	6402.60	5427.00	－15.24
山东	10736.82	10897.00	1.49
河南	10176.30	8945.80	－12.09
湖北	7967.70	8406.00	5.50
湖南	8034.13	7296.40	－9.18
广东	17314.12	18006.70	4.00
广西	5849.02	5564.85	－4.86
海南	1859.10	1912.10	2.85
重庆	4848.00	4456.00	－8.09
贵州	5921.40	4800.00	－18.94
西藏	2180.50	1912.90	－12.27
陕西	5721.56	5076.20	－11.28
甘肃	3956.70	4100.00	3.62
青海	1863.70	1912.40	2.61
宁夏	1438.40	1292.70	－10.13
新疆	5322.30	4307.30	－19.07

资料来源：各省（区、市）2019 年预算执行、2020 年预算草案。

表6－14 2018年、2019年各省（区、市）一般公共服务支出比较 单位：亿元

省（区、市）	一般公共服务支出（2018年决算）	一般公共服务支出（2019年决算）	同比增长率（%）
北京	512.40	500.63	－2.30
天津	232.27	226.47	－2.49
河北	712.40	794.20	11.48
山西	365.47	393.45	7.66
吉林	308.88	302.52	－2.06
上海	367.20	365.10	－0.57
江苏	1124.06	1221.64	8.68
安徽	506.13	567.75	12.17
江西	525.27	600.70	14.36
山东	942.26	1060.98	12.60
湖北	739.21	792.24	7.17
湖南	797.30	863.22	8.27
广东	1556.29	1862.11	19.65
广西	527.25	595.24	12.90
重庆	322.02	349.28	8.46
贵州	496.47	593.63	19.57
甘肃	339.05	377.40	11.31
宁夏	91.31	97.06	6.30

资料来源：各省（区、市）2018年、2019年预算执行情况。

表6－15 2019年、2020年各省（区、市）一般公共服务支出比较 单位：亿元

省（区、市）	一般公共服务支出（2019年决算）	一般公共服务支出（2020年预算）	增长率（%）
北京	500.63	491.13	－1.90
天津	226.47	225.43	－0.46
河北	794.20	593.56	－25.26
山西	393.45	382.47	－2.79
吉林	302.52	263.33	－12.95

续表

省（区、市）	一般公共服务支出（2019 年决算）	一般公共服务支出（2020 年预算）	增长率（%）
上海	365.10	364.70	-0.11
江苏	1221.64	1210.00	-0.95
安徽	567.75	595.56	4.90
山东	1060.98	1050.36	-1.00
湖北	792.24	823.93	4.00
广东	1862.11	1787.63	-4.00
广西	595.24	446.89	-24.92
陕西	532.96	333.60	-37.41
宁夏	97.06	73.18	-24.60
北京	500.63	491.13	-1.90
天津	226.47	225.43	-0.46

资料来源：各省（区、市）2019 年预算执行、2020 年预算草案。

表 6-16　2018 年、2019 年各省（区、市）政府性基金预算支出比较

单位：亿元

省（区、市）	政府性基金预算支出（2018 年决算）	政府性基金预算支出（2019 年决算）	同比增长率（%）
北京	2531.70	3664.32	44.74
天津	1647.00	2275.13	38.14
河北	3261.60	3846.61	17.94
山西	1082.66	1452.54	34.16
内蒙古	697.50	920.30	31.94
辽宁	890.00	1110.80	24.81
吉林	755.00	951.47	26.02
黑龙江	516.70	575.10	11.30
上海	2351.90	2580.00	9.70
江苏	9055.80	9896.02	9.28
浙江	9020.03	10388.89	15.18
福建	2928.67	3208.16	9.54

续表

省（区、市）	政府性基金预算支出（2018 年决算）	政府性基金预算支出（2019 年决算）	同比增长率（%）
江西	2681.40	2577.30	-3.88
山东	6709.88	8341.99	24.32
河南	3332.80	4099.30	23.00
湖北	3943.86	4033.50	2.27
湖南	2138.70	2906.70	35.91
广东	5474.04	6290.68	14.92
广西	1390.42	1633.27	17.47
海南	530.80	624.80	17.71
重庆	2677.00	2419.00	-9.64
贵州	1075.92	1359.89	26.39
西藏	109.77	84.00	-23.48
陕西	1558.20	1967.90	26.29
甘肃	550.80	774.80	40.67
青海	228.60	334.60	46.37
宁夏	210.50	278.60	32.35
新疆	770.30	1154.80	49.92

资料来源：各省（区、市）2018 年、2019 年预算执行情况。

表 6-17　2018 年、2019 年各省（区、市）国有资本经营预算支出比较

单位：亿元

省（区、市）	国有资本经营预算支出（2018 年决算）	国有资本经营预算支出（2019 年决算）	同比增长率（%）
北京	48.70	49.12	0.87
天津	12.30	31.11	152.96
河北	20.10	17.36	-13.64
山西	36.36	60.96	67.66
辽宁	90.20	98.40	9.09
吉林	2.40	0.74	-69.17
黑龙江	5.00	7.20	44.00

续表

省（区、市）	国有资本经营预算支出（2018 年决算）	国有资本经营预算支出（2019 年决算）	同比增长率（%）
上海	121.70	112.60	-7.48
江苏	78.95	167.06	111.61
浙江	50.07	58.43	16.70
福建	53.22	52.62	-1.13
江西	92.60	49.40	-46.65
山东	41.11	79.97	94.53
河南	14.20	19.20	35.21
湖北	22.89	32.33	41.21
湖南	24.30	34.20	40.74
广东	225.35	142.10	-36.94
广西	13.53	19.96	47.55
海南	2.20	2.60	18.18
重庆	52.00	46.00	-11.54
西藏	3.48	3.50	0.57
陕西	34.00	25.80	-24.12
甘肃	15.10	6.60	-56.29
青海	2.10	1.30	-38.10
宁夏	3.07	1.49	-51.47
新疆	9.80	37.90	286.73

资料来源：各省（区、市）2018 年、2019 年预算执行情况。

表 6-18　2019 年、2020 年各省（区、市）社会保险基金预算支出比较

单位：亿元

省（区、市）	社会保险基金预算支出（2019 年决算）	社会保险基金预算支出（2020 年预算）	增长率（%）
北京	3755.04	4294.89	14.38
天津	1575.01	1785.81	13.38
河北	3462.54	3278.37	-5.32
山西	1820.51	1994.51	9.56

续表

省（区、市）	社会保险基金预算支出（2019 年决算）	社会保险基金预算支出（2020 年预算）	增长率（%）
内蒙古	1678.90	1919.30	14.32
辽宁	3872.20	4241.90	9.55
吉林	1825.52	3625.79	98.62
上海	4003.10	4391.20	9.69
江苏	5368.74	5787.56	7.80
浙江	4933.84	5276.77	6.95
安徽	2399.60	4698.40	95.80
福建	1649.44	1844.38	11.82
江西	1919.60	1991.70	3.76
山东	5232.66	5689.29	8.73
河南	3504.10	3635.40	3.75
湖北	4094.10	4045.74	-1.18
湖南	2718.60	2972.80	9.35
广东	6193.05	6416.10	3.60
广西	1789.38	1980.84	10.70
海南	454.90	523.90	15.17
重庆	1823.00	1956.00	7.30
贵州	1125.60	1229.22	9.21
西藏	161.30	177.80	10.23
陕西	1920.10	2260.20	17.71
甘肃	1018.30	1091.80	7.22
青海	455.70	413.10	-9.35
宁夏	410.00	443.70	8.22
新疆	1187.90	1303.80	9.76

资料来源：各省（区、市）2019 年预算执行、2020 年预算草案。

表 6－19　　2019 年地方政府债券发行情况　　单位：亿元

省（区、市）	合计	一般债				专项债			
		小计	新增债券	再融资债券	置换债券	小计	新增债券	再融资债券	置换债券
北京	1401.5	270.2	132.0	138.2	0	1131.3	975.0	156.3	0
天津	1171.7	231.7	86.0	145.7	0	940.0	818.0	122.0	0
河北	2220.4	943.4	541.6	401.8	0	1277.0	1171.0	106.0	0
山西	757.0	355.9	258.4	97.5	0	401.1	379.0	22.1	0
内蒙古	1233.5	791.8	388.1	304.6	99.1	441.7	279.0	34.7	128.0
辽宁	1234.9	770.3	138.1	559.2	73.0	464.6	104.0	266.2	94.4
吉林	762.3	382.3	268.4	113.9	0	380.0	380.0	0	0
黑龙江	905.3	628.3	421.6	206.7	0	277.0	251.0	26.0	0
上海	1267.5	461.7	242.0	219.7	0	805.8	675.0	130.8	
江苏	2852.3	684.9	322.0	362.9	0	2167.4	1678.0	339.4	150.0
浙江	2243.9	757.0	402.0	355.0	0	1486.9	1136.0	350.9	0
安徽	1628.0	442.0	148.0	294.0	0	1186.0	1186.0	0	0
福建	1155.8	343.8	190.9	152.9	0	812.0	812.0	0	0
江西	1171.6	420.3	299.4	120.9	0	751.3	669.0	82.3	0
山东	2673.9	724.6	227.5	497.1	0	1949.3	1635.0	314.3	0
河南	1817.1	747.4	424.4	323.1	0	1069.7	1024.0	45.7	0
湖北	1987.1	1012.1	426.7	585.4	0	975.0	975.0	0	0
湖南	2560.2	1209.2	446.0	603.7	159.5	1351.0	677.0	467.9	206.1
广东	2370.1	555.1	346.2	208.9	0	1815.0	1815.0	0	0
广西	1033.4	481.4	335.1	146.3	0	552.0	526.0	26.0	0
海南	433.4	207.6	136.0	71.6	0	225.9	210.0	15.9	0
重庆	1253.3	331.0	166.0	165.0	0	922.3	780.0	142.3	0
四川	2213.2	978.1	464.9	513.2	0	1235.1	980.0	255.1	0
贵州	1346.3	967.7	437.8	362.8	167.2	378.6	7.0	155.6	216.1
云南	1488.5	734.2	366.9	268.6	98.7	754.3	539.0	87.7	127.5
西藏	128.0	121.0	121.0	0	0	7.0	7.0	0	0

续表

省（区、市）	合计	一般债				专项债			
		小计	新增债券	再融资债券	置换债券	小计	新增债券	再融资债券	置换债券
陕西	1403.5	718.4	349.6	368.8	0	685.1	453.0	232.1	0
甘肃	776.2	374.6	249.5	99.0	26.1	401.7	368.0	0	33.7
青海	467.0	326.0	220.0	106.0	0	141.0	125.0	16.0	0
宁夏	374.9	201.8	114.0	87.8	0	173.1	154.0	19.1	0
新疆	1019.6	512.6	347.6	165.0	0	507.0	482.0	25.0	0

资料来源：财政部官网“地方政府债券市场报告（2019 年 12 月）”。

表 6－20　　2019 年各地城投债发行情况　　单位：亿元、只

省（区、市）	2019 发行额	发行额增长率（%）	发行数量	发行平均票面利率（%）	2018 发行额
北京	1847.6	－1	124	3.75	1858.9
天津	1634.85	16	153	4.51	1414.4
河北	388.8	88	49	5.31	206.9
山西	428	31	49	4.71	325.81
内蒙古	170	85	17	4.63	92
辽宁	78.7	28	9	6.68	61.5
吉林	461.1	16	45	5.77	397.1
黑龙江	100.3	－4	16	6.33	104.9
上海	598.95	26	55	3.71	474
江苏	7045.82	34	1069	4.92	5254.52
浙江	3004.6	48	380	4.75	2034.9
安徽	1087.95	31	136	5.03	828.77
福建	1124.8	40	169	4.43	805
江西	1492.3	48	164	4.6	1010.7
山东	1704.63	53	191	5.07	1116.1
河南	1027.5	38	119	4.77	745
湖北	1369.7	29	156	4.79	1062.2
湖南	1504.43	54	193	5.82	977.75

续表

省（区、市）	2019 发行额	发行额增长率（%）	发行数量	发行平均票面利率（%）	2018 发行额
广东	1448.8	29	142	3.44	1122.2
广西	808.95	38	108	4.81	588
海南	23	—	2	3.81	—
重庆	1317.89	77	162	5.84	744.8
四川	1988.5	68	230	4.74	1181.7
贵州	637.03	104	68	7.19	311.84
云南	1189.1	30	109	4.78	913.9
西藏	53	77	4	4.34	30
陕西	895.9	11	92	4.35	809.88
甘肃	253.5	30	30	5.03	195
青海	60.3	302	8	4.83	15
宁夏	61.1	29	14	4.02	47.5
新疆	336.82	32	54	5.53	254.8

资料来源：Wind 数据库。

表 6－21　2019 年地方政府债券余额　单位：亿元

地方政府债券		一般债券				专项债券			
省（区、市）	总计	小计	再融债券	新增债券	置换债券	小计	再融债券	新增债券	置换债券
北京	5547.09	2113.85	171.14	1458.68	484.03	2845.58	202.17	1511.78	1131.63
天津	4946.21	1493.17	203.44	852.6	437.13	3453.04	122.03	1755.97	1575.04
河北	8601.93	4878.21	729.2	1912.48	2236.53	3723.72	156.45	2816.82	750.45
山西	3466.32	2113.43	166.11	958.37	988.95	1352.89	22.06	959	371.83
内蒙古	7173.93	5648.99	444.61	1750.68	3453.7	1524.94	55.48	523.52	945.94
辽宁	8738.27	6297.66	1036.29	1289.65	3971.72	2440.61	292.18	168.21	1979.86
吉林	4255.54	2816.32	213.02	1335.11	1268.18	1439.22	—	698.37	740.85
黑龙江	4618.1	3481.01	408.1	1588.98	1483.93	1137.09	27.2	559.99	549.9
上海	5698.5	2764.1	299	1194.06	1271.04	2934.4	149.1	1630.39	1154.91
江苏	14768.55	6558.91	586.3	2073.09	3899.52	8209.64	475	5149.69	2584.95

续表

地方政府债券		一般债券				专项债券			
省（区、市）	总计	小计	再融债券	新增债券	置换债券	小计	再融债券	新增债券	置换债券
浙江	12290.31	6181.67	615.47	2963.8	2613.4	6108.64	539.25	2798.3	2397.54
安徽	7845.18	3494.24	309.34	1113.07	2071.84	4350.94	6.5	2921.72	1422.72
福建	6988.27	3006.21	219.97	1413.76	1372.48	3982.06	—	1564.01	2418.05
江西	5317.51	3006.22	228.61	1415.95	1361.66	2311.29	91.25	1592.28	627.76
山东	13072.26	6507.1	931.73	1953.46	3621.91	6565.16	339.69	3810.29	2415.18
河南	7833.83	4398.19	549.58	1736.5	2112.11	3435.64	104.69	2428.07	902.88
湖北	7988	4083.63	662.98	1808.93	1611.72	3904.37	1.89	2486.9	1415.58
湖南	10116.41	6136.01	734.07	2862.06	2539.87	3980.4	567.87	1133.62	2278.91
广东	11755.32	5397.15	279.3	1781.99	3335.86	6358.17	—	3911.39	2446.77
广西	6190.73	3630.72	373.75	1905.18	1351.79	2560.01	26	936	1598.01
海南	2159.54	1292.22	90.55	542.82	658.85	867.32	15.86	531.77	319.68
重庆	5538.82	2459.42	208.75	848.18	1402.49	3079.4	170.96	1946	962.44
四川	10507.7	5819.29	849.11	1998.7	2971.47	4688.41	375.12	2175.09	2138.2
贵州	9602.53	5878.51	693.8	1078.61	4106.1	3724.02	312.96	660	2751.06
云南	7953.61	5215.67	471.23	2158.09	2586.35	2737.94	231.33	1400.9	1105.71
西藏	248.39	210.48	5.1	203	2.38	37.91	—	37.91	—
陕西	6399.33	3566.42	548.08	1602.92	1415.43	2832.91	141.71	808.49	1882.72
甘肃	3013.54	1786.11	125.59	1010.73	649.78	1227.43	2.03	781.67	443.73
青海	2053.83	1636.68	200.51	791.74	644.43	417.15	17.53	300.63	98.99
宁夏	1642.33	1169.71	151.61	562.55	455.56	472.62	39.08	278.97	154.57
新疆	4514.67	3183.81	265.31	1823.5	1095	1330.86	38.25	900.26	392.35

资料来源：大智慧数据库。

表 6－22　　2019 年地方政府债券、债务余额对比　　单位：亿元

省（区、市）	2019 地方政府债券余额	2019 年一般债券余额	2019 年专项债券余额	2019 地方政府债务余额	2019 年一般债务余额	2019 年专项债务余额
北京	4959.43	2113.85	2845.58	4964.06	2116.94	2847.12
天津	4946.21	1493.17	3453.04	4959.299	1504.04	3455.259

续表

省（区、市）	2019 地方政府债券余额	2019 年一般债券余额	2019 年专项债券余额	2019 地方政府债务余额	2019 年一般债务余额	2019 年专项债务余额
河北	8601.93	4878.21	3723.72	8753.88	5006.14	3747.73
山西	3466.32	2113.43	1352.89	3550	—	—
内蒙古	7173.93	5648.99	1524.94	7307.042	5775.28	1531.762
辽宁	8738.27	6297.66	2440.61	8884.4	6430.3	2454.1
吉林	4255.54	2816.32	1439.22	4344.83	2902.43	1442.4
黑龙江	4618.1	3481.01	1137.09	4748.603	3573.792	1174.811
上海	5698.5	2764.1	2934.4	5722.1	2787.7	2934.4
江苏	14768.55	6558.91	8209.64	14878.38	6620.52	8257.86
浙江	12290.31	6181.67	6108.64	12309.82	6200.88	6108.94
安徽	7845.18	3494.24	4350.94	7936.4	3635.9	4300.5
福建	6988.27	3006.21	3982.06	7032	3048.509	3983.455
江西	5317.51	3006.22	2311.29	5351	—	—
山东	13072.26	6507.1	6565.16	13127.5	6736.4	6391.1
河南	7833.83	4398.19	3435.64	7909	4470.3	3438.7
湖北	7988	4083.63	3904.37	8039.981	—	—
湖南	10116.41	6136.01	3980.4	10174.5	6197.73	3976.77
广东	11755.32	5397.15	6358.17	11956.64	5498.85	6457.79
广西	6190.73	3630.72	2560.01	6354.7	3767.163	2587.537
海南	2159.54	1292.22	867.32	2230.4	—	—
重庆	5538.82	2459.42	3079.4	5603.7	2524.3	3079.4
四川	10507.7	5819.29	4688.41	—	—	—
贵州	9602.53	5878.51	3724.02	9673.38	5945.73	3727.65
云南	7953.61	5215.67	2737.94	—	—	—
西藏	248.39	210.48	37.91	251.4	—	—
陕西	6399.33	3566.42	2832.91	6532.494	3680.13	2852.364
甘肃	3013.54	1786.11	1227.43	3109.8	1880.7	1229.1
青海	2053.83	1636.68	417.15	2102.13	1682.98	419.15
宁夏	1642.33	1169.71	472.62	1654.87	1182.25	472.62
新疆	4514.67	3183.81	1330.86	4627.83	3294.31	1333.52

资料来源：各省（区、市）2019 年预算执行情况和 2020 年预算草案、大智慧数据库。

表 6－23　　　2019 年各地城投债余额情况　　　单位：亿元、只

省（区、市）	2019 债券余额	2019 存债数	2019 存量平均票面利率（%）	2018 债券余额
北京	4614.02	307	4.48	4139.09
天津	4624.66	368	5.03	4311.59
河北	1055.32	144	5.51	861.47
山西	1124.24	114	5.69	942.15
内蒙古	451.88	68	5.76	499.28
辽宁	715.78	133	5.88	914.41
吉林	1184.9	113	5.86	1019.1
黑龙江	447.18	72	6.49	443.01
上海	1285.75	131	4.28	1171.97
江苏	16721.23	2440	5.43	14624.67
浙江	7093.41	909	5.28	5445.23
安徽	3388.13	422	5.51	2998.07
福建	2760.71	387	4.8	2475.82
江西	3338.87	369	5.28	2677.71
山东	4259.12	536	5.39	3321.35
河南	2828.57	346	5.35	2520.26
湖北	3935.65	465	5.36	3234.79
湖南	5238.95	664	5.82	4695.8
广东	3058.56	282	4.47	2736.82
广西	1896.62	267	5.56	1831.75
海南	82.39	7	5.49	
重庆	4156.06	515	5.7	3824.06
四川	4896.65	593	5.53	3868.28
贵州	2233.84	252	6.48	2124.87
云南	2515.99	252	5.56	2316.39
西藏	102	8	4.81	49
陕西	2052.88	227	5.26	1944.53
甘肃	808.98	89	5.35	774.92
青海	137.18	21	5.41	131.09
宁夏	136.3	25	4.84	125.5
新疆	1143.14	184	5.59	1072.93

资料来源：Wind 数据库。

下篇：思考篇

第7章 “国家治理财政论”：从公共物品到公共秩序*

吕冰洋

本章沿着“财政制度—增进公共秩序—国家能力支柱—实现国家治理目标”的逻辑，建立起“国家治理财政论”的基本框架，详细阐明了财政与国家治理的关系。理论要点有：一、“公共秩序”是人的基本需要和经济社会运行的保障；二、市场经济发展带来经济从社会中脱嵌、利益格局分化、创造性破坏三大进程，公共秩序不断面临冲击和重建过程；三、国家治理依赖于“国家能力”的支持，国家能力的两大支柱是市场增进能力和组织动员能力；四、为建设良好的公共秩序，国家治理目标是经济有效、社会有序、政治包容；五、财政支出、收入、预算和政府间财政关系中的一系列制度安排，从不同侧面有助于经济增长和稳定、社会保护和控制、权利开放和维护权威等目标的实现。

7.1 引言：两个核心问题

“财政是国家治理的基础和重要支柱”，这个论断在中国共产党第十八届三中全会提出后，已得到财政学界的广泛认同。这个论断超越了几十年来国内外流行财政学教科书对财政本质和职能的论断，可以说，是更接近于财政本质的论断。这个重要论断引起了国内财政学界广泛反响，财政学者纷纷撰文阐述它的合理性。很明显，该论断意味着从“市场失灵—公共物品—财政职能”这一条传统研究财政的逻辑是有很大缺陷的，它呼唤着财政基础理论重大的创新。

---

* 原文刊载于《财贸经济》2018年第6期。

为尽快发挥财政作为国家治理基础的功能，中国共产党在十八届三中全会和十九大报告中，反复强调“加快建立现代财政制度”，这意味着财政基础理论创新具有很强的时代紧迫感，时代需要创新财政基础理论以指导改革实践和改革难题。

但是总结既有研究成果，有两个基础的理论问题尚没有得到清晰的论证：第一，国家治理的目标是什么？第二，财政与国家治理是什么关系？这两个问题是互相联系的，只有阐明国家治理的目标，才能确定财政与国家治理的联系，进而阐明财政制度如何促进国家治理。

第一个问题，国家治理的目标是什么？这不是容易说清楚的问题。一些研究将民主作为治理目标，实际上民主只是国家治理的一个重要手段，世界上不少国家的综合实力没有随着民主而上升就是一个例证。更有研究者将“选举民主”代替所有民主内涵，这实际上误导了研究方向（杨光斌，2014）。实际上，在福山（2015）新著《政府秩序与政治衰败》一书，就用“官员负责制”代替“民主”作为国家能力的三大支柱之一，因为他认为民主只是让官员负责的手段之一，且该手段并不总是有效。还有的研究将“法治”作为国家治理的目标（莫纪宏，2014），但是国家治理不应仅有这一目标，有“法”无“治”的国家屡见不鲜。

第二个问题，财政与国家治理是什么关系？如果说，财政反映了政府资金运动过程，政府花钱的过程就是做事的过程，因此财政就是国家治理基础的话，那么，这一论断就应适用一切社会，如奴隶社会和封建社会。显然不能仅因为财政与政府花钱相关，就认为这就是理论依据。在人类历史上，随着经济、社会和政治形态的变化，世界曾出现多种国家治理模式，国家治理是一个随着时代诉求而变化的历史概念。特别地，“治理”作为一门学问，是伴随着全球化的到来及各国面临的挑战加剧，从20世纪九十年代才开始吸引大量学者注意的。从财政学发展历程看（刘晓路、郭庆旺，2016），它分别经历官房学时代（1717—1825年）、政治经济学时代（1825—1928年）与经济学时代（1928年至今），也就是说，财政学作为一门学问，是在人类社会临近进入自由市场经济阶段才出现的。因此，财政与国家治理之所以能发生紧密关系，主要是在于人类社会跨入市场经济阶段后，市场经济对原有的社会秩序和政治制度产生剧烈冲击，并对国家治理不断提出新的要求和带来新的挑战。“财政作为国家治理的基础”只有放在这个大的历史变迁背景下，才能阐明财政为什么要参与国家治理，以及如何参与国家治理等问题①。

本章试图回答这两个问题。总体思路是：财政是一系列制度的集合，财政制度运行的重要结果是“公共秩序”；市场经济的出现，引发对公共秩序的保护和重建要求；建设良好公共秩序需要强大的国家能力支撑，国家能力的两大支柱是市场增进能力和组织动员能力，国家治理的三大目标是经济有效、社会有序、政治包容；财政一系列制度天然匹配两大国家能力和三大治理目标。由此论证了“财政作为国家治理的基础和重要支柱”这一个论断的合理性，也由此建立了科学设计财税体制的方向。

7.2　财政职能：从公共物品供给到制度供给

7.2.1　从“市场失灵－公共物品”出发界定财政职能的局限性

在经典的财政学教科书中，财政的出发点是“市场失灵”这一核心概念。即由于垄断、外部性、信息不对称、信息不对称和不充分、收入分配不公、经济波动等问题存在，竞争性市场无法实现帕累托效率，为此需要政府干预市场。

从“市场失灵”概念出发，经典财政理论认为财政的主要作用提供公共物品。什么是公共物品呢？在罗森和盖亚（2015）经典《财政学》教科书中，将公共物品定义为具有非竞争性和非排他性的物品，所谓非竞争性，是指增加一个人的消费不会增加生产成本；所谓非排他性，是指无法排除其他人的消费。私人部门不愿意提供公共物品，为此需要政府通过征税和财政支出来提供。这实际上是将财政的作用工具化。

---

① 本章主题限定在如何建设良好的财政制度以推动国家治理，对于采取怎样的国家治理方式来保证良好的财政制度形成，作者认为它也是一个重要主题，但是限于主题不做讨论。这里只简单说明作者对这个问题的观点。对全体国民公共事务的治理，历来有“国家中心论”和“社会中心论”两派观点，前者强调应由政府主导国家治理，如 Bell 和 Hindmoor（2009）将治理定义为政府为了辅助管理而使用的工具、战略与关系；后者认为应由社会主导国家治理，如 Salamon（2002）认为，必须将利益集团、非政府组织、跨国机构等纳入到治理中来，国家在治理中的地位从中心走向边缘。实际上，政府（Government）与治理（Governance）语出一源，其区别在于政府指的是政府活动的主体，而治理指的则是政府活动的过程。国家治理自然应以政府为主体，但并不排斥尽可能吸引更多社会主体参与治理进程，“民主＋法治”是国家与社会协作推动国家治理的最好平台。

然而，如果严格按定义的标准来衡量公共物品，现实世界中几乎没有什么能称得上是纯粹公共物品。原因在于，在纯私人物品和纯公共物品之间，存在广阔的混合物品地带，它们都不必然由政府提供。一类混合物品是具有排他性和非竞争性的物品，也称之为俱乐部物品，布坎南（Buchanan，1968）对此进行深入研究，认为该类物品完全可以由私人部门提供；另一类混合物品是具有非排他性和竞争性的物品，也称之为公共池塘物品，奥斯特洛姆（2012）对此进行深入研究，发现在很多情况下，私人自我组织完全可以克服搭便车问题，进而提供此类物品。既然大多数混合物品可以由私人部门提供，并且纯公共物品又如此之少，那么以物品的公共性与否为政府与市场划界，在逻辑上是有问题的。

由于以非排他性和非竞争性界定公共物品的概念存在问题，布坎南（Buchanan，1968）对公共物品给出自己的定义："人们观察到有些物品和服务通过市场制度实现需求与供给，而另一些物品与服务则通过政治制度实现需求与供给，前者被称为私人物品，后者则称为公共物品"。该定义没有从物品特征角度来区分公共物品和私人物品，而从供给机制上区分。这样的物品未必呈现非排他性和非竞争性特征，只要是市场解决不了且只能通过政治制度解决的，都可视作是公共物品。但是，该定义仍是将财政的作用局限在公共物品提供上。

7.2.2 财政角色：被忽视的制度供给功能

财政要作为国家治理的基础，仅从提供公共物品的角度分析是不够的，还要考虑财政的制度供给功能。当代主流财政学研究偏重用经济学方法研究财政对资源配置效率的影响，它可称得上"配置范式财政学"，实际上，财政学研究还存在另一个分支——"交易范式财政学"（马珺，2015），在后者的研究范式中，国家是社会成员互动的平台，财政社会成员互动的纽带，财政与国家治理天然发生紧密联系。从"财政"一词看，它包括"财"与"政"两方面，即包括经济和政治的两面，财政制度是政治制度的一个重要组成部分，在很多政治领域，财政起着重要的制度供给功能。

什么是制度？诺思（2008）在《制度、制度变迁与经济绩效》中，将制度定义为"制度是一个社会的博弈规则"；什么是政治？海伍德（2013）在《政治学》这一经典教科书中，将政治定义为"政治是社会的博弈规则"。这两个定义完全相同！也就是说，社会通过博弈形成制度的过程，就是政治运行的过程。财政作为处理公共事务的非常重要的平台，无疑最能展现社会的博弈过程和博弈结果。因此，只有把财政作为全方位影响经济、社会和政治的重要制度，才能谈到财政能够深刻地影响国家治理。

我们可以从非常多的角度观察到财政的制度供给功能。譬如说，预算制度表面上是对政府未来一定时期内收支计划的预测和安排，但它体现着人们在多大程度上能够影响和监督政府决策，本质上能体现人们对政府权力的限制作用；政府税收结构和税制要素的设计，不但体现着政府参与国民收入分配的过程，也能反映政府对社会各阶层利益调整的程度，或是对社会干预的程度；政府间财政关系不但反映分级预算的安排，也体现着中央政府对地方政府的权力控制。即使是在很具体财政制度或政策设计中，也能看出它作为规则对社会的约束和规范作用，例如，征收房地产税强制要求人们披露财产信息，内含着政府对社会的控制能力；同时由于房地产税具有良好的受益税性质，它也约束地方政府行为，使其能为辖区居民提供更好的公共物品。

不过，“制度”虽然重要，但这一概念仍比较宽泛，我们据此很难进一步分析财政的角色。我们应该从制度的关键功能——增进“公共秩序”——出发，观察它与财政的联系。

7.3　公共秩序的内涵及演化逻辑

7.3.1　公共秩序的定义及重要性

什么是秩序？秩序是“符合可识别模式的重复事件或行为”（柯武刚和史漫飞，2004），是“引导个人一套正式和非正式的规则”（埃里克和鲁道夫，2015）。它与诺思（2008）给出“制度”的定义——“社会的博弈规则”——非常接近。制度与秩序的区别是什么？埃里克和鲁道夫（2015）有一段话比较好地阐述了他们之间的关系：“人类的相互交往，包括经济生活的相互交往，都依赖于某种信任。信任以一种秩序为基础。而要维护这种秩序，就要依靠各种禁止不可预见行为和机会主义行为的规则。我们称这些规则为‘制度’”。因此可以说，制度是秩序的保障，秩序是制度运行的结果。

秩序的重要性在于两点：一是人的基本需要，卢梭（1982）指出，社会秩序是“作为为其他一切权利提供了基础的一项神圣权利”，并认为它与自由同样具有最高的价值；二是它是经济和社会运行的基础，秩序意味着信赖和合作，当社会失去秩序时，信赖和合作就会被瓦解，交易成本将迅速上升，劳动分工将难以为继，经济效率会下降。诺思等（2013）在《暴力与社会秩序》一书中指出：“当秩序占据主导地位时，人们就可以预见未来，从而能更好地和他人合作，也能对自己冒险从事创新性试验感到自信。”秩序是在人与人互动产生的，它天然地具有公共性。

制度经济家认为，制度的关键功能是增进秩序。在制度经济学家柯武刚和史漫飞（2004）撰写的《制度经济学》一书中，开宗明义就说：“公共政策的中心功能应当是支持和增强社会秩序和经济秩序”，他们将所有的公共政策称为秩序政策。财政社会学的开拓者熊彼特（Schumpeter，1918）在《税收国家的危机中》中有一句很有名的话：“一旦税收成为事实，它就好像一柄把手，社会力量可以握住它，从而改变社会结构。”显然，这些判断均是将财政作为一个巨大的制度集合来看待的。

我们可以拓展马克思的“社会公共需要”内涵来支撑本章论点。马克思说：“社会总产品中的其他部分在进入个人消费之前，还得进行扣除：第一，和生产没有直接关系的一般管理费用。第二，用来满足共同需要的部分，如学校、保健设施等。同现代社会比起来，这一部分一开始就会明显地增加，并随着新社会的发展而日益增长。”基于马克思理论，何振一（1985）提出财政的本质是满足“社会共同需要”。我们可以把马克思所说的“社会共同需要”概念拓展，它既包括物质需要，也包括公共秩序需要，而这种公共秩序需要通过一系列财政制度来实现。

7.3.2 公共秩序特征的历史性

公共秩序存在于经济和社会生活中，随着经济和社会生活方式的改变，人们对秩序的需要也不同，也就是说，公共秩序特征具有历史性。

人们需要什么样的公共秩序？秩序的主要功能是促进人与人之间的信赖与

合作，在人类社会发展的不同历史发展阶段，人们对信赖与合作的理解不同。从经济发展视角看，人类社会可分为前市场经济时期和市场经济时期，在历史长河中，市场经济只是从工业革命以后才逐渐发展起来，它在人类历史上存在的时间是非常短的，但是它对经济与社会关系有着根本性的改变作用。对此，波兰尼（2007）在著名的《大转型：我们时代政治与经济起源》一书中，详细分析了工业革命前后经济与社会关系不同，本章借助他提出的经济社会关系框架，说明公共秩序的历史性内涵。

波兰尼（2007）用"脱嵌"一词概括市场经济发展后经济与社会关系。他认为，在工业革命前，人类的经济是"嵌入"（submerged）在社会关系之中的，人们的行为动机并不在于占有物质财物的个人利益，而在于维护他的社会地位和社会权利，维持生产和分配中的秩序依赖互惠和再分配原则，而不是市场经济出现后以自利为原则。在工业革命后，市场经济需要人、资本、土地遵循价格规律，变为可流动的生产要素。如果经济仍旧嵌入在社会中，那么要素就不会流动，市场经济也就发展不起来。为此，发展市场经济之前，需要经历一个经济从社会中"脱嵌"的过程，这样，"物品生产和分配的秩序都被委托给了自发调节的市场机制"。从我国的市场经济发展历程中，也很明显地可看到经济从社会中的"脱嵌"过程：国有企业职工下岗、农民进城打工、住宅的货币化、工业化侵吞农村土地……这一系列进程深刻地改变了经济与社会之间的关系。

由于经济与社会关系这种转变，整个社会所需要建立的公共秩序也不同。在经济嵌入社会的前市场经济时期，重视的是生活伦理，国家要通过王权、神权、礼治等保持社会稳定，人们之间的信任与合作往往基于社会身份进行；在市场经济时期，重视的是商业伦理，政府要通过促进要素流动、保障产权等提高经济活力，人们之间的信任与合作往往基于价值判断进行。在前市场经济时期，要强调的公共秩序是等级身份与服从；在市场经济时期，公共秩序的主要特征是强调要素自由流动与创新。对此，诺思（2013）用"权利限制秩序"和"权利开放秩序"概括两个时期的秩序特征：在前者秩序中，人际关系是重要的；在后者秩序中，拥有公民身份的个人在广阔的社会行为领域里互动，人际关系的重要性降低。

由于公共秩序特征的历史性，因此我们不能说哪个时期的秩序更为良好，只能说，经济和社会的变化，会对公共秩序造成什么样的冲击？根据不同历史时期的经济和社会特点，应建立什么样的公共秩序？

7.3.3 秩序演化的两种途径

秩序尽管重要，但它是怎么形成的？制度经济学认为，秩序演化遵循两个路径：一是自发秩序，二是人为秩序。

自发秩序观点认为秩序像市场经济一样，由“无形之手”指引来协调并实现最优。Hayek（1967）认为：“人类智识远不足以领会复杂人类社会的所有细节，我们没有充分的理由来细致入微地安排这样一种迫使我们满足于抽象规则的秩序。”自发秩序基于这样一种信念，即社会没有一个属于自己的本体，社会组织无法协调复杂的演化系统，也没有人能够预见演化路径。在市场交易中形成的自发性行动秩序，将使得市场主体能够搜寻和获取有益的知识，并逐渐形成一种行动规则，它可以起到稳定人们预期、矫正错误、保持经济社会系统稳定的作用。

人为秩序（也称计划秩序）观点认为，秩序由“有形之手”指引，直接凭借外部权威，靠指示和指令来计划和建立秩序。在家庭和企业内部，基本是靠有组织和有计划的秩序。即使是市场机制的出现和发展，波兰尼（2007）在详细分析市场经济发展历史进程后，发现通往自由市场之路的打开和保持畅通，有赖于中央政府对经济社会持续的、强大的干预，由于他提出一个惊人的判断：市场发展也是人为设计的结果。按他的话说：“自由放任是有计划的，而计划却不是。”

对秩序的演化路径的不同观点，产生我们对政府通过设计制度干预公共秩序的不同理解。如果认为自发秩序有较大优越性，那么财政制度需要被动地适应经济社会的发展，例如，当收入分配不平等加剧时，需要改革个人所得税制度来调节分配；如果认为人为秩序有较大优越性，那么财政制度需要主动引导经济社会的发展，例如，累进个人所得税的设计一开始就有意促进社会公平，同时还要发挥它对社会控制的重要作用。

不论是认同自发秩序的优越性还是人为秩序的优越性，毋庸置疑的是，财政制度均会对公共秩序产生重要影响。不同的是，如果是认为人为秩序有较大的优越性，那么，在设计财政制度时，会更强调它对公共秩序的活动引导作用，财政活动范围会更广、财政活动内容会更深入。

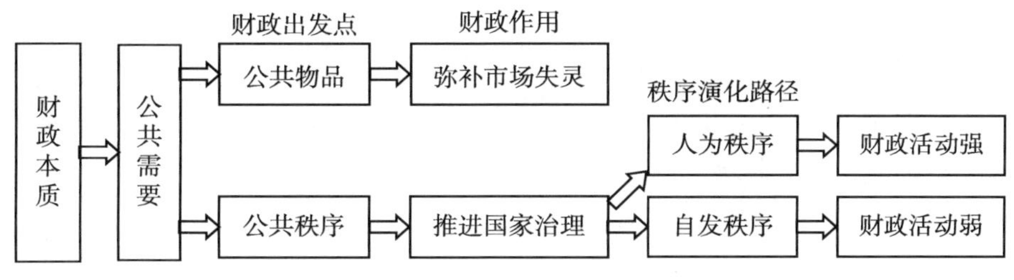

图 7－1 公共秩序与财政的关系

7.4 市场经济发展对公共秩序的冲击

公共秩序是怎么遭到破坏的？当识别出秩序遭到破坏的根源时，才可以有针对性地设计财政制度，使其发挥建设良好公共秩序的作用。

冲击公共秩序的有外部因素和内部因素，外部因素来自外部力量冲击，如战争、灾难等，由于外部冲击具有不可预知性，我们关注的是内部因素的冲击。以自由竞争为特征的市场经济发展，一方面极大地释放生产力，另一方面也对原有社会秩序和政治制度造成严重冲击。现代人在获得自由和解放的同时，也要付出沉重代价，这个代价突出表现为社会失序。自由市场经济发展会破坏社会秩序的原因主要基于以下两个方面。

7.4.1 人与自然商品化破坏原有的社会秩序结构

自工业革命后，人类社会开始进入市场经济时代，它既极大地促进了经济增长，也通过商品和要素流动极大地促进了人的自由。随着以苏联为代表的计划经济实验失败，强调自由市场经济的新自由主义思想也逐渐成为很多人的共识。然而，早在 1944 年，波兰尼（2007）在其名著《大转型：我们时代政治与经济的起源》中就指出，市场既是一种自由的力量，也是一种野蛮的力量。如果不对这种力量加以有控制，那么“一般而言，经济进步总是以社会混乱为代价的”。在此书中，波兰尼深刻地剖析了市场发展与社会失序的关系，所提出的一系列富有创造力的概念和思想至今仍是学界研究的重要主题。

为什么市场经济发展会伤害到社会？波兰尼（2007）指出，市场经济发展分为两步，先是商品自由流动，然后是生产要素自由流动。商品自由流动可以增加人们选择的自由，并促使生产扩大，但是生产要素自由流动将产生一系列负面结果：要增加劳动力的流动性就需要增加工资的弹性、增加就业的波动，“这样才能让饥饿这条鞭子迫使人们转向劳动力市场”；要增加土地的流动性就需要将人们驱离世代居住的家园，到城市里寻找工作；要增加资本的流动性，就要通过货币供给的涨落来改变收益预期，这样不可避免对一些组织造成严重破坏。从中国近30年狂飙突进的经济发展中，我们不难看到原有的社会秩序所受到的巨大冲击，例如大量国有企业职工下岗、农民被迫进入城市打工、土地不断遭到城市扩张的侵吞，等等。

7.4.2 多元利益主体博弈导致社会控制碎片化

市场经济本质上是一种自由的力量，在这种自由力量冲击下，国家对社会的政治与经济控制势必要逐步放松，社会领域会出现多元化的利益诉求，由此会涌现大量的社会组织。面对如此众多的社会组织，原有的国家支配社会的模式会逐渐瓦解。在政府权威退出的地方，不能简单地认为由社会自我组织会自动建立良好社会秩序，相反，它会使得社会控制碎片化。

以中国为例，在中国自鸦片战争后面临的“千年未有之变局”中，社会组织一直处于不断的解体和重构过程中。封建社会的治理采用“皇权—士绅”双层治理形式，县以上采用皇权下郡县制治理模式，县以下采用士绅治理，即“皇权不下县”（吴晗、费孝通，1988）。随着商品经济的冲击，传统的士绅社会在农村逐渐解体，农村社会面临失序的危险。中华人民共和国建立后，我国一度通过“党支部—村委会”双重领导形式对农村社会实行强有力的控制，改革开放后，随着市场经济发展，农民和土地流动性增强，这种双重领导形式在农村也逐渐失去原有的权威。

然而，人毕竟是群居动物，必须依托一定的社会组织才能开展他的社会活动。在国家失去一部分对社会的控制时，社会会自发组织起来，从而形成各种各样的组织形态。以我国为例，随着改革开放的深入，社会形态无可否认地发生了巨大变化，图7－2显示，2000年后，我国社会组织单位数和民办非企业单位数呈爆发式增长，这还未算上互联网时代以“微信群”“QQ群”等为代表的大量的崭新准组织形式。

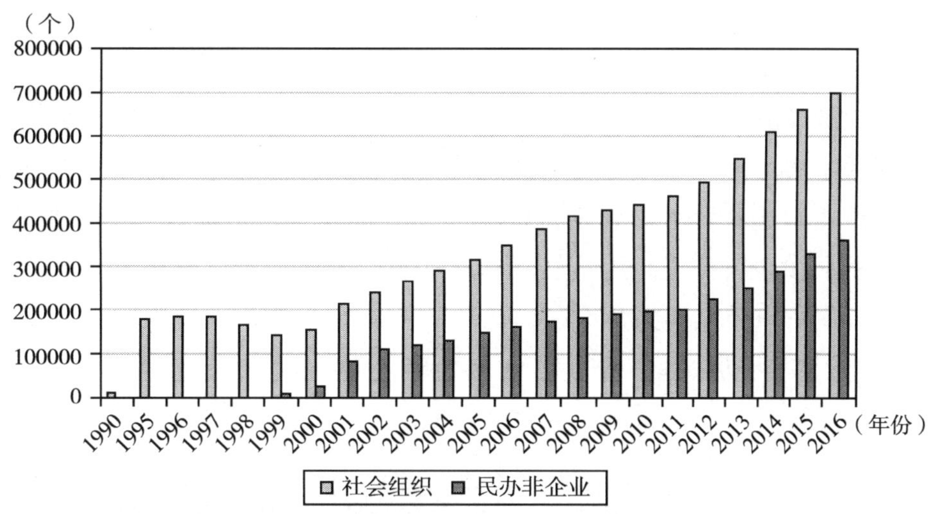

图 7－2　社会组织单位数和民办非企业单位数

社会组织发展具有双重属性，一方面它可为参与者提供保障，部分承载政府的职能，可以减轻政府的负担；另一方面，它又是强有力的集体行动载体，对政府权威可能造成挑战。在政治学者米格代尔（2012）《强国家、弱社会》一书中，通过对非洲社会发展事例分析表明，大部分非洲国家的权力建制没有彻底渗透到村社管理层面，形成碎片化的社会控制局面，而这种社会控制主要掌握在各部落手里。如果出现这种局面，那么社会极易出现涣散且无序状态。在中国民国时期上海、天津等市场经济相对活跃地区，在政府权力频繁更迭的背景下，青帮、洪帮等黑社会势力迅速膨胀，这正说明如果政府不能有效控制社会，社会自然会涌现出有力量的组织来替代政府控制社会。

7.4.3　“创造性破坏”冲击现有秩序

经济增长和技术变革通常伴随着经济学家熊彼特所说的“创造性破坏”。当一个经济体经济发展水平还比较低的时候，推动经济增长的主要动力可来自资本积累、劳动投入和技术模仿，这时经济增长的收益往往可以为大多数人分享，也就是说，增长导致共赢的结果。可是，当经济发展到较高水平时，要素投入的边际收益会递减到较低水平，此时持续的经济增长要求创新，而创新必然伴随创造性破坏进程。它在经济领域内体现就是新技术替代旧技术、新产业替代旧产业，它必然同时产生受益者和受损者，它传导到社会领域就是破坏已有的社会结构，在政治领域内就是破坏已经建立起来的权力关系。这是一个打破稳定与重建秩序的过程。

随着我国经济越来越迈向技术前沿，这种“创造性破坏”的影响也会越来越大，而为了实现创新发展战略，我们只有积极面对这种影响，激发地方政府和微观经济主体的积极性。包括：根除为了少数人获益而征用其他人的资源、建立准入壁垒和抑制市场作用的经济制度；赋予大众和地方政府更多的资源配置权力；接受创新带来的失败风险。因此，“创造性破坏”进程本身需要权利（包括政治权利和经济权利）进一步向地方政府和大众开放。

图 7－3，呈现了市场经济发展对公共秩序的冲击机制。

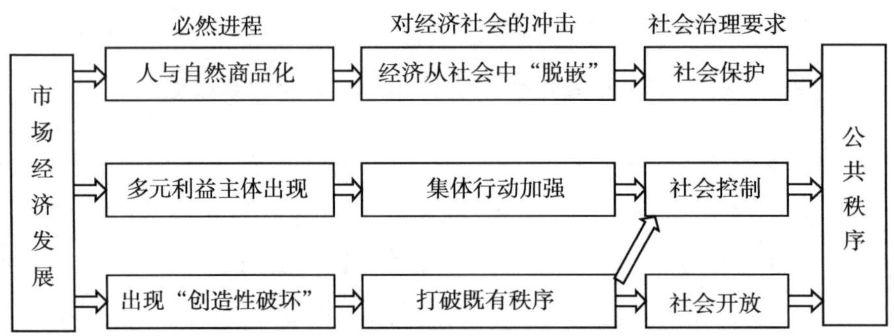

图 7－3　市场经济发展对公共秩序的冲击

7.5　国家能力两大支柱与财政角色

7.5.1　什么是国家能力？

国家治理依赖于“国家能力”的支持，因此在政治学和经济学的文献，常见到关于国家能力的阐述。国家能力的概念原型最早出现在社会学家和政治学家的著作，随着在 20 世纪下半叶制度经济学的蓬勃发展，国家在经济中的作用得到了广泛的重视，国家能力也理所当然地被纳入了经济学的研究范围之内。

不同的研究者对国家能力的含义阐述不同。如亨廷顿（1965）把“容纳变迁的能力”作为国家能力，Acemoglu（2016）把政府的基础设施提供能力作为国家能力，Besley 和 Persson（2009）将政府提供法律能力和征税能力代表国家能力，并称这两者是“繁荣的支柱”。而王绍光（2014）列举了八项“基础性国家能力”：强制能力、汲取能力、濡化能力、国家认证能力、规管能力、统领能力、再分配能力、吸纳和整合能力。从目前文献进展看，关于国家能力的分歧较大。

本章综合一些重要文献研究认为，国家能力有两大支柱：市场增进能力和组织动员能力。下面分别阐述。

7.5.2 国家能力支柱之一：市场增进能力

市场经济是配置资源最有效的方式，如果政府能够增进市场的功能，那么一个经济体必定是充满活力的，因此，国家能力的支柱之一是市场增进能力。

对此，制度经济学奥尔森（2014）创造出一个“市场增进式政府”概念。他认为，经济成功有两个条件，一是要求可靠而清晰界定的权利，二是不存在任何形式的巧取豪夺。政府如果能够满足这两个条件，那么这种政府就是“市场增进式政府”（market - augmenting government）。如他所言：“一个政府如果有足够的权力去创造和保护个人的财产权利，并且能够强制执行各种契约，与此同时，它还受到约束而无法剥夺侵犯私人权利，那么这个政府便是一个‘市场增进式政府’”。

为提高市场增进能力，政府应做到三点：

一是公共物品提供。在一些领域，市场存在失灵已是经济学界的共识，对此，政府应提供公共物品弥补市场失灵。这是经典财政学所强调的，在此不再赘述。

二是法律保护。市场经济是自由的经济，包括商品流动的自由和生产要素流动的自由，在自由经济中，政府要保证交易活动能够正常进行，市场活动不会被偷窃、抢劫、违约等中断，需要政府对正常的市场活动予以法律保护。在制度经济学那里，国家相当于在市场交易活动背后的“第三方”，因为没有国家的法律保护，交易双方无法产生稳定的预期，交易活动就会中止。并且，随着市场交易范围的扩大和纵向一体化程度加深，国家的法律保护能力要随之加强（巴泽尔，2006）。

三是权利开放。市场经济是一个弥散着复杂信息、广泛分工的经济，在这样的经济中，必须激发各个经济主体的活力才能增进市场功能，也就是说，要进行权利开放。权利开放要做到两方面：一是中央政府向地方政府权利开放，激发地方政府积极参与地方事务治理的积极性；二是政府向社会权利开放，允许企业、个人和社会组织参与更多的经济和社会事务。

7.5.3　国家能力支柱之二：组织动员能力

尽管奥尔森（2014）认为政府应是“市场增进式政府”，但他没有论证，政府怎样才能增进市场的功能。实际上，从人类发展历程看，市场力量越是被充分动员起来，就越是需要政府有足够的权威维持社会的稳定与市场的运转。根据前文分析，公共秩序遭到破坏实际上就是内生于市场经济发展的三大进程：人与自然商品化、多元利益集团的兴起、创造性破坏进程的加快。因此，市场经济越是发展，越是需要政府有足够的组织动员能力以维护公共秩序。周庆智（2014）用了大量的历史材料证明，中国现代国家建构是一个不断加强权力对经济社会生活的全面渗透过程，地方政权建设着重于两大能力建设，一是大规模汲取财税能力，二是对社会的全面主导和控制权力。这实际上是强化国家组织动员能力的一种体现。

要提高政府的组织动员能力，政府应做到三点：

一是社会控制。罗斯（1989）较早地分析社会控制与社会秩序的关系，认为在现代社会，为避免“人与人的战争”状态，需要进行一定的社会控制。在社会控制中，国家层面的社会控制不可缺少，“只有在社会控制高度集中时，一个强而有力的国家才能出现”（米格代尔，2012）。实现社会控制的意义有三：避免市场经济原则侵入到社会，形成资本支配下的“市场社会”；避免社会组织发展成为一种挑战政府权威的力量；能够及时应对国家层面的危机。

二是宏观调控。市场经济运行不可避免出现经济波动，这种可能的经济波动来源有：供需失衡、外部冲击、创造性破坏、产业结构的转换等。为避免经济波动对经济和社会造成剧烈冲击，政府需要进行宏观调控。在宏观调控中，既需要动员力量，也需要控制力量，两者是辩证统一的，没有控制就谈不上动员，在动员力量后更需有效地控制力量，它包括经济力量和政治力量。

三是政治集权。要提升国家的组织和控制能力，势必要求实行一定的政治集权，这实际上是近些年来一些著名学者所强调的主题。如阿西莫格鲁和罗宾逊（2015）指出，"包容性政治制度"体现在足够集权和多元化两点上，韩国和美国成功的关键不仅在于具有多元化的政治制度，而且还在于它们是足够集权和强有力的国家。福山（2015）指出，构成政治秩序的三个重要因素之一，是国家是中央集权且等级分明的组织。

实际上，从中国丰富的历史经验看，这两大能力体现着国家能力几乎是不言自明的道理。财政作为连接政府与政府之间、政府与经济社会之间的重要纽带，无疑与这两大能力建设密切相关。表 7－1 列举了一些财政制度，呈现出它们与国家能力的关系。在第 7.7 中将详细分析。

表 7－1　　　　国家能力的支柱与财政关系

	两大支柱	手段	财政制度举例
国家能力	市场增进能力	公共物品提供	财政支出、转移支付
		法律保护	税收法定
		权利开放	PPP 合作、财政分权、预算公开等
	组织动员能力	社会控制	直接税设计、预算制度
		经济宏观调控	财政政策、租税分设
		政治集权	税权集中、事权集中、税收制度

7.6 "三位一体"国家治理体系：增进公共秩序

7.6.1 公共秩序的两个增进效果：活力与秩序

国家治理是经济、社会、政治、文化和生态这"五位一体"的治理体系，其中，经济、社会和政治是核心。根据前面分析，市场经济越是发展，越是需要公共秩序做出相应调整。那么，怎么才能算是增进公共秩序呢？这主要体现在两个方面。

一是体现在秩序的活力上。市场经济天然是自由的经济，没有个人行动自由，就无法保证商品和要素市场的自由流动，也就无法保证市场在资源配置中发挥决定作用。也正因为如此，弗里德曼（1986）指出，“市场保证了个人自由本身”。增进公共秩序的体现之一，就是激发个人、社会组织、地方政府的活力，使其能在广泛的交易范围、在广阔的社会空间里活动。

二是体现在秩序的稳定上。市场交易范围的扩大、市场分工的深入、社会组织的活跃、政府间竞争的激烈，会使得各市场参与主体信息不对称性提高，而不对称信息容易激发机会主义行为，为此，建立一个保证承诺有约束性、并能强制执行的规则是非常有必要的。这需要政府对经济社会进行一系列控制，包括：控制市场自由竞争带来的无序行为，控制市场领域对社会领域的侵入，控制地方政府间的无序竞争行为。

那么，如何增进公共秩序呢？本章认为，在经济、社会和政治的治理方面，应实现三个目标：经济有效率、社会有秩序、政治能包容。为实现这一点，经济治理上要同时兼顾经济增长和经济调控，社会治理上要同时兼顾社会保护和社会控制，政治治理上要同时兼顾权利开放和权威维护。下面分别进行阐述。

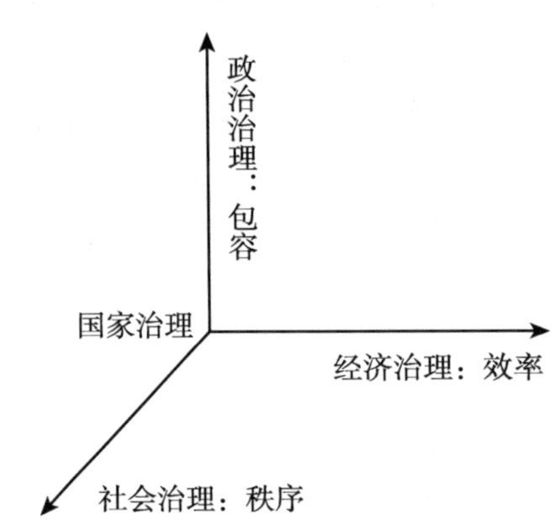

图 7－4　“三位一体”国家治理体系的核心目标

7.6.2　经济治理的目标：有效

为实现经济效率，经济治理要兼顾促进经济增长和宏观经济调控。

第一，促进经济增长。市场经济的发展使得生产力得到极大的解放，古典经济学强调自由竞争的市场经济由“看不见的手”的指引，自动会使得资源配置达到最优状态。但是在 Barro（1990）等提出的内生增长理论中，强调政府生产性支出增加会促进经济增长，因此经济中实际上有一个最优的财政支出或税收规模。而在巴泽尔（2006）提出的“国家理论”中，如果没有政府作为“第三方实施”的力量存在，市场契约将得不到有效执行，实际上经济增长也不可持续。因此，经济增长并不是政府无为而治的结果，政府为促进经济增长，一是实行有效的财政支出和税收政策，二是作为“第三方实施”的力量，保护市场契约的执行。

第二，进行宏观经济调控。经济增长又常伴随着剧烈的经济波动，这种波动来自需求、汇率、技术等的冲击，为平滑经济波动，政府需要运用财政政策和货币政策来干预经济。因此可以说，政府进行经济治理的目标是兼顾经济增长和经济稳定。

7.6.3 社会治理的目标：有序

由于市场经济的发展会对社会秩序造成严重冲击，因此政府在促进市场经济发展的同时，决不能旁观市场进入社会领域，让市场机制成为社会的主宰，需要采用一系列手段通过社会保护和社会控制来干预社会。

第一，政府要进行社会保护。波兰尼（2007）认为，如果放任市场机制干预社会，那么它就会导致社会的毁灭。在自发调节的市场体系所固有的威胁面前，社会要奋起保护自己，这就是这个时代历史的综合性特征，他称之为市场发展与社会保护的双向运动。而能够对社会施加保护的最强大力量，无疑来自政府。

第二，政府要进行社会控制。社会控制是一个典型的社会学概念，它与社会秩序密切相关。完全自发的社会秩序仅存在于原始社会，进入文明社会后的人类社会，为避免“人与人的战争”状态，不可避免地需要进行社会控制。“芝加哥社会学学派”代表人物帕克（Park，1967）甚至在其具有广泛影响《社会学导论》中提出：“一切社会问题最终都是社会控制问题”。

社会控制有多个途径，其中国家层面的社会控制无疑居于非常重要的地位。正如米格代尔（2013）所言，“国家的社会控制不只意味着国家机构对社会的渗透，也不仅仅是成功地汲取资源。它还包括为特定目标恰当地分配资源、规制人们的日常行为的能力。”“只有在社会控制高度集中时，一个强而有力的国家才能出现。”在市场经济冲击下，为防止社会自我组织成为政府权威的一种消解力量，政府除了要保护社会外，还要采用合理方式控制社会，以促使社会遵从一定的社会秩序。

米格代尔（2013）认为，社会控制有三个等级：初等的社会控制是服从，即政府强制性要求公众服从某种规则；中等的社会控制是参与，政府吸引公众参与特定任务；高等的社会控制是合法性，合法性是指，让公众认同国家的游戏规则和社会控制是正确的，认同国家理念下的秩序符合民众自己的价值体系，合法性作为决定国家强度最强有力的因素，比服从和参与的范围更广泛。

不论是社会保护和社会控制，两者的目的都是要稳定社会秩序，这是任何一个政府都要面对的现实。

7.6.4 政治治理的目标：包容

在阿西莫格鲁和罗宾逊（2015）的《国家为什么会失败》书中，提出“包容性政治制度”这一核心概念，“我们把足够集权和多元化的政治制度称作包容性政治制度（Inclusive Political Institution）。只要其中一个条件不满足，我们就把这种制度称作汲取性政治制度。”并认为只有包容性政治制度才能促进长期经济增长。根据他们的定义，以及前文的分析，建立包容性政治的核心有以下两点：

第一，权利开放。权利开放如前文所论证的，一是政府向社会开放权利，以激发市场和社会的活力；二是中央政府向地方政府开放权利，以激发地方政府对地方事务治理的积极性。

第二，权威维护。权利越向社会和地方政府开放，越需要维护甚至强化整个政府或中央政府权威。正像用一根绳子拴着球旋转，旋转越快，离心力越强，如果向心力不随之增大，那么球就会脱离控制。正如阿西莫格鲁和罗宾逊（2015）所言，“实现一定政治集权以建立法律和秩序的制度是市场经济的基础”。

图7－5呈现了“三位一体”国家治理体系的构成，同时在右侧框图中，也呈现了推动国家治理的重要手段，以及财政作用的相对位置。法律、经济体制、金融制度、行政制度等都会影响国家治理，财政制度是国家一系列制度的一个组成部分，它与其他各项制度一起对国家治理产生重要影响。经济导向的财政制度与国家治理导向的财政制度是有很大差异的，在图7－5和表7－1中，可以看到，对推动国家能力和国家治理水平的提高而言，财政制度会发挥着重要支柱作用。

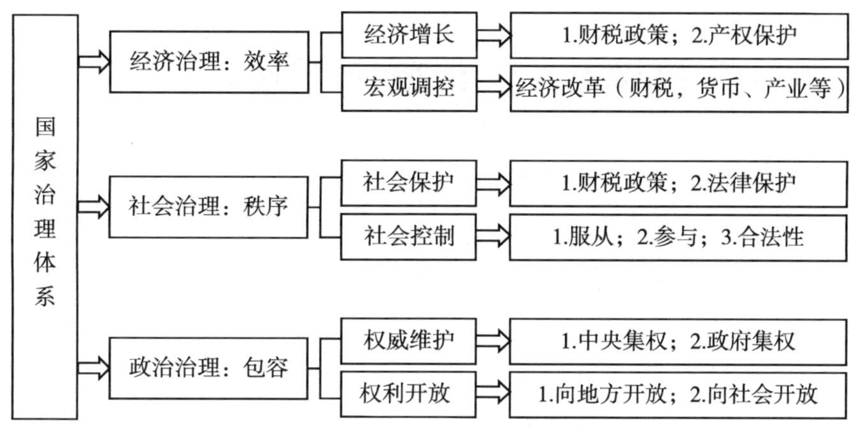

图 7－5　“三位一体”国家治理体系的构成

7.7　“国家治理财政”的框架

面对市场经济发展所产生对经济、社会和政治的严重冲击，财税体制要积极参与这三方面治理。财税体制参与经济治理已是不言自明的道理，这里我们简单阐述参与社会和政治治理问题，它们之间的联系见图 7－6。

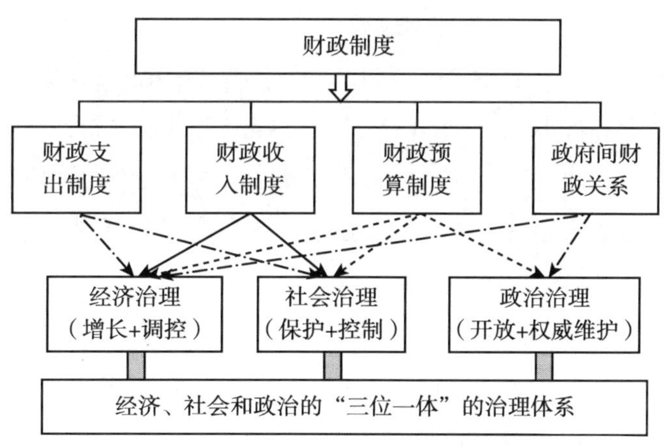

图 7－6　财政制度与国家治理的关系

7.7.1 财政预算制度与政治治理和社会治理的关系

财政预算制度对政治治理的影响体现在权利开放上。预算审查和监督权力最终归人民代表大会所有，在此过程中，人民代表可限制政府过度的征税权和约束政府的支出权，以充分保障纳税人的权利，从而使政府看不见的手变为"看得见的手"，这本身就是权利开放的过程。

财政预算制度对社会治理的影响主要体制在社会控制上。按米格代尔（2013）将社会控制程度分为服从、参与和合法性三个等级进行判断，预算的影响是在参与和合法性这两个较高等级上。预算公开透明、人大预算监督和公众参与预算能够限制公权力的滥用，本身就是民主政治的一个重要体现。公权力行使的规范性、透明度和绩效提高，又提高人民对政权的认同度提高，增强社会共识。

7.7.2 财政支出制度对社会治理的影响

财政支出制度可以有效地保护社会秩序。保护手段有二：一是财政直接支出，市场经济越发展，人与自然的商品化程度越高，它对原有社会秩序的冲击也越猛烈，此时财政可以通过加大社会保障支出来避免社会受到严重冲击。随着经济发展，公共服务的需求会随之迅速增长；二是政府购买公共服务，政府购买公共服务可以使社会化生产私有化，而获取这些物品和服务的权利继续存留于公共领域之中。由此政府与社会组织可建立起良好的合作伙伴关系，既有助于政府机构精简，也有利于社会组织发展，还有利于满足社会公众多元化需求达到激发社会活力的效果。同时广泛的公私合作又避免社会组织成为政府权威的消解力量。

财政支出制度对社会控制主要表现在对非政府组织的影响上。随着经济发展，社会将涌现大量的非政府组织，这些组织在提供公共物品的同时，也可能让政府对社会控制力度下降，此时政府可以通过财政支出参与非政府组织建设。实际上，这也是世界上许多国家的做法，据 Salamon（2010）对 39 个以发达国家为主的各国非营利组织的收入来源统计，政府资助平均占 36%，收费平均占 50%，慈善捐赠平均仅占 15%，不难想象，当社会组织资金很大一部分来自政府资助时，它只会成为政府的合作者，而不是政府权威的消解力量，这也是美国等发达国家公益组织大量资金来自政府资助的一个重要原因。

7.7.3 政府收入制度对社会治理的影响

政府收入制度既影响社会保护，也影响社会控制。通过减免社会组织税收、鼓励向社会组织的捐赠扣除等方式，促进各类慈善组织、公共服务组织、私立学校、宗教组织等良性社会组织的发展，使社会自我组织能够起到发挥稳定社会秩序作用。

就对社会控制的影响而言，财政收入体制中个人所得税、房地产税的征收，可以使得税收深入到家庭这个社会细胞内部，了解家庭收入和财产信息，以及相联系的行为信息。

7.7.4 政府间财政关系对政治治理的影响

政府间财政关系包括政府间事权分配、财权分配和转移支付安排，它们均是影响政府行为的重要制度，因此政府间财政关系会对政治治理产生重要影响。一是它关系到权利开放问题。事权意味着政府职能，事权分配就意味着地方政府的职能范围，财权和转移支付至少意味着政府规模。二是关系到中央政府权威维护问题，从中国历史上看，政府间财政关系是中央政府控制地方政府的重要制度。

中国改革开放以来的实践，也充分说明政府间财政关系对政治治理的影响。在 1980—1993 年财政实行“分灶吃饭”制度期间，中央政府总体上对地方政府实行分权让利的制度和政策，结果是中央财政收支占全国财政收支的比重直线下降，到 1993 年仅为 20% 左右，中央政府宏观调控能力受到极大影响，中央政府权威有受到地方政府挑战的风险。分税制改革后，中央政府财政状况大大好转，事权下放和税权集中一起，总体上既调动地方政府的积极性，同时也保持中央政府的高度控制力。

在图 7 – 7 中，本章列举了几方面重要财政制度与国家治理的联系。财政制度有着丰富的内容，这里不可能一一展开分析，因此只是提出大致的框架设计。

至此，本章沿着“财政制度—增进公共秩序—国家能力支柱—实现国家治理目标”的逻辑，完成了“国家治理财政”的框架设计。

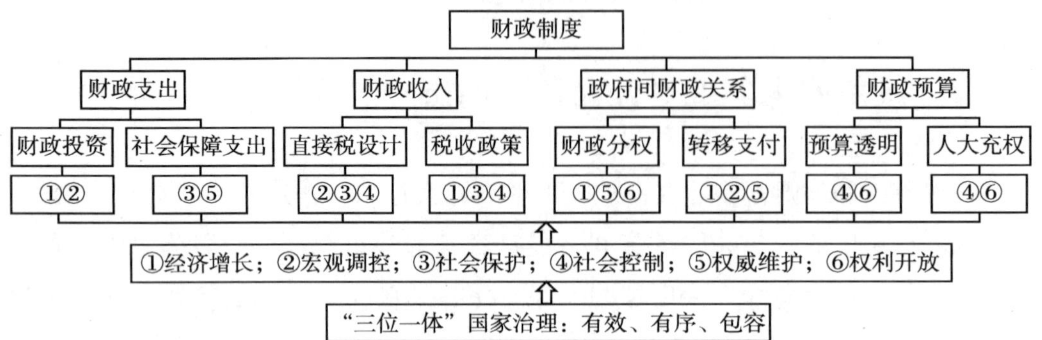

图 7－7　重点财政制度与国家治理的关系

7.8　结论

本章以“公共秩序”为核心，详细阐明财政与国家治理的关系，建立起“国家治理财政论”的基本框架，这有别于传统财政学认为财政活动从市场失灵出发，以提供公共物品为核心的理论框架。总结本章的研究，主要有如下几点理论要点：

第一，“公共秩序”是人的基本需要和经济社会运行的保障。秩序是引导人们行为的一套规则，是制度运行的结果，它既是人的基本需要，也会对经济、社会和政治治理产生重要影响；

第二，市场经济发展自身会冲击公共秩序。人类经济进入市场经济阶段后，由于人和自然的商品化导致的经济从社会中脱嵌、多元化利益格局形成导致的集体行动的加强、创造性破坏导致的既定秩序不断被打破，公共秩序不断面临冲击和重建过程。

第三，国家治理依赖于“国家能力”的支持，国家能力的两大支柱是市场增进能力和组织动员能力。提升市场增进能力主要手段是提供公共物品、法律保护和权利开放，提升组织动员能力主要手段是社会控制、经济宏观调控和政治集权。财政制度与国家能力的提升有着密切关系。

第四，为建设良好的公共秩序，国家治理目标是：经济有效、社会有序、政治包容。为实现该目标，经济治理需要兼顾经济增长和经济稳定，社会治理需要兼顾社会保护和社会控制，政治治理需要兼顾权利开放和维护权威。

第五，财政制度能够有效地实现国家治理目标。财政支出、收入、预算和政府间财政关系中的一系列制度安排，从不同侧面有助于经济增长和稳定、社会保护和控制、权利开放和维护权威的目标的实现。

本章论证了“财政作为国家治理的基础和重要支柱”这一个论断的合理性，所建立的“国家治理财政”具有一系列的政策导向意义，可以为现行财税体制改革面临的难点或困境提供解决思路。这里我们仅举一例，在中国，如何处理政府间财政关系是个重大问题，一直存在该集权还是该分权、政府间事权与财力如何划分等争论，根据本章的研究，在政府间财政关系处理上，要兼顾提升市场增进能力和组织动员能力两点，可以考虑实行“寓分权于集权”的改革思路，在接近市场的县级政府强调它的市场增进能力，在县级以上政府强调它的组织动员能力，由此展开一系列财政制度改革。限于篇幅，我们不展开详细论证。

参考文献：

[1] 阿西莫格鲁，罗宾逊. 国家为什么会失败？[M]. 李增刚译. 长沙：湖南科学技术出版社，2015.

[2] 安德鲁·海伍德 [英]. 政治学 [M]. 张立鹏译. 北京：中国人民大学出版社，2013.

[3] 埃里克·弗鲁博顿，鲁道夫·芮切特. 新制度经济学：一个交易费用分析范式 [M]. 姜建强、罗长远译. 上海：上海三联书店，上海人民出版社，2014.

[4] 弗朗西斯·福山. 政治秩序与政治衰败：从工业革命到民主全球化 [M]. 理想国译丛，[美]. 毛俊杰译，桂林：广西师范大学出版社，2015.

[5] 哈维·S. 罗森，特德·盖亚著. 财政学（第十版）[M]. 郭庆旺译. 北京：中国人民大学出版社，2015.

[6] 何振一. 理论财政学 [M]. 北京：中国财政经济出版社，1985.

[7] 卡尔. 波兰尼. 大转型：我们时代的政治与经济起源 [M]. 冯钢，刘阳译. 杭州：浙江人民出版社，2007.

［8］柯武刚，史漫飞．制度经济学：社会秩序与公共政策［M］．韩朝华译．北京：商务印书馆，2004.

［9］刘晓路，郭庆旺．财政学 300 年：基于国家治理视角的分析［J］．财贸经济，2016（3）.

［10］卢梭．社会契约论［M］．李平沤译．北京：商务印书馆，2011.

［11］罗斯．社会控制［M］．秦志勇，毛永政译．北京：华夏出版社，1989.

［12］马珺．财政学研究的不同范式及其方法论基础［J］．财贸经济，2015（7）.

［13］莫纪宏．国家治理体系和治理能力现代化与法治化［J］．法学杂志，2014（4）.

［14］诺思．制度、制度变迁与经济绩效［M］．杭行译．上海：上海人民出版社，2008.

［15］诺思，瓦利斯，温格斯特．暴力与社会秩序［M］．杭行，王亮等译．上海：上海人民出版社，2013.

［16］乔尔·S. 米格代尔．社会中的国家：国家与社会如何相互改变与相互构成［M］．李杨，郭一聪译．南京：江苏人民出版社，2013.

［17］乔尔·S·米格代尔．强社会与弱国家：第三世界的国家社会关系及国家能力［M］．朱海雷译．南京：江苏人民出版社，2009.

［18］奥尔森．权力与繁荣［M］．苏长和，嵇飞译．上海：上海世纪集团，2014.

［19］奥斯特洛姆．公共事物的治理之道［M］．余逊达，陈旭东译．上海：上海译文出版社，2012.

［20］塞缪尔·P. 亨廷顿．变化社会中的政治秩序［M］．王冠华，刘为译．上海：上海人民出版社，2015.

［21］王绍光．国家治理与基础性国家能力［J］．华中科技大学学报（社会科学版），2014（5）.

［22］杨光斌．“国家治理体系和治理能力现代化”的世界政治意义［J］．政治学研究，2014（2）.

［23］约拉姆·巴泽尔．国家理论：经济权利、法律权利与国家范围［M］．钱勇，曾咏梅译．上海：上海财经大学出版社，2006.

［24］周庆智．县政治理：权威、资源、秩序［M］．北京：中国社会科学

出版社，2014.

[25] Acemoglu D, Moscona J, Robinson J A. State Capacity and American Technology: Evidence from the 19th Century [J]. American Economic Review, 2016, 106 (5) : 61 -67.

[26] Barro, R. J. Government Spending in a Simple Model of Endogeneous Growth [J]. Journal of Political Economy, 1990, 98, 103 -125.

[27] Bell, Stephen, Hindmoor, Andrew. Rethinking Governance: The Centrality of the State in Modern Society, Cambridge University Press, Cambridge, 2009.

[28] Besley Timothy, Torsten Persson. Pillars of Prosperity: The Political Economics of Development Cluster. Princeton University Press, 2011.

[29] Buchanan, J. M. The Demand and Supply of Public Goods. Chicago: Rand McNally & Company, 1968.

[30] Hayek, F. A. Kinds of Rationalism, in F. A. Hayek, Studies in Philosophy, Politics and Economics, London: Routledge & Kegan Paul, 1967.

[31] Park, Robert E. On Social Control and Collective Behavior. Chicago: The University of Chicago Press, 1967.

[32] Salamon, Lester M. Rethinking Corporate Social Engagement: Lessons from Latin America. Kumarian Press, 2010.

[33] Salamon, Lester M. The New Governance and the Tools of Public Action: An Introduction. In Lester M. Salamon (ed.), The Tools of Government, Oxford University Press, 2002.

[34] Schumpeter J. A. The Crisis of the Tax State. Reproduced in: Swedberg R, 1991.

第 8 章　中国税收负担：孰轻孰重？*

吕冰洋　詹静楠　李　钊

中国税收负担问题一直存在很多争议，本章从宏观税收负担、企业税收负担、居民税收负担等角度全方面分析中国税收负担。测算结果显示：中国大中小宏观税负和企业税负自 2012 年后呈下降趋势；国际比较来看，2016 年我国不同口径宏观税负均处于中等收入国家水平，宏观税负并不高；税制结构来看，企业税负重，居民税负轻；国民收入循环的上游环节税负重，下游环节税负轻。与发达国家相比，中国税收负担问题的根源在于中国税制结构不合理，税收过多集中在国民收入循环的生产环节，过度依赖对企业征税。为此，亟需改革中国税制结构，让征税环节下移，让更多纳税主体由企业向居民转变。

8.1　引言

开放型经济时代，一个公平、有效、具有国际竞争力的税制，是激发市场活力、提高综合竞争力的重要制度保障。税收负担水平作为税制问题的核心，体现着税收与政治、经济之间的相互关系，对确保公共财力，调节经济结构，促进经济发展，维持社会稳定，具有重要意义。2016 年以来，全球经济复苏乏力，以美国税改为代表的全球性减税浪潮袭来，在税收合作日益加强、生产要素多边流动的竞争环境下，推进高质量税收建设，合理确定税负水平，显得尤为迫切与关键。近年来，我国政府始终坚持全球化的发展方向，相继推出“营改增”改革、企业所得税改革和个人所得税改革等减税措施，2016 年 7 月中共

* 原文刊载于《经济学动态》2020 年第 1 期。

中央政治局会议又提出“降低宏观税负”的政策指向。在经济下行和多国减税叠加的双重推动下，税负问题不可避免地成为公众舆论的焦点，减税降费再次成为 2019 年“两会”的热议话题。在社会主义现代化建设的关键时期，我国税制是否能够充分激发市场活力和提高市场主体的国际竞争力，是否能够在高质量发展的过程中提高潜在经济增长率，是否能够满足公共需要从而提高整体福利，这是新时代背景下税负问题的核心所在。那么，我国税收负担到底是轻还是重？该怎样进行判断？本章对此进行解答。

学者对我国税负的判断，大多集中于宏观税负水平的分析。安体富、岳树民（1999）较早界定了三个口径的宏观税负，并且指出大口径宏观税负，即政府收入占 GDP 的比重，是衡量国民经济负担水平更为合适的指标。然而，其测算口径和对应的宏观税负水平是高是低，尚存在较大争议。董根泰（2014）测算得出调整后的宏观税负已经不低，尤其是大口径宏观税负已高于部分发达国家；李炜光、臧建文（2017）甚至提出了中国当前面临“死亡税率”的说法。而李永刚（2012）、国家发改委经济研究所课题组（2014）按照国际可比口径得出的宏观税负，普遍低于大部分发达国家；陈彦斌（2017）也指出，新常态以来，中国宏观税负与主要发达国家和发展中国家相比并不高。特别地，朱青（2017）认为，一国税负轻重除了要看税负高低以外，还需要关注税款的使用方向。

深入分析不同纳税主体的税负，学者对其测算口径也持有不同看法。国外学者对微观企业税负的研究，多以企业所得税有效税率作为衡量指标（Stickney & Mcgee，1982；Porcano，1986），即所得税费用除以息税前利润。但国内学者在衡量企业税负的问题上仍然存在较大争议，尤其是如何确定对应税基还未形成一致意见，目前同时存在着税基为营业收入（刘骏、刘峰，2014；李林木、汪冲，2017；范子英、彭飞，2017）、利润总额（刘行、李小荣，2012；张敏等，2015；李明等，2016）和增加值（陈晓光，2013；汪德华、李琼，2015；刘啟仁、黄建忠，2018）的测算方法。另一纳税主体税负的研究，国外文献大多基于税负转嫁的假设，分析税收对家庭收入分配和再分配、累进性的影响（Decoster et al，2010；Saez & Zucman，2016；Pikettyet et al，2018）。我国的相关研究起步较晚，多采用一般均衡模型、投入产出表来估算间接税的税收归宿情况（聂海峰、刘怡，2010；聂海峰、岳希明，2012；杨玉萍、郭小东，2017；汪昊、娄峰，2017）。还有学者采用微观住户调查数据计算家庭税负分布情况和收入再分配效应（徐建炜等，2013；岳希明等，2014；张平、侯一麟，2016）。但是，现有文献较少同时考虑上述两种纳税主体的税负水平。

可以看到，当前关于我国宏观税负或高或低的争论不一，并且对不同纳税主体税负的测算口径也有不同看法，其主要原因在于税负指标选取、税收转嫁问题和税款使用这三个方面问题存在争议。

第一，税负指标选取说明。度量税收负担的指标是税收与相应税基的比值，之所以不同人测算结果不同，其原因主要有三点：税收度量有误、税基选择有误、指标选择不当。税收口径度量有误主要出现在中国大口径宏观税负的测算过程中，在统计政府收入时往往存在重复计算社会保障收入、夸大土地出让收入等问题，导致高估了中国宏观税负。税基度量有误主要存在于测算企业税负时，企业所得税、增值税等税种的税基并不都是利润，统一选择利润作为分母可能会错误估计企业税负。指标选择不当是由于部分学者通过名义税率来计算税收负担，但现实中各国税制设计一般都有配套的税收减免或税收扣除等优惠措施，实际税率通常小于名义税率。第二，税收转嫁问题说明。税收理论研究认为，所有的税收均能转嫁，并且根据哈伯格一般均衡理论（Harberger，1962），市场上各种商品和要素的价格供求是相互作用、相互影响的，某种商品或要素的价格发生变动，会影响到该商品和其他相关商品的供求关系。同时，现实中还需要捕捉不同课税范围、转嫁方式等具体问题，很难只采用一种模型全面、准确地刻画企业和居民的税负分布。因此，其复杂性导致要界定每种税的转嫁程度成为一个不可能完成的任务。为此，根据现有文献测算税收负担的通常做法，即以缴纳的税收占对应税基的比重来衡量税负，本章在研究税收负担时暂不考虑税收转嫁问题。第三，税款使用问题说明。国内不少学者认为，税负轻重问题是老百姓对政府行为的一种整体感受，不仅取决于宏观税率的高低，还要从税款使用角度（财政支出结构）来分析税负。但是，税款的合理用途和支出效率难以形成共识，不同项目的支出对经济增长、公平分配、保障民生等支出目标各有侧重，若陷入财政支出结构和效率的争论，反而混淆了税收负担的研究主题；并且，政府支出和税收收入并不等价，政府支出需要统筹发债、收费、国有企业上缴利润等各项收入，很难说政府支出效率和税收使用效率存在等价关系。

在厘清现实的基础上，科学合理地测度税负水平，是进一步完善税制结构的前提。只有建立起公平有效的税收体系，才能充分发挥税收对经济发展的促进作用，才能在制度层面为经济的高质量发展提供助推力，这对于实现社会主义现代化具有重要的现实意义。鉴于此，本章结合税收理论，科学合理地测度了宏观层面和微观纳税主体的税收负担水平，并通过宏观税负的国际比较来研判我国整体税收负担情况，以此希望对我国税收负担有一个科学全面的认识，这具有重要的现实意义。

本章可能的贡献主要体现在以下几个方面：第一，在中国宏观税负的计算上，测算了不同口径的政府收入规模，修正了社会保障收入重复计算以及土地出让收入夸大的问题，有利于澄清因测算口径不一致导致的税负水平争议；第二，针对当前企业税负测算存在的问题，本章坚持税款与计税经济来源对应的原则，更符合国民经济核算以及税收原理，可提高企业税负的可比性；第三，鲜有文献对居民的税收负担进行定量测算，本章则同时测算了居民宏观税负和微观税负的分布情况；第四，通过国民收入循环原理构建税制结构分析框架，可比较不同纳税主体和征税环节的税负情况。

8.2　宏观税收负担分析

宏观税负代表政府从社会的“经济大蛋糕”中拿走多少，它反映了公共部门和私人部门之间的分配关系，也显示出政府社会经济职能及财政职能的强弱，最能体现一国整体的税收负担情况。若需要评价一国税收负担水平，前提是需要对宏观税负的整体情况有所研判，从政府收入端了解各可比口径下宏观税负是高是低，在此基础上才能更好地测算和剖析微观主体的税负情况。为此，本节将测算不同口径下的宏观税负水平，并详细分析中国政府收入的真实规模，进一步通过国际比较，澄清关于宏观税负测算口径的误解问题和回应我国税负水平是高是低的争议。

8.2.1　中国宏观税负测算方法与结果

度量宏观税负有三种口径：小口径是税收收入占 GDP 的比重；中口径是财

政收入占 GDP 的比重；大口径是政府收入占 GDP 的比重[①]。税收收入和财政收入指标均很明确，尚存在争议的是大口径政府收入规模。目前，政府收入由“四本预算”组成，分别是一般公共预算收入、社保基金收入、政府性基金收入和国有资本经营收入[②]。通过测算可得，社保基金收入、政府性基金收入和国有资本经营收入的预算收入占政府总收入的比重始终维持在 40% 左右，仅考虑税收占比和财政收入占比并不能完全衡量宏观税负水平。因此，研究中国大口径宏观税负问题必须将这三本预算考虑在内。但是，衡量大口径宏观税负的政府收入并非“四本预算”的简单加总，主要原因在于社保基金收入和土地出让收入的处理问题。

首先，社会保障税（或者基金）用于筹集社会保障基金，各国一般有很大的规模。各国财税制度对社会保障处理也不同，西方大多数发达国家开征社会保障税，并纳入财政预算。而我国社会保障收入的特殊性在于：我国尚未开征社会保障税，而是采取向企事业单位征收社会保障费的办法来筹集社保基金，其收入并未统计在公共财政一般预算收入中；我国社会保障收入很大部分来自于财政预算资金的调入，即一般公共预算支出有对社保基金的补助部分。因此，度量政府收入实际规模时，需要将财政对社会保障基金的补助收入扣除，以避免重复计算[③]。

其次，伴随着工业化和城镇化进程，土地出让收入在绝对数额上大幅提升，使得土地出让收入逐渐成为地方政府收入的重要来源。然而，从国民生产总值的概念来看，土地出让收入的价值形态表现为一定时期内生产的全部货物和服务价值超过同期投入的全部非固定资产货物和服务价值的差额，是对使用国家土地的使用者收取的土地租金，其本质上属于资本增值。因此，IMF 在计算中国政府收入规模时，没有把土地出让收入统计在内[④]。从我国现实看，土地出让收入并不完全由政府支配，只有扣除成本补偿性费用后的土地出让收益才是政府可用的财力。对于成本性支出，具有成本性和偿还性，其相应的收入是政府不

---

① 财政收入指纳入财政公共预算管理的收入，包括税收收入和部分非税收入；政府收入不仅包括财政预算收入，也包括其他部门收入，即各级政府及部门以各种形式取得的收入总和。

② 处理“四本预算”数据时，特别提出以下几点说明：第一，考虑到 2009 年前并未完全形成“四本预算”的预算管理体制，需通过《中国统计年鉴》的资金流量表来估算政府收入，计算政府各项收入较为困难，存在估计偏差，而 2010 年全国正式开展预算制度改革，因此可得到完整的“四本预算”数据，故本章仅分析比较 2010—2017 年我国大口径宏观税负；第二，考虑到结转因素会对政府总收入产生重复计算，因此，将一般公共预算、政府性基金预算、国有资本经营预算中的结转收入剔除；第三，考虑到“四本预算”之间的调入资金会产生重复计算，因此，将一般公共预算、政府性基金预算的调入收入剔除；第四，考虑到地方政府债券收入是债而不是费，不应算作纳税人负担，因此也从政府收入中剔除。

③ 对社保基金的补助 2015—2017 年相关数据来自财政部网站，而考虑到财政部 2014 年以前并未公布财政补贴的决算数，且利息收入等数额较小（仅占总收入的 5%），故将包括财政补贴收入、利息收入等收入在内的总和作为 2014 年以前对社保基金补助的估计数。

④ 具体参见 IMF 网站《Government Finance Statistics Manual 2014》。

可支配的；而对于收益安排的支出，其相应的收入是政府可支配的[①]。以 2015 年为例，土地出让收入相应的支出中，成本性支出占比为 79.6%，非成本性支出占比为 20.4%。因此，如果将全部土地出让金纳入政府收入，则会高估宏观税负；如果将全部支出扣除，又不能完全反映政府该项收入的实际情况。为此，在测算政府可以支配的土地出让收入时，在区分成本性支出和非成本性支出的基础上，要将前者进行扣除[②]。

基于上文修正政府收入的处理方法，以及中小口径宏观税负的测算方法，本书测算了我国不同口径宏观税负，如图 8－1 所示。

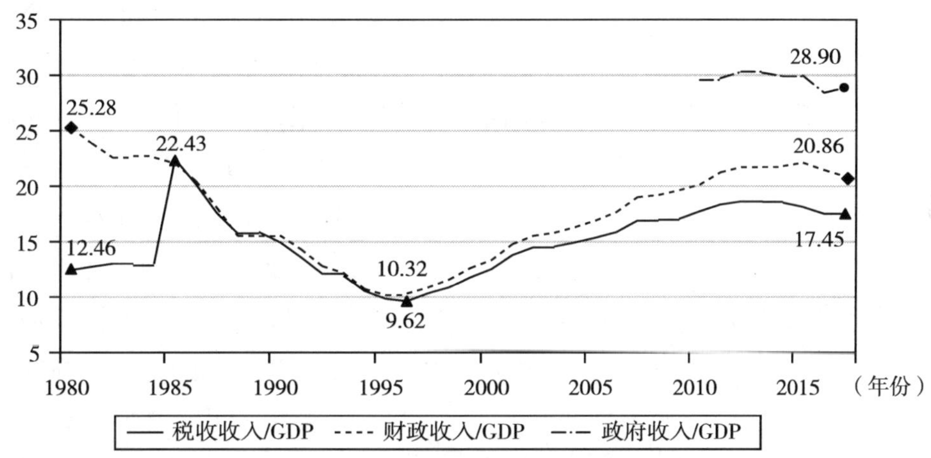

图 8－1　1980—2017 年我国不同口径宏观税负变化情况

数据来源：财政部历年《全国财政决算》和历年《中国统计年鉴》。

8.2.2　我国宏观税负的阶段性特征

根据上述测算结果，可以看到，改革开放以来，小口径宏观税负的变化情况大致可分为以下四个阶段：第一阶段为 1980—1985 年，税收大幅度增长时期。自 1983 年起，国家逐步提出将国营企业上缴利润改为征收企业所得税；同时，

① 目前，我国国有土地使用权出让金支出中属于成本性支出的主要项目有征地和拆迁补偿支出、补助被征地农民支出、土地开发支出、土地出让业务支出、破产或改制企业职工安置费支出（含灾后重建）；而属于非成本性支出的主要项目有城市建设支出、农业农村支出（包括农村基础设施建设、农田水利建设、农业土地开发和基本农田建设与保护、教育支出等）、保障性安居工程支出（包括棚户区改造支出、廉租住房支出、公共租赁住房支出）、其他土地使用权出让金支出。

② 土地成本性支出来自财政部《全国土地出让收支情况》《全国政府性基金收入决算表》《地方政府性基金支出决算表》等。

还对工商税收制度进行全面改革，先后开征了增值税、营业税、资源税等税种，促使税收收入爆发式增长，使得1985年税收占GDP比重达到历史最高(22.43%)。第二阶段为1986—1996年，税收占比逐年下降时期。这一时期，市场经济经历了前所未有的快速发展，经济总量不断翻番，使GDP增速超过了税收增速。但是，财政包干制存在对地方政府的激励作用不足的问题，税制结构也尚未进一步完善，导致税收占比呈现下降趋势，直至1996年降至最低点9.62%。第三阶段为1997—2012年，税收占比稳步提高时期。由于1994年“分税制”带来了强有力税收激励，促使税务部门加强了税收征管，加之三大税收增长红利的综合作用，推动整体税收高速增长①。第四阶段为2013年至今，税收占比缓慢下降时期。2013年后，我国实行了一系列减税降费措施，例如“营改增”、企业所得税税收优惠、降低增值税税率等政策，一定程度上导致税收增长呈放缓趋势，截至2017年我国小口径宏观税负为17.45%。

相比而言，中口径宏观税负与小口径宏观税负在1985年前和1995年后有明显差异，变动趋势呈“U”形。分税制实施前，由于财政包干制对地方政府激励不足，造成“两个比重”不断下降的局面②；1995年后，税收收入的高速增长推动了财政收入的同步增长，并且随着一系列预算制度改革的推行，导致财政收入占比和税收占比出现偏离。除此之外，修正后2010—2017年间大口径宏观税负维持在30%左右。近年来，由于减税降费政策的实施，导致税负呈现下降趋势，截至2017年为28.90%。

8.2.3 宏观税负的国际比较

根据世界银行（WB）2016年人均收入划分标准，可计算出不同口径世界主要国家宏观税负水平。特别地，世界大多数国家社会保障收入以社会保障税形式筹集，而我国仅政府收入包含社会保障收入，直接采用税收收入与GDP的比值衡量宏观税负会低估我国实际税负。因此，各国中小口径宏观税负均为剔除社会保障收入的情况③。测算结果见表8-1、表8-2。

① 吕冰洋，郭庆旺：《中国税收高速增长的源泉：税收能力和税收努力框架下的解释》，载《中国社会科学》，2011(2)。

② 两个比重指全国财政收入占GDP的比重和中央财政收入占全国财政收入的比重。

③ 大口径政府收入按照IMF的标准，统一划分为税收收入、社会保障收入、捐赠收入和其他收入，以保证其可比性。

表 8－1　　2016 年世界不同收入国家宏观税负情况　　单位:%

国家	高收入国家	上中等收入国家	下中等收入国家	低收入国家	中国
小口径	26.69	19.91	17.12	16.11	17.52
中口径	28.50	20.57	18.13	20.07	21.45
大口径	42.13	32.11	25.62	25.78	28.43

注：表中数据来源于 IMF 的 GFS 数据库，其中美国、加拿大、巴拉圭、阿塞拜疆、土耳其、缅甸、乌兹别克斯坦、科索沃、格鲁吉亚 9 个国家为 2017 年数据；埃及、洪都拉斯、阿富汗、塞内加尔 4 个国家为 2015 年数据。表中分类按 2016 年人均 GNI 划分：1005 美元以下为低收入国家，1006—3955 美元为下中等收入国家，3956—12235 美元为上中等收入国家，12236 美元以上者为高收入国家（World Bank，Country Classification）。下同。

表 8－2　　人均 GNI 为 8000 美元宏观税负情况　　单位:%

	中国	美国	英国	德国	法国
小口径	17.52	19.86	22.35	23.07	20.36
中口径	21.45	19.86	22.44	23.15	20.50
大口径	28.43	30.14	34.38	41.70	37.72

世界范围来看，除下中等收入国家外，宏观税负随着国家人均收入水平的提高而增加，并且高收入国家宏观税负远高于其他国家。值得注意的是，美国、日本的宏观税负均低于高收入国家平均水平，而其债务负担率较高，实际上是存在债务替换税收的现象。反观中国，从表 8－1 可以看到，2016 年我国人均 GNI 处于上中等收入国家水平（8210 美元），对应的不同口径宏观税负处于中等收入国家水平；由表 8－2 可知，典型 OECD 国家人均 GNI 为 8000 美元左右时的不同口径宏观税负，大多高于我国宏观税负水平。由此可见，我国宏观税负并不高，基本符合宏观税负与经济发展水平成正比的世界一般规律。

综上，我国小口径、中口径税负自 1980 年来呈现先下降后上升的趋势，1995 年最低分别为 9.62%、10.18%，大口径税负近年来维持在 30% 左右，呈下降趋势；截至 2017 年我国小口径、中口径和大口径宏观税负分别为 17.45%、20.86% 和 28.90%。国际比较而言，不同口径税负我国均处于中等收入国家税负水平，宏观税负并不高。以上是对我国收入端宏观税负的整体判断，在此基础上，下文对支出端的企业和居民税负水平展开测算和具体分析。

8.3 企业税收负担分析

从税收的支出端来看，可以将纳税主体分为企业和居民两部分，并以此分析不同纳税主体的税收负担情况。关于企业税负的测算，有企业整体税负分析和重要税种（如企业所得税和增值税）税负分析两个角度。

8.3.1 测算指标

国内关于企业总税负的测算结果差异较大，其争议的根源在于测算公式中分母的选择。在计算企业总税负时可选择的分母有利润总额、销售收入和增加值，本章认为应选择企业增加值作为分母，主要原因有以下三点。

第一，以利润作为税基会高估企业税负，且不符合税收理论。例如，增值税税基是企业增加值、消费税税基是企业销售收入，直接除以企业利润则会大大高估企业税负，尤其近年来经济下行、企业利润下降更易产生高估；换言之，企业利润为负，并不等价于当年企业税负为负。第二，以销售收入作为税基会低估企业税负，且行业间并不可比。企业销售收入往往与企业经营性质高度相关，例如，商贸企业销售收入会很高，若采用销售收入作为税基则会得出税负低于大多数行业的结论。第三，以企业增加值作为税基，更符合国民经济核算原理。税收本质上来源于某个时期私人部门创造的新价值，企业各项税收本质是对扣除中间投入后的产出课征的，它更能够匹配宏观税负的税基，因为 GDP 衡量的就是国民经济增加值。

在度量企业总税负后，还要度量两个重要税种的税负。企业增值税负担，通过企业实际缴纳增值税和企业增加值的比值衡量；企业所得税负担，通过企业所得税费用与企业税前利润的比值衡量。这两类指标的选取反映了税款与计税经济来源对应的原则。确定的计算企业税负的计算公式为：

企业总税收负担 =（企业实际缴纳各项税费 - 税收返还）/企业增加值

企业增值税负担 = 企业实际缴纳增值税/企业增加值

企业所得税负担 = 所得税费用（应付所得税）/企业息税前利润

8.3.2　数据来源

本章在选择企业样本时，尽可能兼顾企业样本的丰富性和指标的完整性，为此，选择的样本为2008—2017 年 CSMAR 数据库中沪深证券交易所 A 股上市公司（不含连续三年出现 ST 的上市公司）。由于企业的财务报表未直接提供增值税数据，可行的办法是用已有数据间接倒推增值税。已有部分文献用本年销售收入和上年度中间品外购比例分别推算本年应交增值税的销项和进项，但当公司经营多种业务或涉及出口退免税时，销售收入和增值税之间的比例关系并不适用。因此，参照陈钊、王旸（2016）以及范子英、彭飞（2017）的做法，用《财务报表附注》中的教育费附加及其适用税率、营业税和消费税倒推企业当期实缴的增值税税额，具体公式为：

企业当期实缴增值税 = 教育费附加/税率 - 营业税 - 消费税[①]

上市公司实际缴纳的税款总额由增值税、企业所得税以及营业税金之和来衡量；所得税负担的分母项用企业息税前利润来衡量；企业增加值采用收入法计算，具体如下：

企业增加值 = 固定资产折旧 + 劳动者报酬 + 生产税净额 + 营业盈余（营业利润）

为详细分析企业税负，下文具体分析不同企业规模、所有制类型和行业类别的企业税负情况。企业规模的划分，按照总资产规模对样本企业排序，从小到大划分为前 40% 小型企业、20% 中型企业和后 40% 大型企业。企业所有制的划分，按照登记注册类型分为中央国有企业、地方国有企业、集体所有制企业、外资企业、私营企业以及其他类型企业。

8.3.3　企业税收负担测算结果

1. 企业总税负

企业总税负为企业实际缴纳税款总额与企业增加值的比值。整体来看，企

① 一些地方政府为发展地方教育事业还开征了“地方教育费附加”，税率通常为 2%，对于教育费附加与地方教育费附加合并列报的问题，采用以下方法确定税率：两者分开列报的，流转税的 3% 为教育费附加；两者合并列报的，有公布合并税率的按公布税率计算，未公布合并税率的按 5% 计算。

业总税负围绕25%上下波动，截至2017年为24.80%。2012年前企业总税负先下降后上升，可能是金融危机后的一系列结构性减税和税务部门加强征管（比如“四小票”的票证管控、增值税防伪税控系统、“金税三期”工程的推行等）综合作用的结果，而2012年后呈现缓慢下降趋势，也是基于我国减税进程的全面推开，例如“营改增”的推广、企业所得税的相关税收优惠等。图8－2、表8－3和表8－4分别展示不同企业规模、不同所有制和不同行业类别的企业总税负情况。

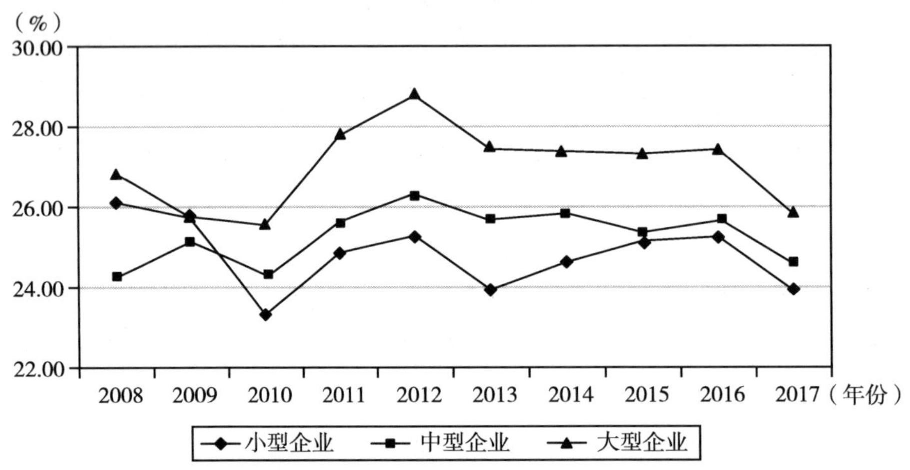

图8－2　2008—2017年不同规模企业总税负

注：处理过程剔除总税负存在异常值的样本，包括小于或等于零、大于或等于1的样本。在此基础上，对极端值进行0.5%的截尾处理。下同。

横向比较来看，大型企业总税负整体相对较高，中小型企业总税负偏低。一般而言，大企业受监督程度和避税的政治成本较高，并且会计核算和生产管理更为规范，因此通常采取正常纳税的策略性税收行为，而小企业由于税负承受能力弱更倾向于选择避税（Zimmerman，1983；吴联生，2009；王永培、晏维龙，2014）。从所有制类型看，历年平均而言，外资企业平均总税负水平最高，为26.84%；其次是地方国有和私营企业，中央国有企业税负最低，为24.47%，见表8－3①。国有企业与私营企业相比，其避税动机不足，更有可能承担政策性负担，因此在名义税率相同的情况下，国有企业的实际税负更高。相比于地方

① 由于篇幅的限制，本章仅向读者展示2017年和2008—2017年平均的企业税负水平，而未给出企业总税负、增值税税负和所得税税负历年不同所有制、不同行业的测算结果和增长率变化，有兴趣的读者可向作者索取。

国企，中央国企涉及的产业大多关系到国计民生，其受地方政府的干预程度较小，不会成为扩充地方财政收入的主要来源（刘行、李小荣，2012；刘骏、刘峰，2014），因此中央国有企业的税负低于地方国有企业。

表 8－3　2008—2017 年不同所有制企业总税负　单位：%

	中央国有	地方国有	私营	外资	集体所有	其他
2017	24.25	25.78	24.64	26.13	26.23	22.86
历年平均	24.47	26.82	25.84	26.84	23.99	24.71

表 8－4 比较了不同行业企业税负，各行业的总税负差异较大。平均来看，房地产业、批发与零售业、采矿业、建筑业税负相对较高，信息传递、软件和信息技术服务业、交通运输、仓储和邮政业、农林牧渔业税负相对较低。造成各行业税负不同的主要原因可能是各行业适用的税收政策不一致：房地产业的行业利润较高且各环节税种设置较多①，因此税负较高；制造业中某些行业既要在销售环节征收增值税，也要在生产环节征收高税率的消费税，因而制造业的总税负也相对较高；而享受更多税收优惠政策的交通运输、仓储和邮政业以及农林牧渔业等行业税负相对较低。

表 8－4　2008—2017 年不同行业企业总税负　单位：%

行业	K	F	B	E	C	D	U
2017	44.06	29.87	31.22	26.18	25.07	22.64	19.85
历年平均	43.74	30.03	29.49	28.70	25.55	24.42	23.10
行业	L	J	H	I	G	A	
2017	22.79	20.82	18.68	17.46	17.98	14.41	
历年平均	22.81	22.59	20.33	18.83	18.21	16.32	

注：行业代码参考：A 农林牧渔业；B 采矿业；C 制造业；D 电力、热力、燃气及水生产和供应业；E 建筑业；F 批发与零售业；G 交通运输、仓储和邮政业；H 住宿和餐饮业；I 信息传递、软件和信息技术服务业；J 金融业；K 房地产业；L 租赁和商务服务业；U 其他综合类行业。下同。

2. 企业增值税税负

企业增值税税负为企业实际缴纳增值税与企业增加值的比值。不区分规模、所有制和行业类别的企业增值税税负先下降后上升，2012 年后呈现波动下降趋

① 其流转环节需要缴纳企业所得税、土地增值税、耕地占用税、营业税（增值税）、城镇土地使用税、契税、印花税、城市维护建设税、教育费附加 9 种税收，保有环节需要缴纳城镇土地使用税和房产税。

势，截至2017年为14.84%。作者认为2010年前的明显下降是因为增值税实现了由生产型向消费型的转化①，之后两年的持续上升则因为税务部门有关票证的征管增强和“金税三期”的推广；受营改增的影响，2012年后增值税税负呈逐年下降趋势。图8－3、表8－5和表8－6分别展示了不同规模、不同所有制和不同行业类别的企业增值税税负情况。

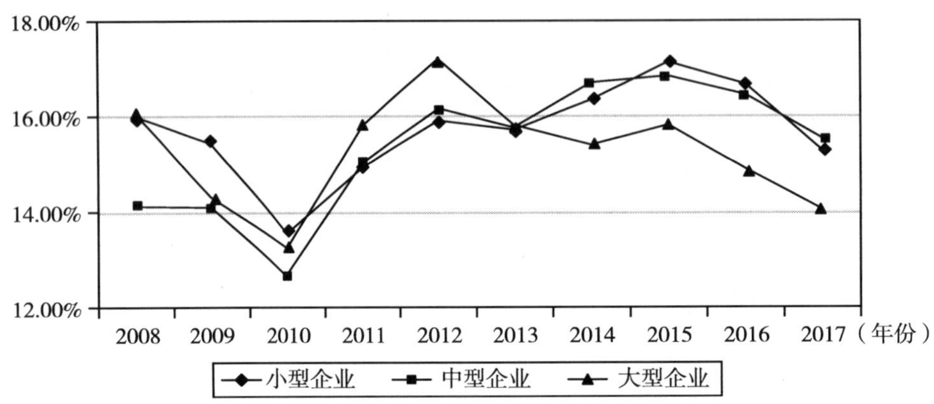

图8－3　2008—2017年不同规模企业增值税税负

横向比较来看，2013年以来，中小型企业增值税税负相对较高，大型企业较低。增值税税负的高低更多地取决于抵扣链的完整度，随着“营改增”的全面推行，和包括不动产在内的固定资产进项税金的抵扣，固定资产投资额巨大的企业税负降低得更加明显。比较不同所有制企业的历年平均增值税税负，通过表8－5，可以发现私营企业与地方国有企业差别不大，中央国有企业和集体所有制企业平均增值税税负偏低，而2017年国有企业增值税税负明显低于私营企业。在现行的增值税抵扣制度下，所有制类型对增值税税负的影响可能更多地体现在其所在行业或企业特征的影响上，比如国有企业规模一般较大，其增值税税负偏低。

表8－5　2008—2017年不同所有制企业增值税税负　单位：%

	中央国有	地方国有	私营	外资	集体所有	其他
2017	14.48	14.00	15.18	15.78	17.06	13.39
历年平均	14.91	15.39	15.48	15.16	13.53	15.16

表8－6比较了不同行业增值税税负，从历年平均看，原增值税行业中制造

① 2008年《中华人民共和国增值税暂行条例》，规定自2009年1月1日起我国增值税实现了向消费型的转化，但之后转型政策的效应逐年减弱，一定程度上导致增值税税负触底后出现反弹。

业、采矿业税负较高，全面推行营改增后，2017 年属于营改增行业的建筑业和房地产业税负较高[①]。各行业的增值税税负差异明显，这主要与增值税的多档税率设计有关，不同税目的税率有显著差异。此外，进项税额抵扣更多的行业，其税负相对较轻；增值税抵扣链条的完整程度以及税收遵从情况（如进项发票的伪造虚增）也会影响行业间的税负差异。

表 8－6　2008—2017 年不同行业企业增值税税负　单位：%

行业	C	B	D	F	E	K	I
2017	16.37	17.10	13.83	16.11	15.24	14.34	11.01
历年平均	17.02	16.98	14.83	14.65	14.10	12.93	10.57
行业	H	J	U	A	G	L	
2017	7.99	9.00	10.06	5.48	7.09	9.43	
历年平均	9.56	8.45	8.23	6.53	5.54	4.68	

3. 企业所得税税负

企业所得税税负为企业实际缴纳所得税与税前利润的比值。不区分规模、所有制和行业类别的所得税税负围绕 20% 上下波动，截至 2017 年为 18.48%。企业所得税税负的年度变化与整体税负基本一致，2013 年后呈下降趋势。图 8－4、表 8－7 和表 8－8 分别展示不同规模、不同所有制和不同行业类别的企业所得税税负情况。

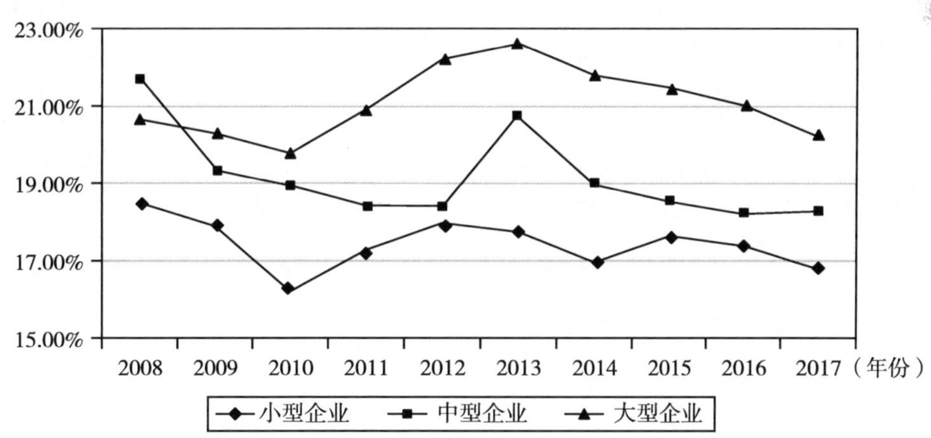

图 8－4　2008—2017 年不同规模企业所得税税负

① 为保证营改增前后测算结果的可比性，按照营改增分行业推进的时间顺序，依据两位数行业代码剔除部分原营业税行业的企业，例如 2014 年前剔除交通运输业 G35—G38（除铁路运输业）和部分现代服务业（邮政业 G60、电信业 G63），例如 2016 年前剔除建筑业 E、房地产业 K、金融业 J、住宿餐营业 H。

横向比较来看，大型企业所得税税负最高，2014—2017 年均高于 20%，中型企业次之、小型企业最低。大型企业的盈利能力一般较强，且避税动机不及中小企业，因此所得税税负相对较高，这与不同规模企业的总税负差异情况一致。由表 8 -7 可知，国有企业历年平均所得税税负较高，中央国有和地方国有分别为 20.08% 和 21.74%，私营企业历年平均企业所得税税负最低，为 17.84%。目前，国企红利上缴比例平均为 10%—15% 之间，而企业所得税税负指标的税基为息税前利润，因此，国企实际留存的利润会相应减少，可能导致其税负水平高于其他所有制企业。但是，国有资本经营收入中近 80% 的分红实际上并没有调出到公共财政资金，大部分用于国企遗留问题、国企改革等方面，一定程度上缓解了国企税负较高的局面。

表 8 -7　2008—2017 年不同所有制企业所得税税负　单位:%

	中央国有	地方国有	私营	外资	集体所有	其他
2017	19.84	21.75	17.30	17.38	17.92	20.03
历年平均	20.08	21.74	17.84	19.67	18.76	18.51

从行业比较看，房地产业、住宿餐饮业和批发零售业历年平均企业所得税税负相对较高，信息传递、软件和信息技术服务业、农林牧渔业历年平均企业所得税税负相对较低（见表 8 -8）。行业间的所得税税负差异主要与产业税收政策和成本利润率有关，第一产业的农林牧渔业、第三产业的信息传递、软件和信息技术服务业等享受的税收优惠较多，一定程度上导致实际所得税税负较低；房地产业、住宿餐饮业和采矿业等利润率相对较高，税收扶持政策较少，因而所得税税负偏高。

表 8 -8　2008—2017 年不同行业企业所得税税负　单位:%

行业	K	H	F	B	L	E	J
2017	29.22	23.98	24.80	24.69	24.06	21.22	20.09
历年平均	27.95	25.42	25.20	24.01	23.60	22.42	21.76
行业	G	D	U	C	I	A	
2017	21.47	21.80	17.56	17.40	11.85	12.16	
历年平均	21.25	20.98	19.45	17.88	12.95	10.15	

根据上述分析，企业税负 2012 年前先下降后上升，2012 年后基本呈现下降趋势，截至 2017 年企业总税负、增值税税负和所得税税负分别为 24.80%、14.84%、18.48%。并且，大型企业税负重、中小型企业税负轻，不同所有制和

行业税负水平存在较大差异。

8.4　居民税收负担分析

为和上述对企业税收负担的测算进行比较，接下来对支出端的另一纳税主体的税负展开具体分析。居民税收负担测算分为宏观和微观两个层面测算，宏观层面测算指的是用全国总量数据测算，它可以观察出总体税收负担状况；微观层面测算指的是用微观住户调查数据测算，它可以观察出居民税收负担结构状况。

8.4.1　测算指标与数据来源

1. 宏观层面测算

宏观上讲，居民税负是指居民直接缴纳总税收与居民可支配收入的比值，测算公式如下：

居民总税负 = 居民直接缴纳的总税收/居民可支配收入（含税）

在我国，居民直接缴纳总税收包含个人所得税、车辆购置税和财产税，其中，直接缴纳的财产税包含房产税、车船税和契税中居民承担的部分。计算居民税负需要确定居民缴纳的各项税收总额，在历年《中国税务年鉴》中，个人所得税纳税额有完整统计，但房产税、车船税、车辆购置税和契税的纳税人同时包括企业和居民，统计上没有区别各自来源的所得。为此，本章采用分摊的方法估计居民承担的除个人所得税外其他税收的规模。

对于房产税和契税，假定居民承担的比例和财产比例相当，具体做法是采用《中国统计年鉴》“资金流量表”中住户财产性收入占全国财产性收入的比重，以此划分居民承担的房产税和契税份额；对于车船税和车辆购置税，由于企业和居民拥有车辆数和财产并不匹配，这里假定车船税和车辆购置税由企业和居民各自承担一半①。特别地，由于居民纳税以个人所得税为主，为此单独测算居民个人所得税负担，公式为：

居民个人所得税税负担 = 居民直接缴纳的个人所得税/居民可支配收入（含税）

① 岳希明等：《中国税制的收入分配效应测度》，载《中国社会科学》，2014 年第 6 期。

以上居民可支配收入（含税）的数据为《中国统计年鉴》中资金流量表统计的住户部门可支配总收入和居民直接缴纳的总税收之和。由图 8－5 可知，整体来看，居民直接缴纳的税收中个人所得税占比约 75%，其他税收占比约 25%。

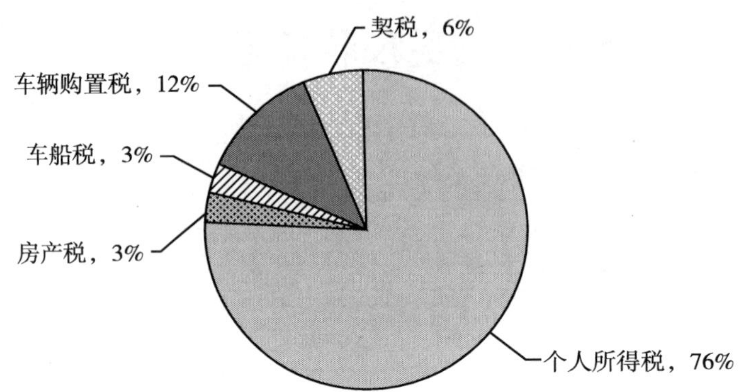

图 8－5　2015 年居民直接缴纳的税收构成

数据来源：2015 年《中国税务年鉴》《中国财政年鉴》。下同。

2. 微观层面测算

本章微观家庭税收负担主要通过微观调查 CHIP（中国家庭收入调查）[①] 2013 年数据进行分析。如上分析，个人所得税和车辆购置税是家庭缴纳的主要税收，因此，本章构造家庭税收负担为：

家庭税收负担 =（家庭成员个人所得税之和 + 车船税 + 车辆购置税）/家庭可支配收入（或家庭纯收入）（含税）[②]

其中，将个人缴纳的个人所得税加总至家庭可得到家庭缴纳的个人所得税，以及通过家用汽车市场价格情况推算出车船税和车辆购置税。

居民所得分为劳动所得和资本所得，为此本章分别测算居民劳动税收负担和资本税收负担（Mendoza et al，1994）。根据我国税制，2013 年个人所得税 11 个税目中，工资薪金所得、稿酬所得、特许权使用费、劳务报酬所得属于劳动所得，利息股息红利所得、财产租赁所得、财产转让所得属于资本所得，个体

① CHIP 数据库通过问卷调查，对城镇住户、农村住户以及外来务工人员住户（流动人口）的个人以及家庭进行调查，其中个人数据通过家庭编号可以与家庭进行一一匹配。囿于微观调查数据的问卷内容有限，依据问卷内容本章可以测算到的家庭税收有：家庭成员个人所得税、车船税和车辆购置税。

② 此处家庭可支配收入所指城镇居民家庭可支配收入、家庭纯收入所指农村居民家庭纯收入，这与国家统计局的统计口径保持一致。需要说明的是 CHIP2013 问卷调查中城镇住户、农村住户并未区分家庭可支配收入和家庭纯收入，统一的调查问题是“2013 年住户可支配收入总额是______元”，但是实际调查过程中调查员会协助调查户估计，因此不会造成被调查人员对问卷问题的误解。具体测算过程中，本文将可支配收入和分子各项税收之和作为家庭可支配收入（含税）。

工商户生产和经营所得、企事业单位承包承租经营所得属于混合所得。限于 CHIP2013 数据库中个人所得数据，本章劳动所得所指工资薪金收入或经营净收入①。一般而言，资本所得的分配不均等程度大大高于劳动所得。但由于利用微观住户调查数据测算结果和宏观数据测算结果存在较大差异②，在这里只采用国家宏观数据中“资金流量表”的相关数据进行测算，以此分析居民资本所得税负担③。劳动所得税和资本所得税负担公式如下：

劳动所得税收负担 = 居民个人所得中劳动所得缴税部分/居民劳动所得

资本所得税收负担 = 居民个人所得中资本所得缴税部分/居民资本所得

8.4.2　居民税收负担测算结果

宏观居民税负方面，本节主要测算个人所得税税负和总税负水平。由图 8 – 6 可知，居民总税收负担前期呈逐年上升趋势，可能由于 1994 年税制改革后税制体系不断完善，并且税收增速高于居民可支配收入增速所致，2005 年后始终围绕 2.5% 上下波动，且均低于 3%，截至 2015 年为 2.63%，可见居民总税负水平较轻。占比较高的个人所得税负担与居民总税负变化趋势一致，截至 2015 年为 1.99%。

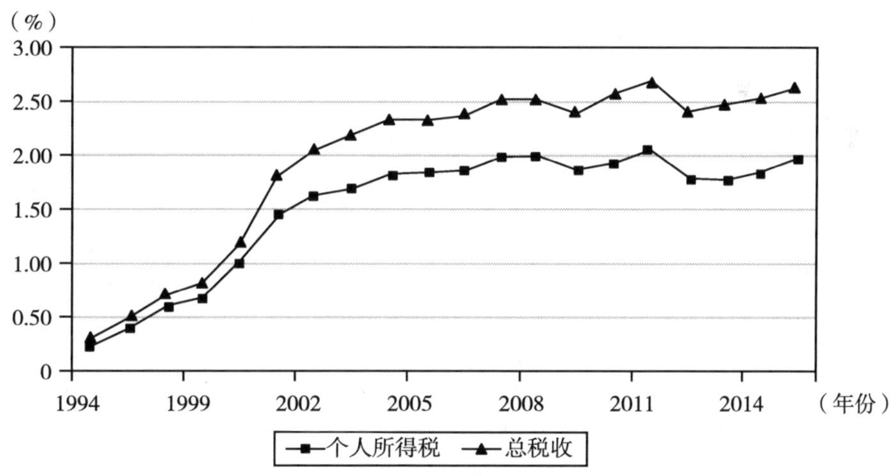

图 8 – 6　1994—2015 年居民宏观税收负担

① 个人所得税法规定征税范围不包括农民农业生产收入，但是家庭成员中从事非农工作获得的收入需要缴纳个人所得税，因此，此处缴纳个税的农村住户指的是从事过工资性工作以及非农生产经营的住户，统计口径并非错误。

② 存在差异的原因主要在于居民资本要素收入统计口径问题和住户调查数据中可能存在的统计性偏差。

③ 国民总收入可分为资本要素收入、劳动要素收入和政府收入三部分，根据资金流量表中企业、政府和居民的分配情况，推算出居民资本要素收入。

为进一步分析微观家庭层面的税负水平，以下将具体从家庭税收负担、劳动所得税收负担和资本所得税收负担展开分析①。

表 8－9　　不同性质住户家庭税收负担情况

	平均值	中位数	标准差	微观调查样本量（户）
全国住户	2.90	1.01	4.75	13762
城镇住户	3.87	1.26	5.31	5334
农村住户	2.27	0.87	4.24	8428

注：城镇住户指户主有非农业户口，包括本地非农业户口和外地非农业户口；农村住户指户主有农业户口而且户口所在地是现住的乡镇（街道）内；全国（所有）住户指的是上面两类住户加总得到的住户。下同。

从表 8－9 来看，2013 年不区分住户性质的全国住户家庭税负平均为 2.90%，稍高于前文宏观居民税负水平②；城镇、农村住户的家庭税负平均水平分别为 3.87% 和 2.27%，前者高出 1.60%。随着经济社会发展，全国住户家庭税负整体上也在提高，但是幅度不大，主要体现在城镇住户。原因在于城镇住户的收入水平普遍较高，因此所需缴纳的个人所得税也相应较高；另外，城镇住户购买的家用汽车整体的市场价值也较高，由此需要缴纳的车辆购置税和车船税较多。

由表 8－10 可知，不区分住户性质的劳动所得税收负担平均水平为 0.36%；不同住户性质测算结果，城镇住户劳动所得税收负担均值为 0.67%，显著高于农村住户③。农村住户劳动所得税收负担之所以处于低位，主要由于其需要兼顾农业生产和非农工作，而前者无须缴纳劳动所得税，后者来源以打工收入为主，一般达不到个人所得税的免征额标准。

① 由于篇幅的限制，这里没有给出收入十等分组下家庭总体税负和劳动所得税负的测算结果，有兴趣的读者可向作者索取。

② 原因主要在于两者所采用的可支配收入存在一定统计口径偏差和统计性误差。一方面，资金流量表是权责发生制下净应收收入，而住户调查是收付实现制下当期实际得到的收入（许宪春，2014），后者约占前者 70% 左右。另一方面，由于存在高收入群体不愿报、调查住户少报漏报导致的系统性误差，以及抽样调查固有的代表性误差等因素，导致调查数据中可支配收入被低估。

③ 本章与已有研究进行了对比，详情参考岳希明等《中国税制的收入分配效应测度》，《中国社会科学》，2014 年第 6 期，作者利用 CHIP2007 数据测算的全国住户、农村住户以及城镇住户个人所得税有效税率分别为 0.5%、0.0% 和 0.7%，但是其测算口径为个人所得税所有税目。需要说明的是，CHIP2013 调查问卷与 CHIP2007 问卷有所不同，前者不同性质住户的问卷内容是一致的，且对每个家庭成员的工薪收入进行统计，因此本章测算的基本单位为个人；后者只有城镇住户问卷统计住户家庭收入情况，因此作者测算结果中农村住户的结果均为 0.0%，且测算结果以家庭为基本单位。

表 8 – 10　　不同性质住户劳动所得税收负担情况

	平均值	中位数	标准差	微观调查样本量（户）
全国住户	0. 36	0	1. 49	26597
城镇住户	0. 67	0	2. 00	10132
农村住户	0. 17	0	1. 00	16455

由于居民资本所得的隐蔽性，根据居民资本所得税负采用国家统计局微观住户调查数据的测算结果和宏观数据的测算结果存在较大差异。在这里，图8 – 7仅展示了采用宏观层面数据测算的居民资本所得税负，可以看到，我国居民资本所得税收负担不高，在 2%—4% 之间波动，近年来基本稳定在 3. 5% 左右。

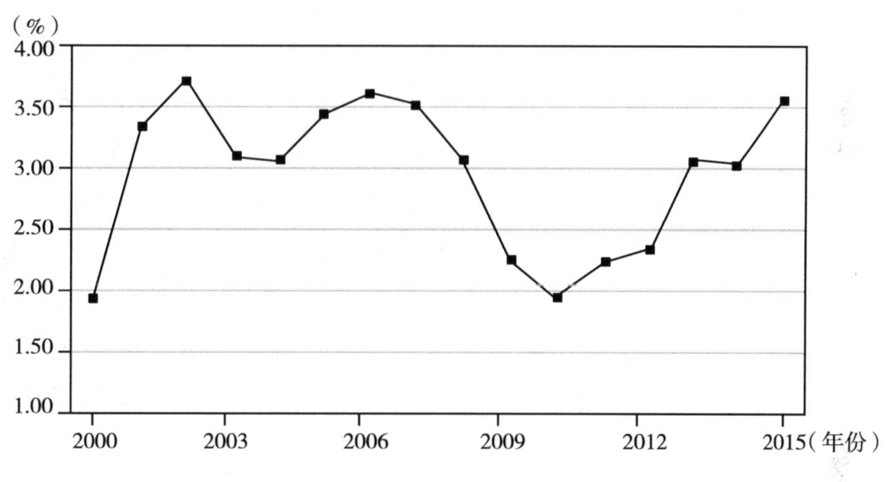

图 8 – 7　2000—2015 年居民资本所得税负

可以看到，宏观居民税负 2005 年前逐年上升，之后基本稳定，总税负和个人所得税税负平均分别为 2. 63% 和 1. 99%；2013 年微观家庭税负平均为 2. 90%，城镇住户税负高于农村住户 1. 60%；劳动所得税税负仅为 0. 36%，资本所得税税负在 2%—4% 之间波动。

8. 5　问题根源：税制结构

根据以上分析，我国不同口径宏观税负均处于中等收入国家水平，宏观税负并不高。但是，企业税负相对较重，居民税负较轻。因此，社会普遍认为我国税负较重，其问题的根源在于我国税制结构不合理。

由于传统税制结构分析方法均存在一定问题，因此学界和社会各界也并未得出合理的税制结构的一致标准和分析范式。但是，可以从学界公认的两个最重要的税制基本原则来分析税制结构是否合理，即合理的税制结构需要符合公平性和效率性。一般来说，公平性和效率性难以同时满足，现实中不同国家在不同发展阶段根据不同发展目标往往也有所侧重。但是，如果一国税制结构既不能实现公平，也不能提高效率，那么很大程度上说明该国税制结构并不合理，有一定改善的空间。我们认为，可以通过国民收入循环原理来判断税制结构，发现我国税制结构存在的问题（吕冰洋，2017）。

国民收入循环是指国民所创造的全部收入从价值创造到财富积累的整个资金流动和分配过程，它分为生产、再分配、使用和积累四个环节。而税收实际上体现在国民收入循环的四个环节，据此可以把所有税收归为四大类，分别是生产税、所得税、消费税、财产税。结合国民经济核算原理，可以得到以下结论：税收越接近国民收入循环的下游环节，税收转嫁越难，并且企业税收负担越轻，居民税收负担越重；在国民收入循环的再分配环节和积累环节征税，更有利于调节居民收入和财富分配。基于以上结论，分析税制结构和税收原则的关系：一般来说，在国民收入的再分配环节和积累环节征税，更有利于发挥税收的公平性；另外，越接近国民收入的下游环节征税，税收的经济效率递增，征管效率递减。

在我国的税制结构中，属于生产税和消费税主要是商品和服务税，例如增值税、消费税，它们既有在生产环节征收部分，也有在零售环节征收部分，考虑到我国在商品零售环节征收的税收较少，这里暂按商品和服务税的10%归属使用环节（实际上略有高估）。企业所得税和个人所得税属于所得税。对居民财产征收的房地产税、车船税等属于财产税。

为作比较，本节选取部分典型OECD国家展开横向比较[①]。OECD国家的税收大致分为五类：对个人所得、利润和资本利得征税，对公司所得、利润和资本利得征税，社会保障税，财产税和商品与服务税；其中，商品与服务税的增值税属于在生产环节征税，对个人和公司征收的所得、利润和资本利得税收属于在再分配环节征税，扣除增值税后的商品与服务税属于在使用环节征税，财

① 由于OECD还未公布2017年各国税收收入情况，故只能比较2016年中国和OECD国家的税制结构。

产税属于在积累环节征税。同时，在比较各国税制结构时，应结合宏观整体税负展开分析，才更能够体现税制结构与宏观税负之间的协调关系，因此表 8－11 加入了各国不同口径宏观税负，以便分析税制结构存在的问题。特别地，考虑到社会保障税的返还性质，且中国税收收入不含社会保障收入，比较时剔除 OECD 国家的社会保障税。

表 8－11　2016 年中国和典型 OECD 国家税制结构的比较　单位:%

	中国	美国	英国	德国	法国	日本	加拿大
生产税	62.60	0	25.82	29.99	26.77	0	16.44
所得税	29.87	64.24	44.34	51.57	41.24	52.20	56.87
消费税	7.00	22.30	14.17	13.80	16.12	33.92	12.08
财产税	0.52	13.46	15.67	4.58	15.87	13.88	14.61
小口径	17.52	20.89	27.51	23.50	27.38	18.51	26.95
中口径	21.45	20.94	29.04	24.81	29.67	18.98	29.10
大口径	28.43	32.44	39.03	44.43	52.96	35.33	39.31

数据来源：中经网统计数据库和 OECD、IMF 网站。

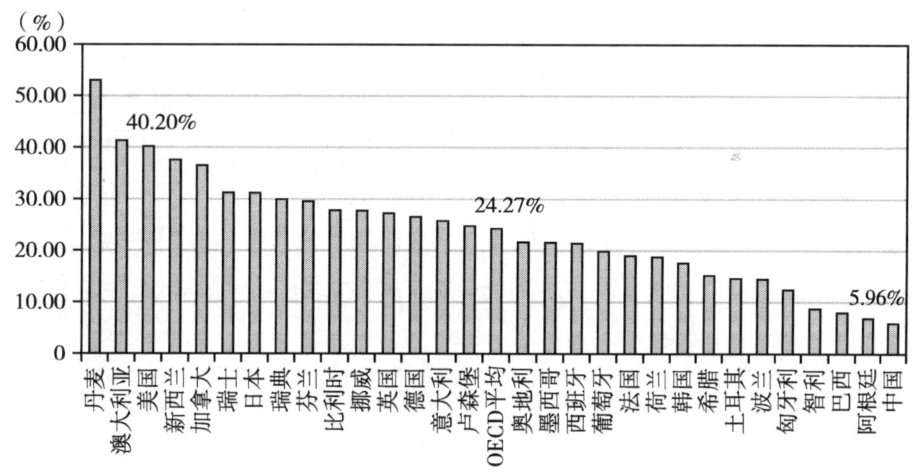

图 8－8　2016 年世界各国个人所得税收入占税收收入比重

数据来源：中经网统计数据库和 OECD、IMF 网站。

表 8－11、图 8－8 分别呈现了各国的税制结构和个税占比情况，从中可以得出以下两点结论。

第一，从纳税主体的角度来看，我国税收主要纳税人是企业。我国生产税和消费税的纳税主体为企业，所得税也是以企业所得税为主，仅财产税的纳税主体为居民，导致纳税主体向企业倾斜，企业负担较重。图 8 – 8 显示，我国个人所得税占总税收的比重仅为 5.96%，远低于 OECD 国家平均 24.27% 水平，我国个人所得税筹资功能弱，导致企业不得不承担更多的税收。

第二，从国民收入循环的角度来看，我国税收集中于生产环节征收。表 8 – 11 可以看到，法国、加拿大、英国等发达国家虽然不同口径宏观税负均较高，但是其税制以所得税、财产税为主，税收集中于下游再分配、积累环节征税。而反观我国税制，虽然宏观税负并不高，但是以生产税为主（占比为 62.6%），税收集中在上游生产环节征收。根据国民经济核算原理，税收越接近国民收入循环的下游环节，纳税主体逐渐由企业转变为居民，企业税负越轻而居民税负越重，更有利于调节收入和财富分配。但是，由于我国纳税人纳税意识不强、税务部门对个人信息处理能力不足、征管成本较高等多方面原因，相比而言，税收核算方式较简单、税收征管效率较高的增值税和企业所得税成为政府的财政收入主要来源，进一步导致我国征税集中于以生产税为主的上游环节，因此企业负担的生产税较重。另外，对再分配环节（尤其是个人所得税）和积累环节征税，才更有利于调节国民收入分配，但我国个人所得税和财产税仅占比 7.7% 和 0.52%，所起到的调节作用显然非常有限。

综合上述分析，我国税制以生产税为主，同时生产税的纳税主体为企业，而实际上起到调节收入分配作用的所得税和财产税占比较低，导致我国企业税负相对较重，从而在调节分配的公平方面和促进增长的效率方面需要改善。而如表 8 – 11 所示，相比美国等发达国家，税制结构以所得税和财产税为主，税收集中于下游环节，并且纳税主体主要为居民而非企业，使得税收能够更好地发挥税收的公平性和效率性。

8.6 结论与思考

我国正处在全面建成小康社会的关键时期，顺应经济全球化的潮流，推进现代化税制建设，是在激烈的国际税收竞争中寻求发展的必然选择。为了解我国税负水平、解决当前税负问题，本章测算了不同口径的宏观税负并进行国际比较，在此基础上，进一步测算了微观层面的企业税负和居民税负，从税制结构角度分析不同纳税主体的税负轻重。宏观税负来看，小口径、中口径宏观税负自 1980 年来呈现先下降后上升的趋势，大口径宏观税负近年来维持在 30% 左右，大致呈下降趋势；国际比较而言，我国处于中等收入国家税负水平，宏观税负并不高。企业税负来看，2012 年前先下降后上升，2012 年后基本呈现下降趋势，并且大型企业税负重、中小型企业税负轻，不同所有制和行业的税负水平存在较大差异。居民税负来看，宏观居民税负 2005 年前逐年上升，之后基本稳定，2013 年微观家庭税负平均为 3.27%，且城镇住户税负高于农村，居民宏微观税负均处于较低水平。

在全球减税的大背景下，我国税负过高的社会舆论日益高涨。本章的分析发现，我国不同口径宏观税负均处于中等收入国家水平，宏观税负并不高；但我国税收集中于企业缴纳，居民税负相对较轻；生产环节税负较重，而再分配、消费和财富积累环节税负较轻。这说明，我国税收负担的核心问题不是轻重与否，而是税制结构问题，对税负的误判无法有效引导市场预期的正确走向。因此，结合党的十八届三中全会提出“逐步提高直接税比重”的税改目标，政府势必逐步提高直接税的比重，适当降低间接税的比重，优化税制结构：从对企业征税转向对自然人征税，从对生产征税转向对所得和财富征税。具体而言，解决税负问题的方法在于征税环节需逐步下移到再分配、消费和积累环节。可供选择的政策有：我国在 2019 年 4 月开展了增值税降税改革，这实际上就是在降低生产环节的税收，下一步可以在一定时期内将标准税率稳定在 13%；改革个人所得税和部分财产税，使其逐渐发挥筹措收入的功能，提高对居民所得和财产征税比率；逐步开征社会保障税，适时推行“费改税”；必要时，可探讨在零售环节开征零售税，以部分代替生产环节增值税，推进税制结构不断优化。

诚然，纳税主体和征税环节的转移，可能存在诸多现实困难。由于我国税务部门长期对企业缴纳间接税形成了路径依赖，而当前直接税规模较小、税源分散，因此，提高直接税比重在一定时期内可能会减少财政收入，进一步可能影响财政赤字规模，诱发财政风险。再者，直接税的涉税信息往往由第三方部门掌握，各部门之间无法实现信息的直接共享，缺乏完善的沟通协调机制，从而导致税务部门掌握的征管信息不足，造成部分税款流失，难以扩大税基。另外，我国居民整体纳税意识不强，而随着直接税比重的提高，增强了税收显著性，更强化了居民对直接税的“税痛感”，可能引发偷漏税现象，阻碍了直接税改革的进程。而要解决以上这些问题，建设真正的“共识性强政府”，并不能只依赖于税制结构本身，它需要更综合的解决措施。例如，需要通过财政预算制度的法治化和民主化建设，提高政府支出的透明度，减少财政资金的浪费。并在公共物品和公共服务配置决策中，能够更多的吸收居民的声音，使之能够有效满足人民的公共需要。只有让纳税人真实体会到税收“取之于民，用之于民”，纳税人才会积极遵循税法，政府征税的遵从成本才会降至最低。

参考文献：

[1] 安体富，岳树民．我国宏观税负水平的分析判断及其调整［J］．经济研究，1999（3）．

[2] 陈晓光．增值税有效税率差异与效率损失——兼议对“营改增”的启示［J］．中国社会科学，2013（8）．

[3] 陈彦斌，陈惟．中国宏观税负的测算及启示［J］．财经问题研究，2017（9）．

[4] 陈钊，王旸．“营改增”是否促进了分工：来自中国上市公司的证据［J］．管理世界，2016（3）．

[5] 董根泰．我国宏观税负国际比较：一种基于可比性的分析［J］．财贸经济，2014（4）．

[6] 范子英，彭飞．“营改增”的减税效应和分工效应：基于产业互联的视角［J］．经济研究，2017（2）．

[7] 国家发改委经济研究所课题组，许生，李世刚．我国宏观税负研究［J］．经济研究参考，2014（2）．

[8] 李林木，汪冲．税费负担、创新能力与企业升级——来自“新三板”挂牌公司的经验证据［J］．经济研究，2017（11）．

[9] 李明，赵旭杰，冯强．经济波动中的中国地方政府与企业税负：以企业所得税为例［J］．世界经济，2016（11）．

[10] 李炜光，臧建文．中国企业税负高低之谜：寻找合理的企业税负衡量标准［J］．南方经济，2017（2）．

[11] 李永刚．对中国宏观税负的理性剖析［J］．税务研究，2012（7）．

[12] 刘行，李小荣．金字塔结构、税收负担与企业价值：基于地方国有企业的证据［J］．管理世界，2012（8）．

[13] 刘骏，刘峰．财政集权、政府控制与企业税负——来自中国的证据[J]．会计研究，2014 (1)．

[14] 刘啟仁，黄建忠．企业税负如何影响资源配置效率 [J]．世界经济，2018 (1)．

[15] 吕冰洋，郭庆旺．中国税收高速增长的源泉：税收能力和税收努力框架下的解释 [J]．中国社会科学，2011 (2)．

[16] 吕冰洋．税制结构理论的重构：从国民收入循环出发 [J]．税务研究，2017 (8)．

[17] 聂海峰，刘怡．城镇居民的间接税负担：基于投入产出表的估算[J]．经济研究，2010 (7)．

[18] 聂海峰，岳希明．间接税归宿对城乡居民收入分配影响研究 [J]．经济学（季刊），2012 (12－1)．

[19] 汪德华，李琼．宏观税负与企业税负地区间差异之比较——基于工业企业数据计量分解的分析 [J]．财贸经济，2015 (3)．

[20] 汪昊，娄峰．中国间接税归宿：作用机制与税负测算 [J]．世界经济，2017 (9)．

[21] 吴联生．国有股权、税收优惠与公司税负 [J]．经济研究，2009 (10)．

[22] 王永培，晏维龙．产业集聚的避税效应——来自中国制造业企业的经验证据 [J]．中国工业经济，2014 (12)．

[23] 徐建炜，马光荣，李实．个人所得税改善中国收入分配了吗？——基于对1997—2011年微观数据的动态评估 [J]．中国社会科学，2013 (6)．

[24] 许宪春．中国国民经济核算中的若干重要指标与有关统计指标的比较[J]．世界经济，2014 (3)．

[25] 杨玉萍，郭小东．营改增如何影响居民间接税负担和收入再分配[J]．财贸经济，2017 (8)．

[26] 岳希明，张斌，徐静．中国税制的收入分配效应测度 [J]．中国社会科学，2014 (6)．

[27] 张敏，叶慧芬，童丽静．财政分权、企业税负与税收政策有效性[J]．经济学动态，2015 (1)．

[28] 张平，侯一麟．房地产税的纳税能力、税负分布及再分配效应 [J]．

经济研究，2016（12）.

[29] 朱青. 对当前我国税负问题的看法 [J]. 税务研究，2017（3）.

[30] Acemoglu, D. Politics and economics in weak and strong states, Journal of Monetary Economics, 2005, 52（7）: 1199 - 1226.

[31] Decoster, A. et al, How regressive are indirect taxes? A micro simulation analysis for five European countries, *Journal of Policy Analysis and Management* , 2010, 29（2）: 326 - 350.

[32] Harberger, A. C. , The incidence of the corporation income tax, *Journal of Political Economy* , 1962, 70（3）: 215 - 240.

[33] Mendoza, E. G. et al, Effective tax rates in macroeconomics: cross - country estimates of tax rates on factor incomes and consumption, *Journal of Monetary Economics*, 1994, 34（3）: 297 - 323.

[34] Piketty, T. et al, Distributional national accounts: methods and estimates for the United States, *Quarterly Journal of Economics* , 2018, 133（2）: 553 - 609.

[35] Porcano, T. M. , Corporate tax rates: progressive, proportional, or regressive, *Journal of the American Taxation Association*, 1986, 7（2）: 17 - 31.

[36] Saez, E. & G. Zucman, Wealth inequality in the United States since 1913: evidence from capitalized income tax data, *Quarterly Journal of Economics*, 2016, 133（2）: 519 - 578.

[37] Stickney, C. P. & V. E. Mcgee, Effective corporate tax rates the effect of size, capital intensity, leverage, and other factors, *Journal of Accounting & Public Policy* , 1982, 1（2）: 125 - 152.

[38] Zimmerman, J. L. , Taxes and firm size, *Journal of Accounting and Economics*, 1983, 5: 119 - 149.

第9章　中国政府预算偏离：一个典型的财政现象*

陈志刚　吕冰洋

政府决算和预算的差异可以称之为预算偏离，过高的预算偏离程度不仅直接关系到预算管理的水平和财政活动的绩效，还会对经济社会产生冲击。本章利用1994—2017年中国公共预算的预算和决算数据，全面分析和归纳了中国政府预算偏离的典型特征。文章发现，中国政府预算偏离长期处于较高水平；全国和地方层面的预算偏离呈现出截然不同的特征；不同财政收支项目的预算偏离程度存在极大差异；预算偏离在不同省份和地区的表现也不尽相同；预算偏离的影响因素主要包括预算管理本身、财政管理体制、外部监督等。为降低预算偏离，应构建全面规范的预算体系，形成收支相匹配财政管理格局，营造公开透明的预算环境。

9.1　引言

政府预算对国家治理的影响巨大，它一方面反映着政府活动的范围、方向和政策，另一方面也体现着国家权力机构和人民对政府活动的监督（陈共，2015）。中国自1994年分税制改革后，政府预算制度历经了数次修补，以期建立全面科学的预算体系。但是目前政府预算管理依然存在许多问题。在2014年《国务院关于深化预算管理制度改革的决定》中，将这些问题归结为：预算管理和控制方式不够科学、预算体系不够完善、预算约束力不够、财政结转结余资

* 原文刊载《财政研究》2019年第1期。

金规模较大、预算透明度不够，等等。[①]

政府预算管理的这些问题，归根结底表现在政府的收支预算与决算行为上。根据《中华人民共和国预算法（2014 年修正）》（以下简称《新预算法》）的规定，预算收入征收部门和单位“必须依照法律、行政法规的规定，及时、足额征收应征的预算收入”，并“不得违反法律、行政法规规定，多征、提前征收或者减征、免征、缓征应征的预算收入”；此外，各级政府财政部门还必须“及时、足额地拨付预算支出资金，加强对预算支出的管理和监督”。可见，科学、规范、透明的预算制度，其表现之一便是政府的预算执行应与预算编制的情况保持一致，不应出现大额的超收超支或者短收少支的情况。

不过，分税制以来，中国政府预决算之间的差别呈持续扩大趋势（王秀芝，2009；孙玉栋、吴哲方，2012），这种差别我们称之为预算偏离或者预决算偏差，它指的是“在经立法机关审查批准的政府预算收支同作为其实际执行结果的政府决算收支之间出现了差异”（高培勇，2008）。从全国层面看，1994 年以来，在大部分年份中国政府的预算偏离都在 5% 以上，一些年份甚至超过了 10%（具体见 9.3）。而作为最早确立现代政府预算的国家，英国 2001—2003 年公共部门经常性收入预算偏离的平均幅度为 -2.8%（王秀芝，2009）；美国 2003—2007 年财政预算支出的偏离度平均仅为 2.1%（崔振东，2009）。相比较，中国政府的预算偏离程度远大于英美等国家。

预算本身是一种收支计划，应该允许决算数与预算数存在一定差距，而且在预算编制的过程中，就特意会留有一定的余地。但是如果差距过大，就会带来一系列的问题，譬如，过多的超收收入会加重微观经济主体的实际税负，从而降低微观经济主体面临的经济激励，在当前背景下也不利于推进供给侧结构性改革；再如，如果实际支出过少，政府提供的公共物品可能不足，尤其是基础设施领域的投资不足会不利于资源的有效配置；等等。“作为一个令人警醒的结果，预决算偏离度的持续扩大，不仅使得政府预算的监督制约作用在某种程度上走了过场，形同虚设，而且也使得预算法治一再受到挑战，甚至处于极度尴尬之中”（高培勇，2008）。如果财政预决算偏差过大的状况一直持续下去，政府预算的编制就失去了其科学性和权威性，现代预算制度进而现代财政制度的建立就受到了挑战，从而会在很大程度上影响财政对国家经济调节的效果。

① 《国务院关于深化预算管理制度改革的决定》，国发〔2014〕45 号。

因而，全面认识政府预算偏离的现状和特征，对于建立现代预算制度和现代财政制度，提高政府财政管理活动的绩效乃至推进国家治理的现代化都具有重要的意义。

本章旨在利用全国以及地方层面的预决算数据，全面描述和归纳中国政府预算偏离的典型事实，既为今后进一步的研究提供数据基础，同时也对现代预算制度的改革具有参考意义。

9.2　文献回顾

由于政府预算会深刻地影响政府各部门的活动安排以及市场预期，作为预算执行的结果——决算——应该与预算之间保持较好的一致性，预决算的差异过大，会对政府活动和市场行为产生较大冲击。对此，高培勇（2008）首先提出了“预决算偏离度”（预算偏离、预算偏差）的概念，它指的是“在经立法机关审查批准的政府预算收支同作为其实际执行结果的政府决算收支之间出现了差异”。并且高培勇（2008）指出，“超收”“超支”在中国长期存在，而且规模很大。同时，每年形成的“超收”，“几乎都要不打任何折扣地转化为当年的‘超支’”。在“超收”与“超支”之间，是一列高度相关的“直通车”。

预决算差别是国内外学者都关注的问题，不过国外学者多从预测的科学性和准确性方面着手，并主要集中在讨论收入预测的方法以及影响因素上。他们也并未形成“预算偏离度”这一概念，而是以“收入预测的准确性”（Revenue Forecasting Accuracy）来概括。例如，Kyobe & Danninger（2005）研究了 34 个低收入国家收入预测的过程，他们指出，对于低收入国家的收入预测，“更简化的程序和更高的透明度是形成一个高效率的预算的重要条件”。再如，Keene & Thomson（2007）对新西兰财政部的税收收入预测误差进行了分析，指出新西兰财政部的税收收入预测误差包括两部分，一部分是宏观经济形势变化导致的误差，另一部分是税收比例预测误差。此外，Jonung & Larch（2006）发现，欧盟成员国存在利用高估财政收入提高政府负债能力的情况，以规避《稳定与增长公约》关于欧元区各国财政赤字和公共债务的规定；进一步地，Boylan（2008）指出，当选举来临时，地方官员会倾向于通过高估财政收入来提高政府的负债能力以提高连任的支持度。Buettner & Bjoern（2010）则对部分 OECD 国家的收入预测实践及其表现进行了研究，他们认为，国家间的收入预测表现差异主要与宏观经济的不确定性有关，保持预测过程不受政府部门干扰对提高预测的科学性非常重要。Boyd et al.（2011）对美国州政府 1987 年至 2009 年的收入预测科学性进行了分析，发现美国州政府在该期间的平均偏差率为 3.5%，且预测准确与否与经济周期有关，在经济繁荣的时候，财政收入倾向被低估，而在经济低迷时，财政收入往往被高估。总结起来看，国外文献关于影响政府收入预测准确性的因素，可以分为经济因素，例如经济形势波动导致的失业（Boyd & Dadayan，2014）；组织因素，尤其是预算的规则（Forrester，1991；Smith，2007；Rose & Smith，2012）；政治因素，譬如选举年的影响、政党的附属关系等（Smith，2007）；技术因素，例如参与预测的人员特征、预测的过程（Reddick，2004；Voorhees，2004）；等等。

总体而言，国外关于预测的讨论侧重的是预算编制（尤其是收入预算的编制）的环节，而忽略了预算的执行环节。与国外研究相反，国内关于预算偏离的探讨则远远超出了“预测”的范畴。事实上，自从“预决算偏离度”被提出以后，国内一些学者便开始从全国层面探讨中国预算偏离的状况以及形成的原因。

一些文献认为，预算技术以及经济形势层面的因素导致了预算偏离，例如，马蔡琛（2008）指出，中国政府预算的预测方法和技术还不够成熟和完善，加上“收入预测本身所使用参数的复杂性和易变性”以及留有余地的编制原则使得预算偏离程度呈现高位运行的态势（王秀芝，2009；孙玉栋、吴哲方，2012）；而与计划经济增长率挂钩的做法使得经济周期波动以及通货膨胀都会在一定程度上导致预决算的偏差（孙玉栋、吴哲方，2012）。制度则是影响预算偏离的另一个重要因素，一是现行财政管理体制的影响，“收入压力型政绩评价机制”与税收计划的层层加码是造成预算偏离的重要原因，并且政策制定与预算过程的分离也对预算偏离造成了不可忽视的影响（马蔡琛，2009；王秀芝，2009）；二是预算法律制度存在诸多不完善之处，这导致了政府执法的意愿较低，进而出现了政府预算的“软约束”以及财政“超收”的现象，而法律监督乏力，地方政府对超收收入拥有极大的自由裁量权进一步加剧了收入预算偏离的程度（马蔡琛，2009；王秀芝，2009；刘叔申，2010）。基于此，徐阳光（2011）指出，对于预决算偏离成因，“技术、方法层面的客观因素固然重要”，但“各种激励机制下的主观偏离抉择更值得我们关注”，“收入预测面临的真正挑战不是技术上的，而是政治和法律层面的”。马蔡琛等（2015）则强调了预算行为主体心理因素的作用，他们构建了预算执行偏差的前景理论模型，指出可以利用“可得性偏差”来“构建预算执行偏差的奖惩机制”，以降低预算偏离的程度。

不过，上述分析多是理论层面或者简单的数据描述上的研究，并没有涉及具体的实证检验。这主要是限于数据的原因，使得计量分析难以在全国层面展开。近年来，学术界逐渐开始出现一些从地方层面研究中国预算偏离的文献。

这主要分为两类主题：一类文献关注预算偏离的成因，另一类则着眼于预算偏离可能产生的经济社会影响。就预算偏离的成因看，主要有预算技术、财政管理体制（包括税收计划）、经济形势以及政府效率等。例如，赵海利、吴明明（2014）通过对 1994—2010 年中国地方收入预算的执行情况进行分析，指出“地方政府收入预算科学性整体偏低”并且“低估政府收入具有普遍性”，这主要是由技术和制度两方面因素导致的；再如，冯辉、沈肇章（2015）发现地方政府的晋升激励使得“税收超计划增长”，这为“地方政府追求超预算收入奠定了经济基础”，而“税务部门在税收计划刚性考核压力下会提高税收努力程度”，从而导致预偏离程度上升；王华春、刘清杰（2015）的研究则表明地区经济增长对预算偏离“呈现正向扩大效应”而“地方政府效率与预决算偏差的长期关系更加稳定，且对预决算偏差具负向冲击力”。就预算偏离的产生的影响看，目前少数几篇文献认为预算偏离在一定条件下促进了政府投资，同时也导致了地区隐性经济规模的增加（苑德宇，2014；李永海，2016）。

从以往文献对预算偏离的探讨来看，文献重点考察了影响收入预算偏离的因素，而对支出预算偏离的分析较少，并存在以下不足。

首先，国外研究偏重的是收入预测的准确性，而较少考虑预算执行过程中造成的偏差；其次，国内文献对这一问题的研究还很初步，这主要表现在：第一，尽管一些研究注意到了预算偏离的问题，但还没有文献全面系统地分析过中国预算偏离的整体情况和典型特征；第二，目前的研究更多关注的是全国层面的预算偏离情况，只有较少文章在全省层面进行过探讨，而针对省本级和省以下层面的研究则几乎没有；第三，以往研究主要探讨收入预算偏离的问题，而很少分析支出预算偏离的状况及成因。

我们认为，造成上述状况的主要原因在于缺乏预算偏离的相关数据，也正是基于此，全面整理、描述和归纳中国政府预算偏离的数据和事实，显得尤为必要。本章旨在完成这一基础性的工作。以期引起大家对预算偏离的关注，同时为预算偏离的后续研究提供数据基础。

9.3 预算偏离的整体状况

9.3.1 数据来源

我们使用的主要数据是1994—2017年一般公共预算的预算和决算数据。全国层面和全省层面预决算的数据主要来自《中国财政年鉴》（1994—2016）。省本级和市县层面的数据则来自历年各省（自治区、直辖市）财政厅在本级人民代表大会的预决算报告。在进行具体分析时，我们剔除了西藏的数据。

为观察预算偏离的结构状况，我们在全省层面分析了不同收入和支出项目的偏离。具体而言，收入主要分为增值税、营业税、企业所得税、非税收入①和其他收入，限于数据，其序列只到2016年；支出主要分为行政管理支出、基本建设支出、教育支出、科技支出、社会保障支出和其他支出，由于2007年进行了政府收支分类改革，对支出分类做了大幅调整，因而我们的支出分类数据只到2006年。

9.3.2 预算偏离的整体状况

1. 全国层面

表9-1和图9-1给出了1994—2017年中国国家公共预决算偏离的情况。

① 在2007年以前，非税收入的口径主要包括国有资产经营收收益、国有企业计划亏损补贴、行政性收费收入、罚没收入、土地和海域有偿使用收入、专项收入、其他收入；2007年及以后，非税收入包括专项收入、行政性收费收入、罚没收入、国有资本经营收入、国有资源（资产）有偿使用收入、其他收入。

表9-1　1994—2017年中国国家公共预算的预算偏离情况　　亿元：%

年份	预算收入	超收规模	收入偏离度	预算支出	超支规模	支出偏离度
1994	4759.95	458.15	9.63	5429.14	363.48	6.69
1997	8397.94	253.20	3.02	8967.94	265.62	2.96
2000	12337.77	1057.46	8.57	14637.00	1249.50	8.54
2003	20501.32	1213.93	5.92	23699.00	950.95	4.01
2006	35423.38	3336.82	9.42	38373.38	2049.35	5.34
2009	66230.00	2288.30	3.46	76235.00	64.93	0.09
2011	89720.00	14154.43	15.78	100220.00	9027.79	9.01
2012	113600.00	3653.52	3.22	124300.00	1652.97	1.33
2013	126630.00	2579.64	2.04	138246.00	1966.10	1.42
2014	139530.00	840.03	0.60	153037.00	-1251.44	-0.82
2015	154300.00	-2030.77	-1.32	171500.00	4377.77	2.55
2016	157200.00	2404.97	1.53	180715.00	7040.21	3.90
2017	168686.77	3879.80	2.30	194947.30	8382.73	4.30
平均值		2625.41	6.64		2286.73	4.89

注：限于篇幅，表中未给出所有年份的数据，下同。

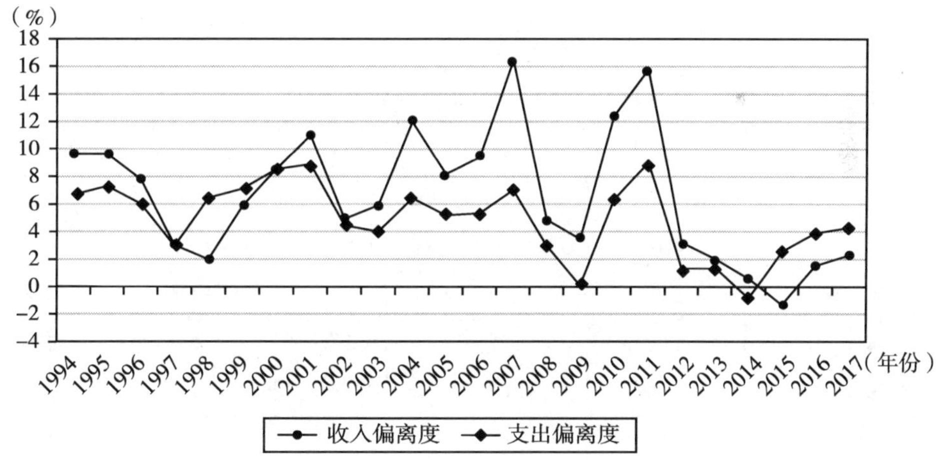

图9-1　1994—2017年中国国家公共预算的预决算偏离度

总体而言，预算偏离表现为大幅“超收”和“超支”，（2014年为“短收”，2015年为“少支”）。从绝对数看，超收和超支规模最大的一年均在2011年，分别达到了14154.43亿元和9027.79亿元。从相对数看，收入预算偏离常年在5%以上，并在许多年份超过了10%，其中在2007年高达16.47%；支出预算偏离在大部分年份中也都超过了5%，最高的2011年为9.01%。此外，收支预算偏离的变化趋势基本一致，二者的相关系数高达0.76，不过收入预算偏离度要远大于支出预算偏离度。

从时间态势来看，自分税制改革到1998年，预算偏离程度不断下降；1998年实施积极的财政政策以后，预算偏离趋于上升，并在2007年达到一个高点（其中在2002年和2005年有较为明显的下降）；2008年受金融危机的影响，预算偏离大幅下降，然而在2009年刺激计划之后，又迅速上升，并在2011年达到另一个高点；随着中国经济进入新常态，预算偏离从2012年开始大幅下降，其中收入在2015年出现了短收，支出则在2014年出现了少支。不过，尽管在新常态的背景下经济增速开始换挡，并且伴随结构性减税的政策调整，但是超收规模并没有一直下降，而有力度和更加积极的财政政策的实施，则带来了超支规模的进一步扩大，因此，2015年之后，“超收”和“超支”又趋于上升。从时间趋势的变化可以看出，中国财政预决算偏离度的变化一定程度上与经济形势和经济政策的改变相关。

2. 全省层面

（1）总体情况

表9－2和图9－2是各省预算偏离的描述性统计和时间态势。

表9－2　　　　全省层面预算偏离的描述性统计

样本	观察值	均值	标准差	最小值	最大值
收入预算偏离					
全部省份	720	7.80	8.10	－26.20	58.82
东部地区	240	6.39	7.35	－18.60	58.82
中部地区	144	7.77	8.19	－9.78	42.46
西部地区	264	9.07	8.19	－17.19	56.72
东北地区	72	7.96	9.31	－26.20	31.56
支出预算偏离					
全部省份	720	－8.95	9.67	－28.14	58.37
东部地区	240	－8.00	10.05	－26.72	58.37
中部地区	144	－9.48	10.01	－27.49	35.89
西部地区	264	－8.87	9.22	－28.14	44.34
东北地区	72	－11.40	8.96	－18.62	47.23

可见：(1) 在全省层面，收入的决算大于预算，存在“超收”现象，平均而言，超收的比例约为 7.80%；相反，支出的决算小于预算，存在“少支”现象，少支的比例约为 8.95%。这与全国层面的“超收”和“超支”截然不同。一个可能的原因是地方政府的支出极大程度上依赖于中央政府的补助，而转移支付的公共池效应使地方政府在预算时会倾向于尽可能多地争取中央补助，而在支出执行的过程中，有些争取到的钱花不出去，还有些转移支付的资金并未及时到位，这最终导致了“少支”。(2) 从偏离的大小看，不论是收入还是支出，全省层面的预算偏离程度要高于全国层面，并且与全国层面收入偏离大于支出偏离的现象相反，全省层面支出的偏离程度要远大于收入偏离。

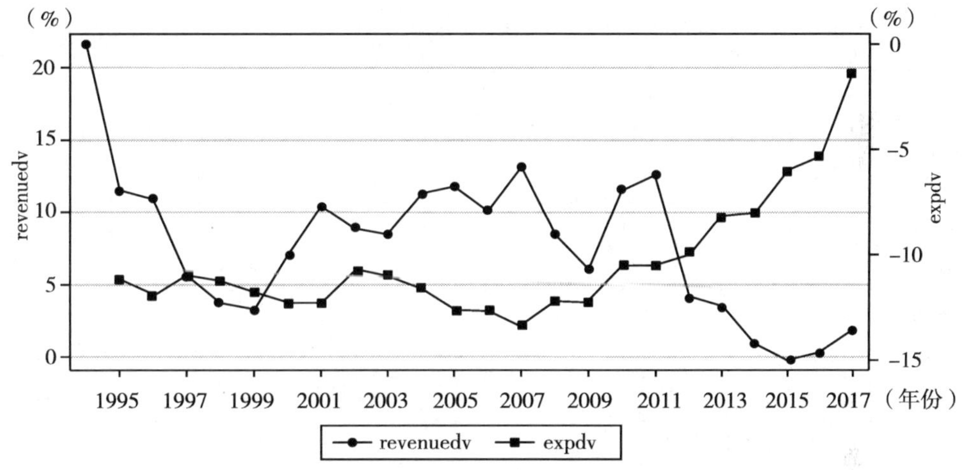

图 9－2　1994—2017 年各省（区、市）预算偏离平均值的变化

注：revenuedv 表示收入的预算偏离，expdv 表示支出的预算偏离，由于 1994 年支出预算偏离的平均值为数值很大的正数，为了便于观察图形的态势，支出预算偏离未包含 1994 年的数值。

(2) 地区差异

首先观察省际间的差异。表 9－3 给出了 1994—2017 年各省（区、市）收支预算偏离的变化，可以发现：(1) 平均而言，经济发展水平相对落后的宁夏、陕西等西部省份的收入偏差较大，而东部的广东、福建等省份的收入偏差较小；但也有例外，譬如西部的贵州，中部的湖北等省份的收入偏差也较小。(2) 与收入偏差不同，许多东部省份（浙江、福建、广东）的支出偏差较大，支出偏差在各省份之间的差异较大。(3) 全省层面，收入偏差和支出偏差之间并没有紧密的联系，收入偏差较大的省份可能支出偏差较小。(4) 就各年的偏差来看，各省（区、市）收支偏差的年度变化较大，大部分省份在绝大多数年份里的收入偏差都在5%以上，支出偏差则在8%以上。各省（区、市）收支偏差最大的时间段主要集中在2001—2011年之间。进入经济新常态之后，部分省份在某些年份收入出现了负向偏差，而支出则出现了正向偏差，但是总体上各省（区、市）的“超收”和“少支”的现象依然普遍存在，尤其是2015年之后，其基本趋势并没有出现根本性的逆转。

表9-3　1994—2017年各省（区、市）收支预算偏离的变化　单位：%

省（区、市）	收入预算偏离					支出预算偏离				
	1995年	2005年	2012年	2017年	平均	1995年	2005年	2012年	2017年	平均
安徽	10.93	14.92	9.91	1.26	9.81	-13.03	-11.72	-2.67	7.91	-5.49
北京	9.71	9.23	0.48	0.40	6.87	-0.23	-5.74	-12.23	0.00	-4.38
福建	16.93	2.34	3.26	0.80	5.11	-15.93	-14.86	-17.45	-3.29	-12.59
甘肃	1.16	11.20	6.29	-0.54	8.23	-14.39	-15.26	-4.55	-1.27	-9.89
广东	0.41	2.92	0.00	4.70	3.43	-8.77	-15.37	-20.05	9.00	-11.11
广西	9.65	9.32	6.20	4.08	7.36	-10.34	-12.83	-7.24	13.47	-8.21
贵州	4.92	6.38	6.11	0.30	5.85	-4.62	-2.70	-5.32	-2.53	-3.63
海南	6.61	4.66	0.33	3.30	4.13	-7.16	-14.64	-4.73	1.10	-9.00
河北	15.08	0.76	3.49	6.00	5.68	-9.81	-9.09	-7.04	-3.12	-6.22
河南	16.86	21.99	4.86	2.80	9.47	-6.64	-5.15	-2.63	-2.30	-3.44
黑龙江	13.14	27.81	0.57	7.75	11.27	-18.28	-15.69	-12.95	-1.69	-10.90
湖北	18.26	0.00	2.23	-3.03	3.76	-8.08	-10.13	-20.25	-2.40	-8.38
湖南	15.87	9.64	5.80	-3.79	6.82	-8.26	-12.17	-13.27	-6.36	-8.66
吉林	10.21	15.13	5.59	0.95	6.24	-15.51	-13.67	-9.32	-5.88	-10.49
江苏	13.36	5.31	-0.01	-0.35	7.52	-15.03	-9.48	-9.11	-13.28	-8.69
江西	7.06	9.66	8.93	4.13	6.88	-20.12	-25.59	-17.62	-6.16	-20.13
辽宁	11.09	16.42	1.38	3.50	6.35	-18.48	-12.73	-13.47	-3.15	-12.79
内蒙古	8.60	23.27	1.59	-17.19	9.81	-7.76	-12.13	-9.57	-8.20	-9.18
宁夏	12.25	22.61	6.26	2.30	13.75	-20.28	-25.51	-8.93	-3.44	-15.71
青海	13.16	14.33	5.67	1.30	7.99	-10.28	-23.83	-4.37	-1.30	-10.08
山东	21.36	8.11	1.82	0.70	5.57	-13.79	-11.25	-10.14	2.20	-8.04
山西	7.20	20.31	9.94	19.01	9.86	-13.72	-9.30	-14.43	-4.52	-10.76
陕西	16.59	18.96	12.23	7.29	12.22	-6.74	-18.07	-7.93	-3.63	-7.23
上海	3.37	12.55	0.16	2.60	8.49	8.34	-1.08	-1.47	-0.09	2.69
四川	8.45	15.24	4.98	7.00	9.49	-10.44	-8.65	-11.30	-4.80	-9.34
天津	11.27	17.29	5.20	-18.60	7.49	-9.43	-11.53	-6.79	-11.00	-6.87

续表

省（区、市）	收入预算偏离					支出预算偏离				
	1995 年	2005 年	2012 年	2017 年	平均	1995 年	2005 年	2012 年	2017 年	平均
新疆	23.29	10.40	4.74	7.40	9.03	-9.91	-6.78	-3.44	-0.30	-5.38
云南	19.18	3.37	2.93	2.10	6.16	-5.31	-4.74	-4.36	10.50	-3.33
浙江	7.83	5.40	0.62	14.51	9.65	-20.22	-20.39	-20.95	7.00	-15.76
重庆	12.34	14.19	3.59	-4.13	9.83	-18.61	-17.02	-13.85	-2.71	-15.56

注：平均值计算的是各省所有年份的平均值。

然后分析区域差异。我们将各省份分成东部、中部、西部以及东北四个区域，其结果见表 9-2 和图 9-3、图 9-4。

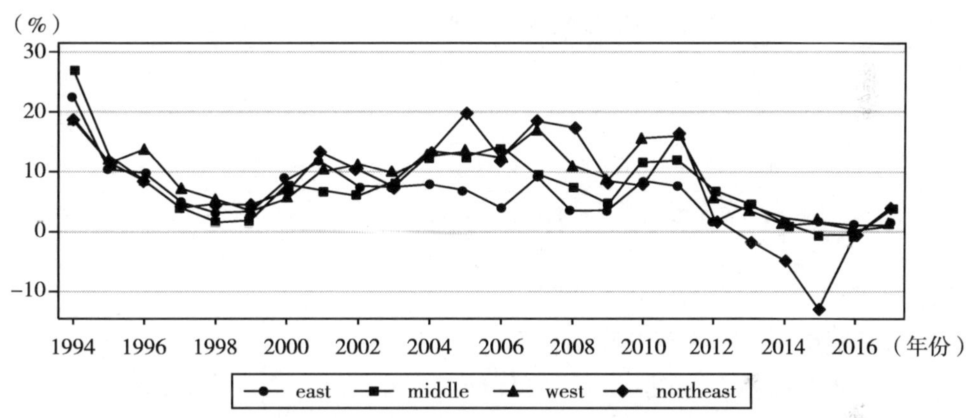

图 9-3　分地区 1994—2017 年收入预算偏离平均值的变化

注：east、middle、west、northeast 分别表示东部、中部、西部和东北地区，下同。

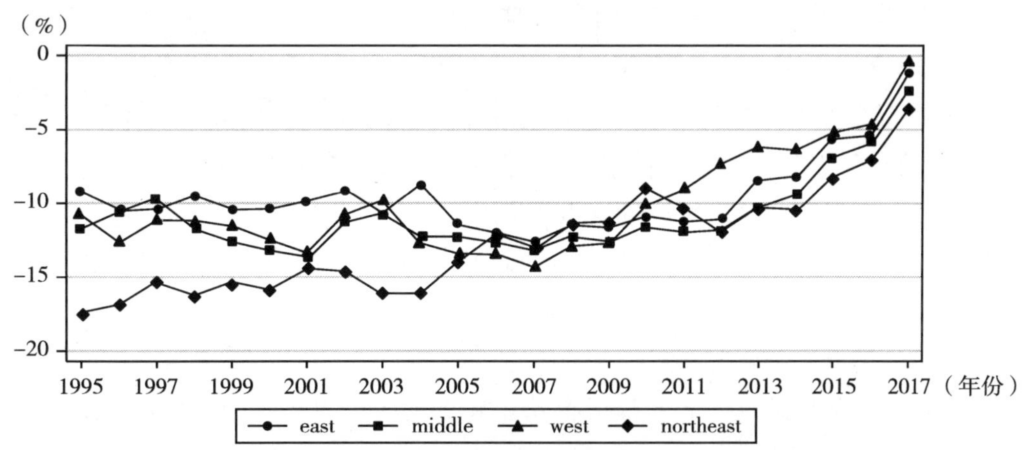

图 9-4　分地区 1994—2017 年支出预算偏离平均值的变化

从时间趋势来看，与省份的结果一致，所有地区的收入预算偏离都呈现出先降低后增加再降低而后缓慢上升的态势，其中，东北地区在2015年出现了较大幅度的负向偏离；支出偏离方面，各地区自2007年之后开始缓慢降低。

从地区差异看，收入偏差上，在大部分时间段上，东部地区的偏差最小，其次是中部地区和东北地区，最后是西部地区；支出偏差上，东部地区最小，东北地区最大，但是在2010年以后，西部地区的支出偏差最小。总体而言，东部地区的收支预算偏离程度要小于其他地区。

3. 省本级和市县层面

进一步地，可以将全省层面的预算偏离分成省本级和市县两个层面，表9－4给出了这两个层面的描述性统计结果。

表9－4　　省本级和市县层面预算偏离的描述性统计

		观察值	均值	标准差	最小值	最大值
省本级	收入预算偏离	621	10.98	15.31	－67.50	95.54
	支出预算偏离	524	－4.15	14.63	－36.29	59.75
市县	收入预算偏离	621	6.45	9.18	－64.45	63.32
	支出预算偏离	524	－10.31	11.83	－44.24	87.28

可见，无论是省本级还是市县层面，预算偏离总体表现为“超收”和“少支”并存。不同的是，省本级收入预算偏离的程度要大于市县层面，但支出预算偏离的程度则要小于市县层面，这主要是由于在省本级存在比较多“超支”的情形，导致支出预算偏离的平均值比较小。

图9－5和图9－6则给出了两个层面收支预算偏离在不同省份之间的差异。从图中可以看出：市县层面的收入预算偏离程度总体上要小于省本级层面；市县层面的支出预算偏离为负，但一部分省份省本级的支出预算偏离为正，这一定程度上说明地方支出预算偏离表现为“少支”更主要是由市县层面导致的。

那么，全省的预算偏离多大程度上是由省本级层面和市县层面引起的？尽管从数值上看，省本级的收入预算偏离会大于市县层面的收入预算偏离，但这并不意味着省本级对全省收入预算偏离的贡献大，原因在于省本级对全省预算偏离的贡献还取决于其占全省收入的比重。

一般的，如果总收入 Z 由分项收入 X 和 Y 构成，即 $Z_t = X_t + Y_t$，则：

$$\frac{Z_{t+1} - Z_t}{Z_t} = \frac{X_{t+1} + Y_{t+1} - (X_t + Y_t)}{Z_t} = \frac{X_{t+1} - X_t}{X_t} \cdot \frac{X_t}{Z_t} + \frac{Y_{t+1} - Y_t}{Y_t} \cdot \frac{Y_t}{Z_t} \quad (9-1)$$

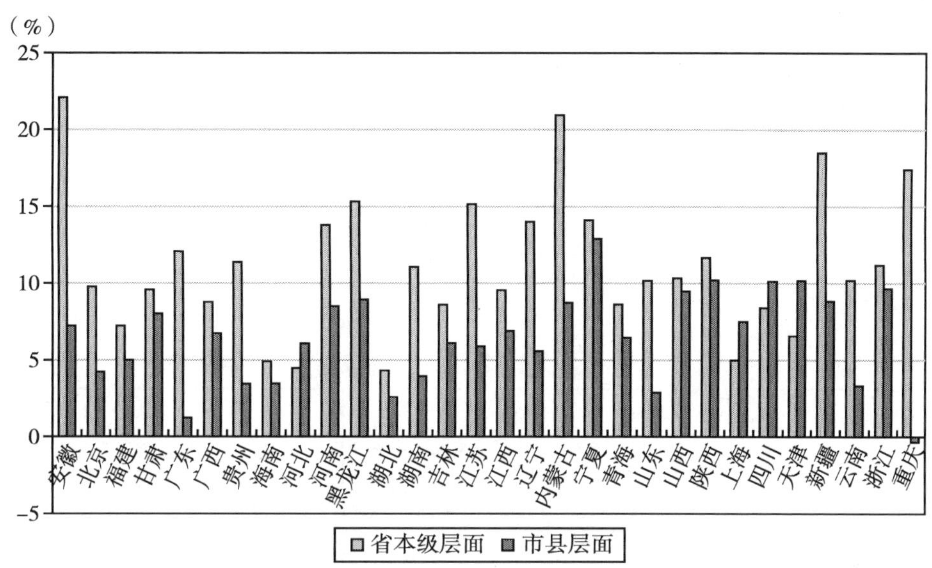

图9－5　1994—2017年省本级和市县层面收入预算偏离的平均值

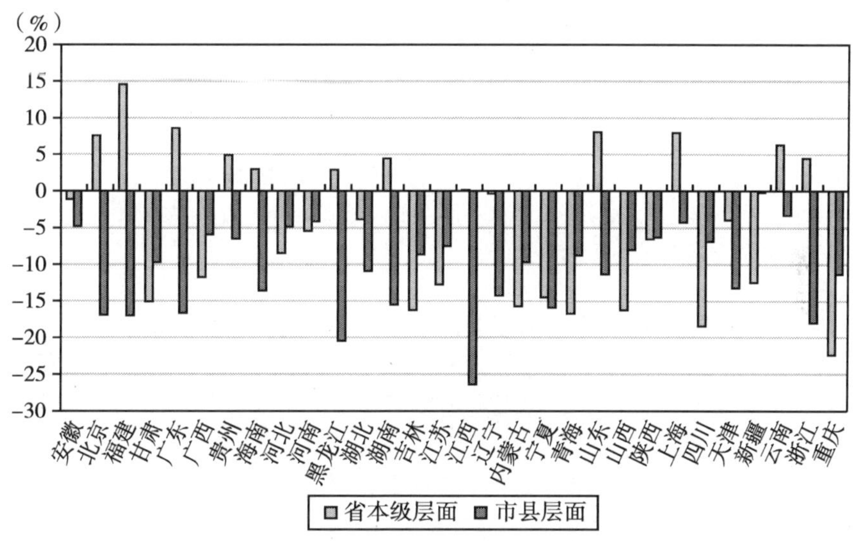

图9－6　1994—2017年省本级和市县层面支出预算偏离的平均值

在式（9－1）中，如果t表示预算数，$t+1$表示决算数，则$\frac{Z_{t+1}-Z_t}{Z_t}$就表示总收入的预决算偏差，$\frac{X_{t+1}-X_t}{X_t}$表示分项收入X的预决算偏差，$\frac{X_t}{Z_t}$表示分项收入X占总收入的比重。$\frac{X_{t+1}-X_t}{X_t}\cdot\frac{X_t}{Z_t}$为分项收入$X$对总收入偏差的绝对贡献，而其

相对贡献则为 $\dfrac{\dfrac{X_{t+1}-X_t}{X_t}\cdot\dfrac{X_t}{Z_t}}{\dfrac{Z_{t+1}-Z_t}{Z_t}}*100\%$ 。

利用式（9-1），可以分析出不同层级政府的预算偏离对全省预算偏离的贡献程度。表9-5和表9-6分别给出了收入预算偏离和支出预算偏离在省本级和市县层面的分解情况。

表9-5　全省收入预算偏离在省本级和市县层面的分解情况　单位：%

层面	全省	省本级			市县		
年份	偏离	占比	偏离	相对贡献	占比	偏离	相对贡献
2000	6.91	22.37	12.01	38.90	77.63	5.44	61.10
2003	7.83	25.30	9.34	30.16	74.70	7.32	69.84
2008	5.81	25.19	7.53	32.64	74.81	5.23	67.36
2010	9.73	21.33	12.10	26.53	78.67	9.08	73.47
2012	2.89	20.67	4.75	34.00	79.33	2.40	66.00
2014	1.11	19.27	4.57	79.38	80.73	0.28	20.62
2017	1.98	20.27	6.47	66.37	79.73	0.83	33.63
均值	6.22	22.74	9.39	50.52	77.26	5.31	49.48

注：本表先取每一年各省（省本级、市县）预算收入和决算收入的平均值之后再进行计算，这导致本表计算出的预算偏离度与前文稍有不同，前文是直接取各省（省本级、市县）预算偏离的平均作为该年预算偏离的数值。

表9-6　全省支出预算偏离在省本级和市县层面的分解情况　单位：%

层面	全省	省本级			市县		
年份	偏离	占比	偏离	相对贡献	占比	偏离	相对贡献
2000	-11.26	27.09	-2.19	5.28	72.91	-14.62	94.72
2003	-10.35	25.33	-3.06	7.49	74.67	-12.82	92.51
2008	-11.78	23.38	-8.90	17.66	76.62	-12.66	82.34
2010	-10.92	21.94	-10.63	21.37	78.06	-11.00	78.63
2012	-10.94	21.08	-10.10	19.45	78.92	-11.17	80.55
2014	-8.52	20.48	-10.68	25.66	79.52	-7.96	74.34
2017	-1.20	17.30	-5.31	76.43	82.70	-0.34	23.57
均值	-9.94	22.60	-6.67	18.78	77.40	-11.09	81.22

表9-5和表9-6表明尽管省本级的收入预算偏离程度要大于市县，但由于市县政府的预算收入占全省预算收入的比重达到了77.26%，因而全省预算偏离

主要是由市县层面贡献的，在 2014 年之前相对贡献率平均为 67.73%，不过 2014 年之后，省本级逐渐对全省预算偏离的贡献占主导地位。此外，市县政府支出预算偏离的程度（平均是 11.09%）高于省本级政府（平均 6.67%），同时市县政府预算支出的占比也远高于省本级，这最终使得全省层面的支出预算偏离主要是由市县层面导致的（贡献率达 81.22%）；同时，市县层面对全省支出预算偏离的贡献率总体表现出下降的态势，由 2000 年的 94.72% 下降到 2017 年的 23.57%。

9.4　预算偏离的结构状况

本部分对预算偏离的结构状况进行介绍。限于数据，本部分的分析在全省层面进行。

9.4.1　总体情况

表 9-7 给出了不同收入和支出项目预算偏离的描述性统计。

表 9-7　　不同收入和支出预算偏离的情况　　单位：%

分项收入和支出	观察值	均值	标准差	最小值	最大值
vatdv 增值税	690	3.19	12.95	-50.38	95.11
salesdv 营业税	690	3.06	12.67	-55.23	121.58
corporatedv 企业所得税	690	8.52	18.96	-64.29	134.60
nontaxdv 非税收入	690	26.17	43.38	-145.32	318.33
otherredv 其他收入	690	15.46	50.68	-43.63	629.55
publicdv 行政管理	390	-2.22	3.38	-21.51	18.10
infradv 基本建设	390	-17.52	11.96	-60.58	37.59
edudv 教育	508	-4.25	3.83	-22.42	12.73
tecdv 科技	630	-9.33	8.79	-55.50	8.31
securitydv 社会保障	510	-10.13	9.66	-47.53	5.34
otherexpdv 其他支出	268	-13.51	7.41	-34.73	28.73

注：非税收入和其他收入偏离的最大值都特别大，这有可能是数据统计的原因，也可能是现实的情况。当然，非税收入和其他收入偏离大于 200 的观察值很少，分别只有 7 个和 11 个。

收入预算偏离中，非税收入的偏差最大，均值为26.17%，其次是其他收入，为15.26%，剔除“营改增”的影响，增值税的偏差最小①。非税收入的偏差最大可能是由于非税收入的管理不严格，地方政府征收的自由度较大造成的，而增值税的偏差最小则是可能是由于其严格的制度管理。支出预算偏离中，基本建设支出的偏差最大，平均为17.52%，行政管理费的偏差最小，为2.22%。由于基本建设往往需要大量的资金，并且在较大程度上依赖于中央的专项补助②，从前文的分析可知，这很可能导致基本建设支出存在较大程度的“少支”现象；行政管理支出则往往采用定员定额的方式编制预算，因而决算和预算出现的差异也会较小。

图9－7和图9－8分别是分项收入和分项支出预算偏离的年度变化。总体而言，各分项收入和支出的预算偏离都趋于降低（行政管理支出教育支出和其他支出除外）。其中，企业所得税的偏差在2001年有一个明显的上升，这可能与2002年的所得税分享改革有关，由于2002年的所得税分项改革方案以2001年为基数，这使得地方在当年有激励征收更多的所得税，从而使得当年所得税的决算要大大超过预算；非税收入的偏差在2008年出现了负数，同时其他收入的偏差在2008年大幅上升；受“营改增”的影响，营业税在2016年出现了较大程度的负向偏离。

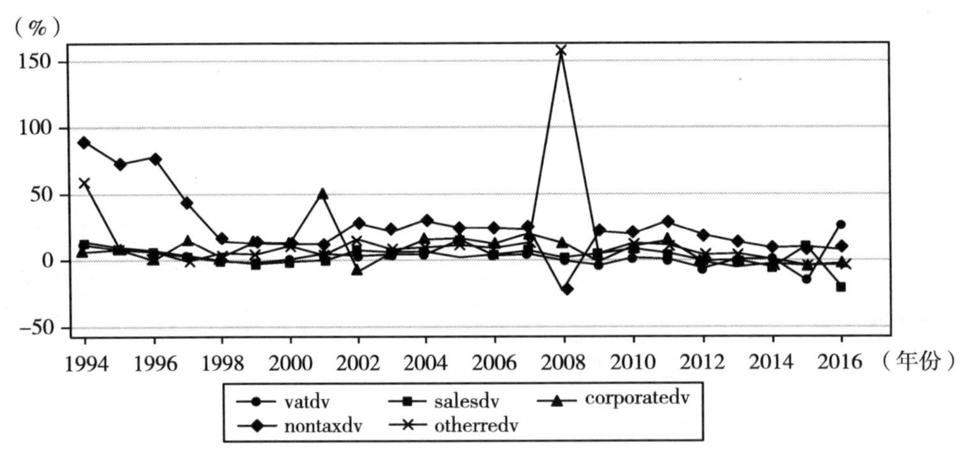

图9－7　1994—2014年各省分项收入预决算偏差平均值的变化

① 由于“营改增”的实施，导致营业税在2016年出现了较大幅度的负向偏离，这大大降低了营业税的偏离程度。

② 例如，专项转移支付的第一项便是基本建设支出。

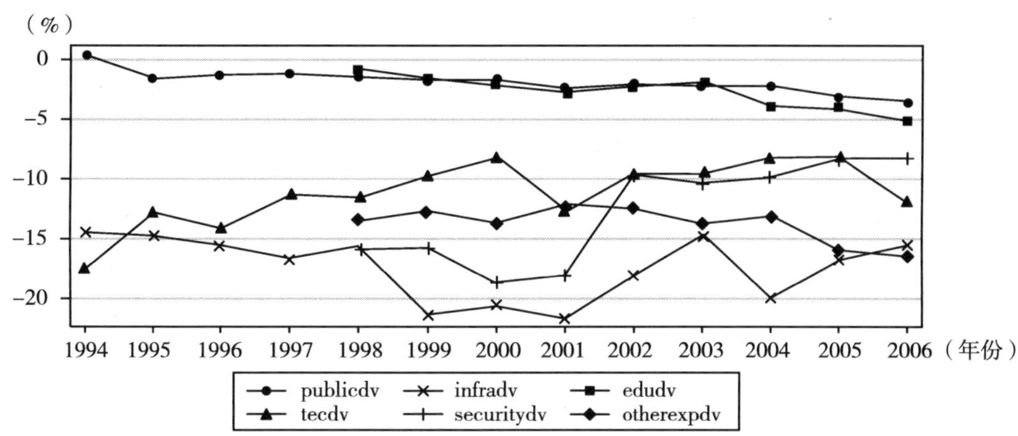

图 9－8　1994—2006 年各省分项支出预决算偏差平均值的变化

9.4.2　结构分析

利用式（9－1），可以观察不同收支项目对总体预算偏离的贡献情况。表 9－8 给出了 1994—2016 年各分项收入对总收入偏离的贡献率。

表 9－8　　分项收入对总收入预算偏离的贡献率　　单位：%

年份	增值税	营业税	企业所得税	非税收入	其他收入
1994	11.56	15.28	5.44	13.97	53.75
1997	1.71	12.04	36.51	43.00	6.73
2000	7.51	1.83	25.07	21.02	44.57
2003	10.82	20.89	7.41	30.90	29.98
2006	7.93	13.26	11.27	42.36	25.17
2009	-14.00	20.77	-12.17	66.72	38.68
2012	-20.67	-3.44	-5.83	103.13	26.81
2016	202.53	-280.18	0.89	178.64	-1.88

除去 2015 年和 2016 年，总体来看①，非税收入的贡献最大，其次是其他收入，最小的是增值税。也就是说，总收入预决算的偏差最主要是由非税收入和其他收入导致的，因而，加强对非税收入的管理对降低预算偏离具有重要的作用。

① 受“营改增”的影响，2015 年和 2016 年增值税和营业税出现了较大的负向偏离，使得占比偏大。

表 9 - 9 进一步给出了各分项收入占预算总收入比重的变化以及该收入自身预决算偏差的变化。

表 9 - 9　分项收入对总收入预决算偏差贡献的分解　单位：%

年份	增值税		营业税		企业所得税		非税收入		其他收入	
	占比	偏差	占比	偏差	占比	偏差	占比	偏差	占比	偏差
1994	28.33	9.56	31.03	11.54	13.89	9.18	-1.61	-203.76	28.36	44.44
1997	24.60	0.35	27.00	2.22	11.35	16.00	5.45	39.23	31.60	1.06
2000	18.30	2.83	26.70	0.47	14.85	11.66	11.39	12.75	28.76	10.71
2003	18.98	4.47	28.64	5.71	10.85	5.35	15.62	15.49	25.91	9.06
2006	18.20	3.32	28.20	3.59	11.98	7.18	17.67	18.29	23.96	8.01
2009	15.34	-4.13	27.42	3.43	13.12	-4.20	17.62	17.14	26.50	6.61
2012	11.95	-4.99	26.28	-0.38	12.92	-1.30	20.21	14.74	28.64	2.70
2016	19.36	12.75	15.22	-22.45	11.76	0.09	23.96	9.09	29.70	-0.08
均值	17.91	1.89	26.75	2.35	12.64	7.21	14.97	13.16	27.73	110.64

从均值来看，增值税和营业税的偏差都较小，而非税收入的偏差最大，达到了 27.73%。因而，即使非税收入占总收入的比重并不是最大，但其对总收入偏差的贡献率却最高；较高的偏离和较大的占比使得其他收入对总收入的贡献率也处于较高的水平。

表 9 - 10 和表 9 - 11 则是支出预算偏离的分解情况。

表 9 - 10　分项支出对总支出预决算偏差的贡献率　单位：%

年份	行政管理	基本建设	教育	科技	社会保障	其他
1998	1.72	14.35	1.25	1.14	3.48	78.05
2000	1.96	18.74	2.83	0.91	10.71	64.86
2002	2.10	22.46	2.92	0.83	6.82	64.86
2004	1.79	16.64	3.74	0.79	6.53	70.51
2006	2.42	12.50	5.55	0.91	4.05	74.58
均值	2.02	17.54	3.13	0.95	6.65	69.71

表 9-11　　分项支出对总支出预决算偏差贡献的分解　　单位:%

年份	行政管理		基本建设		教育		科技		社会保障		其他	
	占比	偏差	占比	偏差	占比	偏差	占比	偏差	占比	偏差	占比	偏差
1998	8.38	-2.17	10.55	-14.37	14.32	-0.92	0.98	-12.29	1.96	-18.82	63.82	-12.92
2000	7.43	-2.97	11.96	-17.64	14.13	-2.26	1.13	-9.02	5.92	-20.37	59.44	-12.28
2002	8.62	-2.49	13.18	-17.40	14.64	-2.03	1.13	-7.49	6.38	-10.92	56.05	-11.81
2004	8.56	-2.44	10.84	-17.93	13.95	-3.13	1.07	-8.55	6.48	-11.77	59.09	-13.94
2006	8.63	-3.35	9.79	-15.25	13.67	-4.85	1.16	-9.36	5.95	-8.13	60.81	-14.66
均值	8.37	-2.70	11.60	-16.64	14.09	-2.53	1.12	-9.44	5.50	-14.06	59.31	-13.08

可见，其他支出的贡献最大，高达69.71%，其次是基本建设支出，为17.54%，科技支出的贡献最小，为0.95%。时间趋势上，其他支出和社会保障支出的贡献率均呈现出先下降后上升的态势，基本建设支出的贡献率正好相反，先上升后下降；行政管理支出的贡献率趋于缓慢上升，而教育支出、科技支出的贡献率总体趋于下降。

从具体分解结果看，其他支出占总支出的比重最大，平均为59.31%，而且其自身的偏离度也不小，绝对值为13.08%，这使得它对总支出偏离的贡献率最高；而科技支出的占比很小，平均仅为1.12%，同时其偏差程度也仅高于教育支出和行政管理支出，因而科技支出对总支出的贡献率最小。

9.5　预算偏离的成因分析

本部分主要探讨预算偏离的成因。具体而言，我们认为，至少有以下几个因素导致了财政预决算的偏差。

9.5.1　预算管理本身的因素

1. 预算编制不科学

目前预算编制缺乏科学的预测过程，编制的依据较为简单。从收入预测看，普遍做法是在当年预计 GDP 增长率的基础上加上几个百分点（孙玉栋、吴哲方，2012）。一旦实际 GDP 增长率大幅超过预计 GDP 增长率（这正是我国多年来的实际情况），决算收入自然就会远大于预算收入。

2. 预算执行“软约束”

一是“超收”和“少支”资金的自由裁量权。一方面，“超收”收入的使用在 2007 年以前并不会纳入人大的审批，而且也不会进入下一年的预算[①]，这导致超收资金游离了预算监管，有些地方甚至出现鼓励超收的局面[②]。另一方面，“少支”资金的使用在新《预算法》之前并没有明确规定[③]，预算高于决算的部分，对于地方政府而言有相当程度的自由支配权，并且其中一部分资金成为了财政存量资金，对其使用，“已形成历史惯性和制度惯性，去留皆由各地区和各部门自行决定”，“截至 2014 年 3 月底，9 个省本级和 9 个市本级财政存量资金达 7673 亿元，其中近三成已无法按原用途使用”（审计署，2015）。“超收”收入和“少支”资金的自由裁量权，会使得政府在预算编制时会故意低估财政收入，高估财政支出，从而增加收支预决算的偏离程度。

二是支出预算调整频繁。在强调总规模调整的管理理念下，其他调整（譬如收支结构的变化或者说科目流用）往往不受人民代表大会的约束。这使得使地方预算调整次数频繁、随意并且不受监督。而为了能够在不突破总量预算的前提下调整预算，政府部门有动力在预算编制时高估支出。

三是支出进度不足。由于预算年度与人代会会期错配，致使预算执行过程中存在一段真空期，再加上预算资金（尤其是上级专项资金）下达较慢等原因，地方预算普遍存在财政支出进度缓慢的问题，这往往会导致最终的支出不足。

3. 预算过程“碎片化”

尽管财政部门是地方预算的职能部门，但在实践中，其往往处于被动的地位，这主要是由“零碎化”的预算制度导致的（马骏、侯一麟，2004）。财政部门虽然是名义上的“核心预算机构”，但还存在多个“准预算机构”，这导致“许多资金的分配权都不在财政部门的控制范围内”。因而，在地方部门预算中，预算主管部门和下属单位往往会出现“讨价还价”的局面，财政部门的预算管理和分配权则在一定程度上被“准预算机构”肢解，同时还会受到来自政府领

① 2007 年以后，尽管超收收入被纳入了预算稳定调节资金，但政府仍在当年对其的使用具有很大的自由。
② 例如，宁波市 2004 年就印发了《财政收入超收奖励办法（暂行）》，规定了分成收入超收的奖励办法。
③ 其具体表述为“各级政府预算的上年结余，可以在下年用于上年结转项目的支出；有余额的，可以补充预算周转金；再有余额的，可以用于下年必需的预算支出”。

导的压力（苟燕楠、王逸帅，2006）。预算过程的“碎片化”，导致各部门尽量多地争取有利于本部门的预算资金，从而降低了预算的准确性，加剧了预算尤其是支出预算的偏离程度。

9.5.2　财政管理体制因素

1. 财政收支不匹配

1994 年的分税制改革重点是重新划分中央和地方的收入责任，在财权上收和事权下放的背景下，地方政府尤其是基层政府面临着巨大的财政压力。一方面，地方政府会采取各种手段来汲取财政收入以满足支出的需要，而这会增加决算收入进而拉大决算对预算的偏差；另一方面，地方政府过多的事权和支出责任给政府机构追求自由裁量预算的最大化提供了便利的外部条件，而支出预算大于决算的部分就是一种自由裁量的预算，这进一步扩大了支出预算与决算的偏差。

2. 转移支付规模过大、结构不合理

地方政府大量财力来源于上级的转移支付，而转移支付相当于一个公共池——下级政府得到了一定的收入却不需要付出相应的成本，因而，地方政府会倾向于争取更多的转移支付尤其是专项转移支付，并形成“重争取、轻使用”的弊端以及“狮子大开口”的机会主义行为，加上转移支付资金拨付进度缓慢，最终导致了转移支付的决算支出不足，并出现决算少于预算的情形。

9.5.3　外部的监督和约束因素

一是人大监督不够健全。一般而言，人大对预算的监督过程包括提前介入、初步审查、人代会审批预算、预算执行和决算审查五个阶段（林慕华、马骏，2012），然而目前，人大对政府预算的监督作用还很有限，尤其是在预算执行阶段，许多预算调整并不经过人大审批，一部分财政结余资金也游离于人大的监督之外，而“强行政”的预算体制使得人大的监督地位在某种程度上被架空，缺乏专业的人员和有利的信息则进一步限制了人大监督约束作用的发挥。

二是预算审计不够完善，这主要表现在审计机关缺乏独立性欠缺、审计的覆盖范围不够全面。据统计，自 2011—2015 年，均被国家审计部门连续审计的部委仅仅 15 个，而且大多数部门被审计的时间跨度较大（巩玉坤，2017）；并且现行审计一般未包括税式支出预算以及准财政活动报告，而只对现行预算体系中的财政收支进行审计（王秀芝，2015）。

三是预算管理不够透明。阳光透明的预算管理活动能够有效降低政府的机会主义行为，从而降低预决算的偏离程度。目前，中国的预算透明度仍亟待提高，根据上海财政大学发布的《2017 中国财政透明度报告》，31 个省（自治区、直辖市）的平均得分仅为 48.26。预算透明较低，使得政府部门在预算过程中拥有很大程度的垄断信息，从而加剧了政府收支的预算偏离程度。

9.5.4 其他因素

这主要包括一些偶然性和突发的性的因素。值得一提的是政策的调整，在年初的时候，地方政府并不能准确预测中央各部门在年中将会出台什么样的政策；同时，在地方层面财政部门也无法准确预计政府部门可能出台的一些新政策（王秀芝，2009），这导致政策与预算分离，给地方政府及其财政部门的预算编制带来了较大的不确定性，而为了应对这些可能支出需求，地方政府会在一开始便留有一定余地甚至虚设支出科目（马蔡琛，2014），从而加大支出预算的偏离程度。

9.6 结论与政策建议

本章观察了 1994 年以来中国政府预算偏离在不同层级政府的表现，同时分析了预算偏离的区域差异以及结构差异，并探讨了预算偏离的成因。文章发现：第一，自 1994 年以来，中国政府预算偏离长期处于高位运行，在进入经济新常态之后，预算偏离大幅下降，但近两年来又有所上升。第二，从不同层级政府的预算偏离看，与全国层面“超收”与“超支”并存不同，地方层面表现为“超收”和“少支”；对省本级和市县层面的分解表明，全省收支的预算偏离更主要是由市县层面的原因造成的。第三，不同财政收支项目的预算偏离状况存在较大差异。收入偏离中，非税收入的偏离最大，且对总收入偏离的贡献也最大；增值税的偏离最小，且对总收入偏离的贡献也最小。支出偏离中，其他支出和基本建设支出的偏离最大，科技支出和行政管理支出的偏离则较小。第四，不同省份和地区的预算偏离程度也不尽相同。大体上，东部地区的收支偏离程度最小，而东北和西部地区的偏离相对较大。第五，导致预算偏离的因素主要包括预算本身、财政管理体制、外部监督与约束以及其他因素。

根据研究，本章认为，为降低预算偏离程度，应重点从以下几方面入手：第一，注重预算的科学性和严肃性，建立全面规范的预算体系。为此，应增强财政部门“核心预算机构”的地位，提高预算编制的科学性和规范性，可以考虑在财政部门内设立专门的预算编制机构，提高对预算机构对收支预测的独立性；实施中期财政规划管理，建立跨年度预算平衡机制并逐步发挥中期财政规划对政府绩效评价的支撑作用；硬化预算执行约束，加强对“超收”和“少支”资金的管理。第二，进一步理顺政府间收支责任安排，形成各级政府收支相匹配的格局。为此，应该适当下放财权，缓解地方政府面临的财政压力；适当上收事权，建立事权与支出责任相匹配的支出分权体系；同时控制转移支付的规模，优化转移支付的结构和分配方式。第三，加强对预算管理的监督，形成公开透明的预算环境。为此，应该加强人大对预算活动的监督，强化人大在预算全过程尤其是对预算执行和决算审查过程的监督职能；完善对预算的审计，注重提高审计部门的独立性，扩大国家审计的范围；提高财政透明度，加强社会对预算的监督。

参考文献：

[1] 陈共. 财政学（第 8 版）[M]. 北京：中国人民大学出版社，2015.

[2] 崔振东. 我国政府预决算偏离度问题研究 [D]. 首都经济贸易大学，2009.

[3] 冯辉，沈肇章. 政治激励、税收计划与地方财政收入预决算偏离——基于省际动态面板数据模型的分析 [J]. 云南财经大学学报，2015 (3)：27 - 39.

[4] 高培勇. 关注预决算偏离度 [J]. 国际税收，2008 (1)：5 - 6.

[5] 巩玉坤. 国家预算执行审计的现状调查与对策分析 [J]. 中国集体经济，2017 (14)：19 - 20.

[6] 苟燕楠，王逸帅. 中国市级政府预算管理制度改革——一种预算生态

框架的实证分析［J］．当代财经，2006（10）：26－32．

［7］李永海．政府预算管理水平对地区隐性经济规模的影响研究——基于财政收支预决算偏离度视角的实证分析［J］．财政监督，2016（6）：71－76．

［8］林慕华，马骏．中国地方人民代表大会预算监督研究［J］．中国社会科学，2012（6）：73－90．

［9］刘叔申．政府预算的科学性与软约束——基于中国财政预算执行情况的实证分析［J］．中国行政管理，2010（2）：110－115．

［10］马蔡琛．市场经济国家的预算超收形成机理及其对中国的启示［J］．财政研究，2008（11）：72－75．

［11］马蔡琛．中国政府预算超收资金的形成机理与治理对策［J］．财贸经济，2009（4）：18－22．

［12］马蔡琛，张铁玲，孙利媛．政府预算执行偏差的行为经济学分析［J］．财经论丛（浙江财经大学学报），2015，V192（3）：17－23．

［13］马骏，侯一麟．中国省级预算中的非正式制度：一个交易费用理论框架［J］．经济研究，2004（10）：14－23．

［14］孙玉栋，吴哲方．我国预算执行中超收超支的形成机制及治理［J］．南京审计大学学报，2012，9（4）：1－12．

［15］王华春，刘清杰．地区财政预决算偏差与政府效率、经济增长的关系研究［J］．财经论丛（浙江财经大学学报），2015，V200（11）：34－42．

［16］王秀芝．关于我国财政收支预决算偏差的考察［J］．经济问题探索，2009（9）：164－167．

［17］王秀芝．从预算管理流程看我国政府预算管理改革［J］．财贸经济，2015，36（12）：22－34．

［18］徐阳光．收入预测与预算法治——预决算收入偏差的法律评估［J］．社会科学，2011（4）：43－51．

［19］苑德宇．地方政府投资的决定因素研究：基于税收预决算偏离的视角［J］．世界经济，2014（8）：173－192．

［20］赵海利，吴明明．我国地方政府收入预算的科学性——基于1994—2010年地方收入预算执行情况的分析［J］．经济社会体制比较，2014（6）：135－147．

［21］Boyd，D. J. & Dadayan，L. State tax revenue forecasting accuracy：Technical report，Rockefeller Institute of Government State，University of New York，2014.

[22] Boyd, D. J. , Dadayan, L. & Ward, R. B. States' revenue estimating: cracks in the crystal ball. State Tax Notes, 2011: 945 – 72.

[23] Boylan, R. T. Political distortions in state forecasts. Public Choice, 2008, 136 (3 – 4), 411 – 427.

[24] Buettner, T. & Kauder, B. Revenue forecasting practices: differences across countries and consequences for forecasting performance. Fiscal Studies, 2010, 31 (3): 313 – 340.

[25] Forrester, J. P. Budgetary constraints and municipal revenue forecasting. Policy Sciences, 1991, 24 (4): 333 – 356.

[26] Jonung, L. & Larch, M. Improving fiscal policy in the EU: the case for independent forecasts. Economic Policy, 2006, 21 (47): 492 – 534.

[27] Keene, M. & Thomson, P. An analysis of tax revenue forecast errors (No. 07/02) . New Zealand Treasury, 2007.

[28] Kyobe, A. & Danninger, M. S. Revenue Forecasting: How is it Done? Results From a Survey of Low – Income Countries (No. 5 – 24) . International Monetary Fund, 2005.

[29] Reddick, C. G. Assessing local government revenue forecasting techniques. International Journal of Public Administration, 2004, 27 (8): 597 – 613.

[30] Rose, S. & Smith, D. L. Budget slack, institutions, and transparency. Public Administration Review, 2012, 72 (2): 187 – 195.

[31] Smith, D. L. Rules, Participants, and Executive Politics in State Tax Revenue Forecasting. Journal of Public Budgeting, Accounting & Financial Management, 2007, 19 (4): 472.

[32] Voorhees, W. R. More is better: Consensual forecasting and state revenue forecast error. International Journal of Public Administration, 2004, 27 (8): 651 – 671.

第 10 章　国家能力与政府间财政关系 *

吕冰洋　台　航

本章基于国家能力视角，研究政府间财政关系演变的逻辑及影响。理论分析认为，国家能力两大支柱是市场增进能力和控制动员能力，政府间财政关系通过事权、财权和转移支付制度设计，对这两大能力均有重要影响。中国政府间财政关系的演进始终围绕提升国家能力而展开，它在不同时期，在各级政府层面，均有不同的展现：统收统支制度通过强化中央政府的财政集权，来提高国家的控制动员能力，从而强力推动国家的工业化发展；分灶吃饭制度通过放权，使得地方政府能够运用辖区控制动员能力来创造市场；分税制有效提高中央政府的控制动员能力，同时中央与地方分别在建设统一市场、促进局部市场发展上合理分工。为匹配国家治理体系和治理能力的现代化，现行政府间财政关系仍需做进一步改革，中央税要导向生产性税基，地方税要导向消费性税基和财产性税基，事权分配要体现分权与制衡原则，转移支付要扩大分类拨款的比重。

10.1　引言

对中国这个超大型国家而言，中央与地方关系的制度构建关系到国家的长治久安，历来是学术界的研究重点。中央与地方关系的两大组成部分是政府间行政关系和政府间财政关系，前者涉及人事权的控制与分配问题，后者涉及财政权的控制与分配问题。由于中国幅员辽阔，政府间存在着很强的信息不对称，

* 原文刊载于《政治学研究》2019 年第 3 期。

客观上要求建立多级政府体制。在此背景下，经济发展、社会治理等各项事业的展开都需要充分调动中央和地方两个积极性。对此，1956 年，毛泽东在《论十大关系》中提出，“我们的国家这样大，人口这样多，情况这样复杂，有中央和地方两个积极性，比只有一个积极性好得多……处理好中央和地方的关系，这对于我们这样的大国大党是一个十分重要的问题。”积极性的调动需要一系列制度设计加以保障，尤其是关于规范政府间财政关系方面的制度设计，通过财政资源的配置调整来发挥政府能力。每一项的制度设计，均会深刻地影响着中央政府与地方政府的行为，进而传导到市场和社会层面，影响着经济发展、社会治理、政治稳定等诸多方面。

中华人民共和国成立以来，中国政府间财政关系历经多次重大变动，每一次变动均对经济社会产生重大和深远的影响：1950—1979 年，政府间财政关系采用的是“统收统支”制度，其特点是事权和财权高度集中，地方政府自主性较小；1980—1993 年，政府间财政关系采用的是“分灶吃饭”制度，其特点是中央政府将事权和财权大量下放到地方政府，地方政府具有极大的自主性；1994 年后，政府间财政关系采用的是“分税制”，其特点是分级分税分预算进行管理，并处于不断动态调整中。我国政府间财政关系的变动原因和影响，吸引了经济学、政治学、公共管理学为代表各个社会科学领域的大量研究。

综合现有文献，关于中国政府间财政关系的研究，主要有这样几个研究角度。一是研究它对经济增长的影响（如张晏和龚六堂，2005；沈坤荣和付文林，2005；Qiao et al.，2008）①；二是研究对地方政府及官员的行为的影响（如陈抗等，2002；Chen，2004；Jin et al.，2005；傅勇和张晏，2007；陈硕，2010；郭庆旺和贾俊雪，2010；尹恒和杨龙见，2014）②；三是研究它对企业的技术进步、

① 张晏、龚六堂：《分税制改革、财政分权与中国经济增长》，《经济学（季刊）》，2005 年第 5 卷第 1 期；沈坤荣、付文林：《中国的财政分权制度与地区经济增长》，《管理世界》，2005 年第 1 期；B. Qiao，J. Martinez－Vazquez，Y. Xu，2008，“The Tradeoff between Growth and Equity in Decentralization Policy：China's Experience”，*Journal of Development Economics*，86（1），pp. 112－128。

② 陈抗、Arye L. Hillman、顾清扬：《财政集权与地方政府行为变化：从援助之手到攫取之手》，《经济学（季刊）》，2002 年第 2 卷第 1 期；Chien－Hsun Chen，2004，“Fiscal Decentralization，Collusion and Government Size in China's Transitional Economy”，*Applied Economics Letters*，11（11），pp. 699－705；H. Jin，Y. Qian，B. Weignast，2005，“Regional Decentralization and Fiscal Incentives：Federalism，Chinese Style”，*Journal of Public Economics*，89（2005），pp. 1719－1742；傅勇、张晏：《中国式分权与财政支出结构偏向：为增长而竞争的代价》，《管理世界》，2007 年第 3 期；陈硕：《分税制改革、地方财政自主权与公共品供给》，《经济学（季刊）》，2002 年第 9 卷第 3 期；郭庆旺、贾俊雪：《财政分权、政府组织结构与地方政府支出规模》，《经济研究》，2010 年第 11 期；尹恒、杨龙见：《地方财政对本地居民偏好的回应性研究》，《中国社会科学》，2014 年第 5 期。

税率等影响（如赵文哲，2008；刘冲等，2015）[①]；四是研究省以下政府间财政关系问题（如财政部预算司，2007；李萍等，2010；张立承，2011）[②]；五是从整体上剖析中国政府间财政关系存在的问题与改革方案（如楼继伟，2013；郭庆旺等，2014）[③]。可以说，由于政府间财政关系的影响广泛性，相关研究文献不胜枚举。

回顾新中国成立以来政府间财政关系改革，它在不少时期充当整体改革的“先锋”作用。从新中国成立初期恢复国民经济、集中国家财力，到改革开放初期的财政包干、激发地方活力，再到 1994 年缓解国家和中央财政困难、适应市场经济体制改革，我国的财政体制不断做出调整，以解决当时国家所面临的财政困境。我国的财税体制改革服从于和服务于国家发展和整体改革的需要。然而，值得注意的是，关于政府间财政关系的调整，表面上看是解决国家在特定时期所面临的具体问题，实际上却是国家能力在不同时期调整的着力点。换言之，历次财税体制改革尤其是关于政府间财政关系的调整，都遵循了一个不变的逻辑：提升国家能力。

20 世纪 80 年代以来，国外社会科学界认识到国家在经济发展和社会转型起到的巨大作用，兴起了一股“找回国家”（bring the state back in）的学术思潮，并将“国家能力”（State Capacity）带入各社会学科研究中。什么是国家能力？国内外学者给出很多定义，但总体而言，国家能力就是让国家战略目标转化为现实的能力。政府间财政关系作为国家一项基础性制度安排，它对国家能力有着至关重要的影响，进而决定着国家发展战略目标能否得以顺利实现（见图 10－1）。

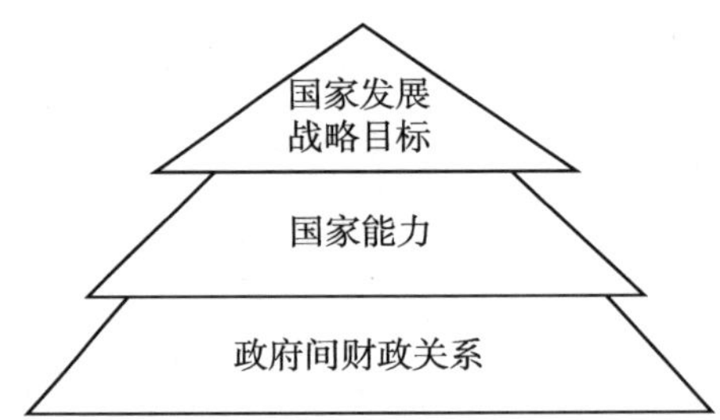

图 10－1　政府间财政关系与国家能力的关系

① 赵文哲：《财政分权与前沿技术进步、技术效率关系研究》，《管理世界》，2008 年第 7 期；刘冲、乔坤元、周黎安：《行政分权与财政分权的不同效应：来自中国县域的经验证据》，《世界经济》，2014 年第 10 期。

② 财政部预算司：《中国省以下财政体制 2006》，中国财政经济出版社，2007 年版；李萍、许宏才、李承：《财政体制简明图解》，中国财政经济出版社，2010 年版；张立承：《省以下财政体制研究》，经济科学出版社，2011 年版。

③ 楼继伟：《中国政府间财政关系再思考》，中国财政经济出版社，2013 年版；郭庆旺、吕冰洋等：《中国分税制：问题与改革》，中国人民大学出版社，2014 年版。

既然国家能力要服从国家发展战略目标，那么国家能力在不同历史阶段的体现也就不同，政府间财政关系作为国家能力的支柱也要随之调整。从中国建国以来发展历程看，国家发展战略先后经历了重工业优先发展、以经济发展为中心、科学发展观、建设社会主义现代化强国等调整，而中国政府间财政关系从统收统支到分灶吃饭，再到分税制的历次改革，实际上也匹配国家治理方向和国家治理能力的变化。

不过，目前从国家能力的角度看待中国政府间财政关系的文献还非常少。政治学者较早认识到政府间财政关系与国家能力的联系，如王沪宁（1991）提出“集分平衡”原则来处理中央与地方关系[①]；王绍光（1997）提出为避免国家能力下降，应设置四个“分权的底线”，但是对财政具体制度的剖析略显不足[②]。从政府间财政关系的制度集合看，它对国家能力必然产生重大影响。政府间财政关系的核心是事权、财权和转移支付：事权决定着各级政府职能范围，它影响不同层级政府提供公共物品和干预市场的能力，最终影响统一市场的建构和市场环境的完善；财权决定着各级政府经济利益分配，它不但影响着政府干预经济的积极性高低，也影响着政府干预经济的手段（如税收返还）；转移支付制度决定着中央政府协调地区发展差距的程度，它在均衡区域发展、促进公共服务均等化方面发挥着重要作用。如果政府间财政关系的制度设计不当，有可能会引发政府对经济不当干预、市场分割、财政资金使用低效等问题。

由于政府间财政关系与国家能力联系如此紧密，我们认为，中国政府间财政关系从计划经济时期的统收统支制度，到改革开放初期的财政包干制，再到 1994 年后的分税制，其制度调整无不围绕着一个总目标展开：提升国家能力。如果不抓住国家能力这一核心概念，难以说明中国政府间财政关系演变的逻辑，以及它所产生的影响。国家能力这一尺度，既决定着中国政府间财政关系的演变逻辑，也是判断政府间财政关系的各种制度好坏的一个标准。为此，本章从国家能力这一角度入手，对中国政府间财政关系演变与国家能力匹配进行详细分析。

后续的结构安排如下：第二部分从理论上探讨政府间财政关系对国家能力的影响机制；第三部分剖析中国历次政府间财政关系改革的逻辑及对国家能力的影响；第四部分基于国家能力，探讨政府间财政关系的改革方向。

---

① 王沪宁：《集分平衡：中央与地方的协同关系》，《复旦学报（社会科学版）》，1991 年第 2 期。

② 王绍光：《分权的底线》，中国计划出版社，1997 年版。

10.2　国家能力内涵和政府间财政关系的作用

10.2.1　国家能力的内涵

关于国家能力的内涵，学术界其实并无一致的定义。亨廷顿（1965）将“容纳变迁的能力”作为国家能力[①]；Besley 和 Persson（2009）认为国家能力是指法治能力和征税能力[②]；Cornick（2013）将国家能力归为技术能力、组织能力和政治能力三类[③]；Acemoglu（2016）把政府的基础设施提供能力作为国家能力[④]；米格代尔（2009）认为国家能力是“国家通过种种计划、政策和行动实现其领导人所寻求的社会变化的能力”[⑤]；王绍光和胡鞍钢（1993）认为“国家能力是国家将自己意志、目标转化为现实的能力”[⑥]；王仲伟和胡伟（2014）在综述各种关于国家能力的理论后，认为国家能力就是“国家实现其宏观愿景的能力”[⑦]。这个定义比较宽泛，容易为各方接受，但不足之处是缺乏具体所指。

如果要更具体地分析，国家能力要怎样展现，才能实现国家发展“宏观愿景”呢？吕冰洋（2018）在综合文献分析基础上，提出国家能力其实体现在两点，一是如何培育经济体的内生发展能力，即通过制度创设和机制设计，使得社会能够自发性地参与到财富创造中，这可称之为市场增进能力；二是国家能够集中资源来采取那些具有公共性、规模性和长远性的活动，以实现国家发展

---

① 塞缪尔·P. 亨廷顿：《变化社会中的政治秩序》，王冠华、刘为译，上海人民出版社，2015 年版。

② T. Besley, T. Persson, 2009, “The Origins of State Capacity: Property Rights, Taxation, and Politics”, *American Economic Review*, 99 (4), pp. 1218 – 1244.

③ J. Cornick, E. Fernández – Arias, E. Stein, 2013, “Public Sector Capabilities and Organization for Successful PDP's”, Washington, DC: Inter – American Development Bank.

④ D. Acemoglu, J. Moscona, Robinson J. A., 2016, “State Capacity and American Technology: Evidence from the 19th Century”, *American Economic Review*, 106 (5), pp. 61 – 67.

⑤ 乔尔·S. 米格代尔：《强社会与弱国家：第三世界的国家社会关系及国家能力》（朱海雷译），江苏人民出版社，2009 年版。

⑥ 王绍光、胡鞍钢：《中国国家能力报告》，辽宁人民出版社，1993 年版。

⑦ 王仲伟、胡伟：《国家能力体系的理论建构》，《国家行政学院学报》，2014 年第 1 期。

目标或稳定公共秩序，这可以称得上是控制动员能力①。

为提高市场增进能力，政府要做的有三点：（1）提供公共物品，像基础设施这样的公共物品具有非排他性和非竞争性特征，私人部门不能有效提供，如果政府不能及时根据市场需求提供公共物品，市场就得不到发展；（2）产权保护，政府如果不能对私人产权进行有效保护，就会破坏私人投资预期，市场经济活动就会减少；（3）权利开放，市场发展需要要素和商品自由流动，为此需要建设一个权利开放的社会环境。

为提高控制动员能力，政府要做的也是三点：（1）社会控制，市场经济发展容易导致"人与人战争"的状态，为避免社会失序，政府需要对社会展开有效控制；（2）宏观调控，市场经济发展容易带来经济波动和失业现象，为此需要政府进行有效的宏观调控；（3）政治集权，现代社会国家面临的内外风险增加，政府必须保证一定的政治集权才能形成强有力的国家并能有效应对风险。

国家能力支柱及实施手段如图 10－2 所示。

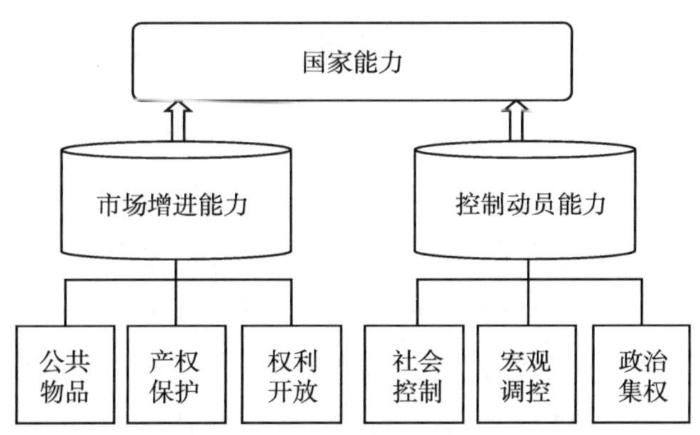

图 10－2　国家能力支柱及实施手段

10.2.2　政府间财政关系对国家能力的影响

政府间财政关系体现着中央政府与地方政府之间的关系，但是它决定着各级政府行为，进而传导到市场和社会上，因此，政府间财政关系会对国家能力产生着根本性影响。

---

① 周庆智（2014）用了大量的历史材料证明，中国现代国家建构是一个不断加强权力对经济社会生活的全面渗透过程，地方政权建设着重于两大能力建设，一是大规模汲取财税能力，二是对社会的全面主导和控制权力。

1. 政府间财政关系对市场增进能力的影响

提升市场增进能力，要通过公共物品提供、法律保护和权利开放三个途径来完成，政府间财政关系会影响到这三个途径。

第一，政府间财政关系对公共物品提供的影响。这种影响表现在两方面：一是政府间事权的划分会影响到不同层级政府的公共物品提供范围，一般来讲，外部性越强的公共物品，越应该由上级政府来提供，反之则应由下级政府提供；二是政府间财政关系的安排会影响到公共物品的提供效率，如果安排不当，比如说让地方政府提供不具有信息优势的公共物品，那么公共物品提供的效率就会降低；三是政府间财政关系的调整还会影响公共物品的提供方式，例如，如果地方政府财政自主性增加，地方政府也许会借助市场化手段（发行地方债、公私合作等）来增加公共物品的供给。

第二，政府间财政关系对法律保护的影响。要发展市场经济，就要对私人产权进行有效保护。但是，如果政府不受约束，政府总是倾向扩大自己的财政收入，就会向市场伸去攫取之手。政府间财政关系就是约束地方政府行为的一个重要制度性安排。如果政府间收入划分安排不合理，那么地方政府就很有可能运用它的权力，向市场攫取资源，对市场经济的法律保护程度就会降低。举例来说，我国分税制改革后很长一段时间，县乡财政出现较大的困难，在正常财政收入不能满足财政需要的情况下，地方大面积出现的“乱收费、乱罚款、乱摊派”的“三乱”情况，这是财权分配不当的一种表现。

第三，政府间财政关系对权利开放的影响。有效的市场经济，一定是权利开放的市场经济。前文指出，权利开放包括中央向地方开放权利，以及政府向社会开放权利两个方面，政府间事权安排会同时影响两者。举例来说，如果教育事权全部上收到中央政府，那么地方政府就没有积极性搞好当地教育。而教育是属于介入私人物品和公共物品之间的混合物品，需要政府与社会联合提供。如果地方政府没有积极性搞好当地教育，那么也就无法激发社会的积极性参与教育事业建设。再举一例，如果地方税为受益性税种（如房地产税），这种税的特点一是纳税人的纳税感受直接，二是税基与公共服务密切挂钩，这会促使居民对政府提出更高的要求，如预算透明、纳税人权利保护、政府要回应居民公共服务需求等，也就促使地方政府向社会开放权利。

2. 政府间财政关系对控制动员能力的影响

第一，政府间财政关系对财政收入汲取的影响。汲取财政收入需要调动各级政府的积极性才能完成，以税收为例，如果税收征管成本很高，或者地方政府从税收中得到的收入很少，那么地方政府征税的积极性就会降低，国家财政收入就会受到影响。同样，如果中央政府的控制力减弱和财政高度分权，地方政府就会利用自身的信息优势来争取有利的利益分配结果，诱发财政机会主义倾向，例如政企合谋、隐匿收入等，从而导致国家财政收入汲取能力的下降。

第二，政府间财政关系对社会控制的影响。作为一个大国，社会控制更多地体现为对基层社会的控制，而完成对基层社会的控制不可避免的需要地方政府积极参与，政府间财政关系形式会影响到地方政府对基层社会的控制意愿与控制能力。政治学者米格代尔（2013）认为，社会控制包括强制、参与、合法性三个层级[①]，地方政府的行为对这三个层级都有影响。举例来说，如果将房地产税与个人所得税作为地方税，那么地方政府就会掌握辖区内当地居民的财产与收入信息，进而也就掌握当地居民的行为信息。对自然人征收的直接税，实际上是政府与社会互动的一个良好媒介，在政府与社会的互动过程中，会促进地方政府治理水平的提高。

第三，政府间财政关系对经济宏观调控的影响。宏观调控是中央政府的职能，但是地方政府的行为会对宏观调控的效果产生重要影响。当政府间财政关系的一些制度设置不合理的时候，地方政府就有可能在宏观调控问题上与中央政府“拧两股劲”。举例来说，我国 1994 年分税制后很长一段时间，房地产市场的发展对地方政府财政收入至关重要。我国中央政府几次在全国性房地产市场比较过热、房地产投机比较旺盛的时候，采取种种措施进行房地产调控，但是这与一些地方政府的利益相悖，不少地方政府出台各种形式的与中央调控政策的对冲措施，以鼓励当地房地产投资。

第四，政府间财政关系对政治集权的影响。这几乎是无须证明的命题，中央政府集中更多的人事权、税权和事权，无疑会增强中央政府的权威。这是在中国漫长的历史反复被证明的事实。我国改革开放以来的政府间财政关系调整更清楚地显示这一点：在分税制改革之前，我国的财税体制采用“分灶吃饭”的办法，地方拥有的财政自主权比较大，中央财政收入占全国财政收入的比重

① 米格代尔（2013）指出，社会控制的升级由三个等级指标来反映：初级是服从，在初级水平时，国家的强度取决于公众遵守其要求的程度；中级是参与，通过组织公众在国家机构制度范围内完成特定任务来增强实力；最高等级是合法性，合法性是指认同国家的游戏规则和社会控制是真实且正确的，认同国家理念下的象征秩序是民众自己的价值体系。（乔尔·S. 米格代尔著，《社会中的国家：国家与社会如何相互改变与相互构成》，李杨、郭一聪译，张长东校，江苏人民出版社，2013 年）

一路下滑，最低年份仅为22%，中央政府的权威也就随着下降。分税制改革之后，中央政府拥有主体税种的征管权和收益权，中央财政收入占全国财政收入的比重迅速上升到55%，中央的权威也就随之树立起来。

当政府间财政关系中事权和税权更多向中央集中时，政府间财政关系会更多体现为“集权”特点，反之更多体现为“分权”特点。通过以上分析，可以看出政府间财政关系对国家能力的影响是多个渠道的，它们对国家能力的影响机制可见表10－1。

表10－1　　政府间财政关系对国家能力的影响

	市场增进能力	控制动员能力
集权	利：推动统一市场建设 弊：抑制地方政府积极性	利：增强中央权威和宏观调控能力 弊：形成僵化秩序
分权	利：地方政府积极性提升 弊：容易导致市场分割	利：地方政府的辖区资源配置能力提高 弊：加剧地方政府间无序竞争和不平衡

10.3　政府间财政关系演进与国家能力的提升

政府间财政关系要有利于提升国家能力，国家能力要匹配国家发展的战略目标变化，这决定着政府间财政关系发挥方向和改革逻辑。

10.3.1　统收统支：以国家强大控制动员能力推动工业化

新中国成立后，中国模仿前苏联建立了计划经济体制，所确定的国家发展战略目标是重工业优先（林毅夫等，1999）[①]，但当时中国客观条件是一个贫穷落后的农业国，资金分散，剩余少。为实现国家发展战略目标，我国建立了以统收统支、高度集中为特点的政府间财政关系，其特点是：地方政府的财政收入全部上缴，支出由中央政府统一拨付；国有企业的利润全部上缴，财务开支

① 林毅夫、蔡昉、李周：《中国的奇迹：发展战略与经济改革》，上海人民出版社，1999年版。

由财政部统一规定，亏损由财政部门进行补贴；行政事业单位的经费由财政部统一拨核。

从国家能力的角度来看，在建国初期面临着百废待兴、财力薄弱的历史背景下，客观上需要动员一切可以动员的力量推动经济恢复和发展，并推动国民经济的工业化建设。因此，政府间财政关系的调整就围绕着国家控制动员能力的提升而展开，同时又要照顾好地方政府的积极性问题。在统收统支的财政体制下，财权高度集中于中央政府，地方政府的积极性和机动性受到了不同程度的压制。为此，中央政府两次采取向地方大规模放权试验，并以财政放权为主。第一次放权是 1957—1958 年，中央政府向地方下放了更多的财权，将过去“以支定收”的财政管理办法改为“以收定支”，地方政府可以参与中央企业收入分成，同时下放计划管理权和企业管理权。第二次放权是 1966—1976 年，地方再次获得了规定地方税具体征收办法的权利，地方财政收入和支出的比例都得到很大增加，并将中央各部委大部分直属事业单位下放给地方管理。

值得注意的是，在计划经济时代，央地关系权力调整的特点是，无论是集权还是放权，都只是政府间权力调整，而没有影响到微观经济主体。计划经济体制下，企业以国有企业为主，城市职工在国有部门工作，农民隶属于人民公社，微观经济主体活力处于被高度压抑状态，因此，即使是中央放权，也无法有效地调动微观经济主体积极性。而地方政府和国有企业在预算软约束情况下，一旦放权，就会争相扩大投资规模，很容易出现投资过热局面，为此中央又进行收权，而收权的结果是经济停滞，于是又要进行放权，计划经济时代央地关系就处于“一收就死，一死就放，一放就乱，一乱就收”的循环中。造成这一现象的原因在于，计划经济体制具有高度的计划性和指导性，客观上不需要市场发挥作用。相对于控制动员能力而言，市场增进能力处于缺位状态。单纯依靠控制动员能力，会因信息不对称、激励不兼容、决策有限理性等因素导致决策失误在科层体系内部的扩大化，放大了资源错配的消极影响；同时，由于缺乏以价格信号为基础的市场调节机制，使得生产要素无法配置到边际报酬最高的领域，进一步导致资源配置低效率。也是因为如此，改革开放伊始，对提高市场增进能力的诉求成为政府间财政关系调整的主导性考量。

总结而言，在计划经济时代，高度集中的中国政府间财政关系有力地强化了中央政府的控制动员能力，它使得国家能够集中财力实行重工业优先发展战略目标，但是这种体制也极大地抑制了地方政府积极性。当中央政府试图通过财政放权调动地方积极性时，由于市场缺失，地方政府控制动员能力增强又会导致经济秩序紊乱。因此，计划经济时代政府间财政关系突出强调了中央政府的控制动员能力，由于市场的缺失，财政体制对市场增进能力没有产生作用。

10.3.2 分灶吃饭：地方市场增进能力提高，中央控制能力下降

从新中国成立到改革开放前，我国已经完成了四次“五年计划”，经济发展已经具备了初步的工业化基础和较为完备的国民经济体系。但是由于计划经济体制的局限性，经济效率低下，地方政府、企业和居民个人的积极性不高。改革开放后，人心思定，国家发展目标的是“以经济建设为中心”，要发展经济就需要调动地方积极性。从国家能力的角度看，国家的控制动员能力已经充分发挥了作用，客观上需要培育市场增进能力来提高经济效率。在此背景下，“分灶吃饭”式的财政管理体制应运而生。为此，在1980—1993年，我国政府间财政关系实施了以财政包干制为核心形式，以“分灶吃饭”为主要特征的财政管理体制。分灶吃饭体制与统收统支体制最大的区别在于，通过下放财权和经济管理权等方式让地方政府成为“自负盈亏”的财政实体，提高地方财政自主性，强化地方政府对辖区事务的责任制。“分灶吃饭”制度改革分为三个时期：1980—1985年的“划分收支、分级包干”体制；1985—1987年的“划分税种、核定收支、分级包干”体制；1988—1993年的“多种形式财政包干”体制。

“分灶吃饭”制度是国家财政管理体制的一次重大改革。它从中央1个灶变为地方20多个灶，打破了统收统支体制下吃“大锅饭”的局面，在收支结构、财权划分和财力分配等方面，都发生了很大变化。它通过政府间财政收入划分稳定了地方政府预算，提高了地方政府增收节支的积极性。

“分灶吃饭”对国家能力发挥的积极意义在于，它在制度设计上激励地方政府利用各自的控制动员能力，积极参与当地市场创造，推动辖区经济增长。之所以如此，是因为改革要释放经济的活力，核心是两点：调动企业的积极性，调动地方政府的积极性。在20世纪80年代，市场机制还刚开始发育，市场条件还不充足，同时，各地政府还保留着强大的辖区资源配置能力，需要地方政府积极为当地市场创造条件，包括实行区域性税收优惠政策、对确定的产业实施财政补贴、建立经济开发区等。由此，发挥政府积极性与发挥企业积极性之间有着密切关联：地方政府有了积极性，就会积极寻求措施释放当地企业的积极

性，最终带动经济增长。具体而言，在“分灶吃饭”制度通过向地方政府大幅度下放税权，实质上提高地方政府的税收分享占比，激发了地方政府发展经济的积极性；同时，“分灶吃饭”改革通过寻求权责利统一和事权与财权统一，提高地方财政收支自主权，还调动了地方政府增收节支的积极性。在这两方面的影响下，地方政府会充分调动已有的辖区资源配置能力，通过创造局部条件等方式激发企业从事生产经营等活动的积极性，并注重提高财政资金的使用效率。

然而，分灶吃饭制度也对国家能力产生了一定的削弱作用，即在提高市场增进能力的同时，削弱了国家的控制动员能力。一是“两个比重”严重下滑，如图 10－3 所示。中央财政收入占全国财政收入的比重下滑，到 1993 年仅为 22%，该比重反映中央政府对全国财力的控制程度，间接反映着中央政府的权威程度；全国财政收入占 GDP 比重下滑，到 1993 年仅为 12. 3%，它既反映着宏观税负的高低，也反映着国家财政收入的汲取能力。两个比重持续下滑，使得国家整体上财政控制动员能力下降，以及中央对地方控制能力下降。二是地方政府保护主义造成严重市场分割。财政包干体制按企业隶属关系划分企业所得税，把工商企业税收同地方政府财政收入紧紧地联系起来，这激发了严重的地方保护主义。地方政府从经济利益出发，竞相发展本地区税多利高的项目，保护本地产品销售，限制原材料流出，严重妨碍国家统一市场的形成。

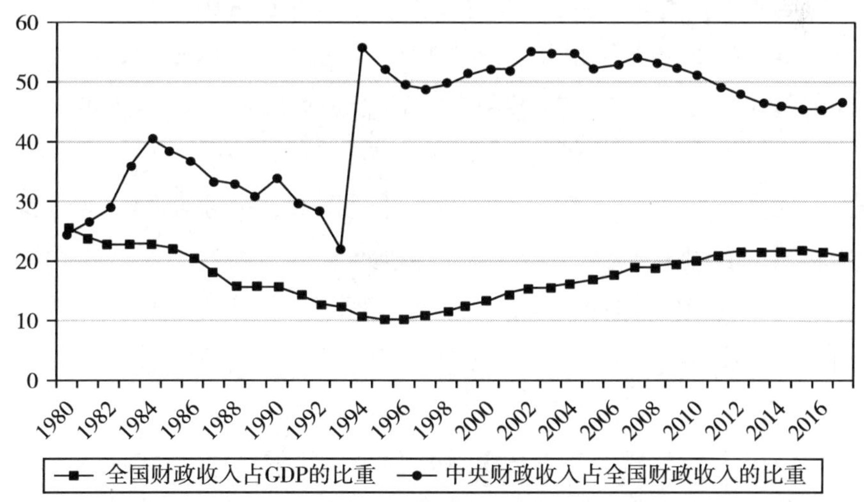

图 10－3　1980—2017 年两个比重的变化

10.3.3 分税制：市场增进能力与控制动员能力的并进

1. 国家发展目标调整与分税制改革内容

1993 年 11 月中国共产党十四届三中全会召开，明确改革的总目标是“建立社会主义市场经济体制”，并要求“市场在资源配置中发挥基础性作用”。2003 年之后，国家发展目标由经济扩展到社会，强调“促进经济社会和人的全面发展”的科学发展观。而分灶吃饭制度强化地方局部利益，造成严重市场分割局面，是明显违背市场经济体制的目标，已到了非改不可的地步。为此，我国在 1994 年对政府间财政关系又进行一次根本性调整，那就是实行“分税制”。从 1978 年改革开放到 1993 年为止，尽管国家的市场增进能力已经得到了初步发挥，但距离建立与经济发展水平相适应的市场经济体制还存在一定差距；同时，“分灶吃饭”制度在培育市场增进能力的同时，也在一定程度上削弱了国家的控制动员能力。因此，从国家能力角度看，分税制改革的目标就在同时增进市场增进能力与控制动员能力的基础上，寻求二者间的平衡发展。

所谓分税制，是指在合理划分各级政府事权范围的基础上，主要按税收来划分各级政府的预算收入，各级预算相对独立，负有明确的平衡责任，中央政府通过转移支付制度来调节地区间差距。分税制将营业税、企业所得税、个人所得税作为地方税，消费税和关税作为中央税，增值税作为共享税，并调整了中央和地方事权和支出责任划分。分税制与财政包干制相比，其最大的区别是前者按税种属性划分各级政府税收收入，后者是按所有制、企业隶属关系划分税收收入。前者会鼓励地方政府改善市场条件，吸引“到我这里投资”的企业；后者会鼓励地方政府办“属于自己”的企业。因此，分税制会淡化了政府与企业之间的联系，有利于商品和要素的自由流动。

在 1994 年分税制改革的时候，为了顺利推动改革实施，中央政府尽可能地不打破当时利益格局，实际上是对地方政府做了一些让步。分税制改革后，随着中央政府权威的加强，以及市场经济体制的逐步建立，中央政府逐渐对政府间财政关系做出了一系列调整。在税权划分上，2002 年将企业所得税和个人所得税由地方税变成共享税，2012 年开始实行营业税改征增值税，直到最终取消营业税，同时调整增值税分享比例，这样，分税制一定意义上变成了“分成制”。在事权划分上，推动各级政府事权规范化和法律化，明确各级政府、各领域的事权与支出责任范围，并在近年有改革加快趋势，同时从 1998 年开始，不断进行职能部门垂直管理的改革，如表 10－2 所示，所涉及的部门包括人民银行、工商管理、统计、环保、税务等。在转移支付上，逐渐扩大转移支付规模，完善转移支付结构，到 2017 年，中央财政对地方税收返还和转移支付 65218 亿元，占中央财政支出的 68.6%。在省以下财政管理体制上，2002 年后我国陆续实行以“省直管县”财政改革，通过减少预算级次来提高财政资金使用效率。

表 10－2　　我国职能部门垂直管理的变化

时间	涉及部门	内容
1998 年	人民银行	撤销省级分行，设立 9 家大区制分行
1998 年	银监、证监、保监	中央以下垂直管理
1998 年	工商	省以下垂直管理
2000 年	质监局、药监局	省以下垂直管理
2004 年	统计局	国家统计局各直属调查队改制为派出机构
2004 年	土地局	中央对省级土地部门的土地审批权和人事权实行垂直管理
2005 年	安监局和煤监局	国家安监总局下面的国家煤监局实行垂直管理，但安监局仍然属于属地化管理
2016 年	环保局	对省以下环保机构监测监察执法实行垂直管理
2018 年	国税局和地税局	国税局和地税局合并，实行双重领导，以垂直管理为主

2. 分税制对国家能力的积极意义

分税制改革扭转了“分灶吃饭”制度下中央权威下降、地方竞争失序的问题，它的历史意义是巨大的，可以说实现了市场增进能力与控制动员能力的并进。

分税制对控制动员能力的影响是：增强国家财力、增强中央宏观调控能力、增强中央对地方控制力。分税制改革以来，较强的税收激励、税收征管技术进步结合在一起，促使税务部门的征税能力和税收努力不断提高，加上间接税存在的不少重复征税机制，一起带动税收连年高速增长。分税制改革彻底扭转了中央财政收入占全国财政收入比重不断下滑局面，中央财政收入占全国财政收入的比重一直维持在 45%—55% 的区间，中央政府牢牢地将政府间财政收入分配主动权掌握在自己手中。而中央政府财力的增强，又使得中央政府宏观调控能力得以有效发挥：一是有效应对经济冲击，1998 年和 2008 年两次世界范围内金融危机，给中国经济造成严峻挑战，为此中国实施两次积极财政政策，有效地化解了外部冲击；二是协调区域发展，伴随着经济高速增长，地区间差距也逐渐扩大，此时中央政府通过大规模转移支付，对这种差距扩大起到了很大的抑制作用。同时，通过重要部门的垂直管理改革，增强了中央政府对省以下各个行政部门控制力度。

分税制对市场增进能力的积极影响是，它既促进了统一市场建设，也激励地方政府推进当地市场建设。中央政府与地方政府在增进市场功能的角色定位是不一样的，中央政府着力于统一市场的建设，而地方政府着力于推动辖区内市场功能发挥，但后者又往往产生破坏统一市场的结果，此时制度合理设计就非常重要，让它同时兼顾两者的积极性发挥，并能抑制负面影响，分税制在一定程度上做到这一点。相比分灶吃饭体制，分税制通过分开中央和地方税收收入和税收管理，将增值税和企业所得税这样针对流动性税基的征税权和税收收入逐渐收回中央政府手中，强化了中央统一领导，与分灶吃饭制度相比，大大促进了统一市场的建设。

同时，分税制改革，并未以丧失地方积极性为代价，它给了地方政府推动经济发展的杠杆。分税制改革后，地方政府主要收入来源为营业税、企业所得税和增值税的分成收入，这三个税基有着密切关联。企业所得税和增值税的税基来自企业的利润和增加值，按税收性质划分，分别属于所得税和商品税，它们的税基属于流动性税基，税收集中在工业部门。营业税的税基分为两部分：一部分是服务业，服务业分为生产性服务业（如交通运输业）和消费性服务业（如餐饮业）；另一部分是建筑业和房地产业，在分税制运行期间，这两个行业所缴纳的营业税占营业税总收入的一半左右。生产性服务业发展与工业生产扩张有关，消费性服务业发展与人口聚集有关，建筑业和房地产业发展与住宅和厂房建设需要增长有关，因此，分税制的设计，有利于调动地方政府发展经济的积极性，成为中国经济的巨大推力（见图 10－4）。

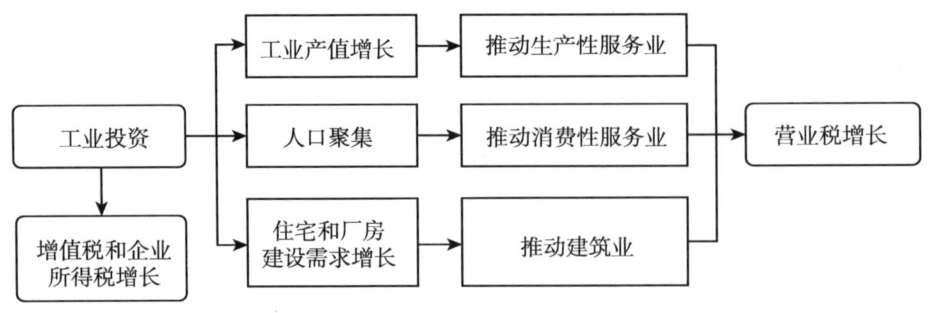

图 10－4　分税制设计触发地方发展经济积极性的机制

根据本节的分析，政府间财政关系与国家发展战略、国家能力的对应关系如表 10－3 所示。

表 10－3　政府间财政关系与国家发展战略、国家能力的对应关系

发展阶段	国家发展战略目标	政府作用	国家能力展现	
			市场增进能力	控制动员能力
统收统支	重工业发展	中央政府	无	以中央政府控制动员能力推动重工业优先发展战略
		地方政府	无	两次放权导致经济秩序紊乱
分灶吃饭	经济增长	中央政府	中央政府宏观调控作用未充分发挥，市场分割严重	中央政府控制能力下降
		地方政府	地方政府参加地区“市场创造”，积极推动局部市场发展	地方政府控制动员辖区资源能力上升
分税制前期	经济社会协调发展	中央政府	推动统一市场建设	两个比重上升，宏观调控能力增强
		地方政府	激发地方政府市场创造能力	事权下放增强地方政府控制动员能力
十八大之后	建设社会主义现代化强国	中央政府	进一步推动统一市场建设	通过事权和转移支付改革，进一步提高组织能力
		地方政府	简政放权让位于市场	通过地方税和事权改革，推动辖区公共治理

10.4　未来挑战：提升国家能力的政府间财政关系改革方向

10.4.1　现行政府间财政关系存在的问题及对国家能力的影响

现行政府间财政关系基本框架奠定自 1994 年的分税制改革，与“分灶吃饭”制度相比，它的确同时增进了国家控制动员能力与市场增进能力，但是，分税制本身带来很强临时性、便宜性特点，尚没有形成一个十分稳定的、充分合理的中央与地方关系框架。而中国自十八大以来，围绕“五位一体”布局，全面推进国家治理体系和治理能力的现代化，并特别强调“财政是国家治理的基础和重要支柱”，这意味着离开了财政和财税体制的全新定位，也就谈不上国家治理，更谈不上国家治理现代化（高培勇，2018）①。与改革的总目标相比，现行政府间财政关系仍有不少缺陷，这在事权划分、财权划分和转移支付制度设计上均有体现。

如表 10 -4 所示，就政府间财政关系的三个方面而言，仍存在着一些不足，这影响了国家能力的发挥。就事权划分而言，同时存在着事权缺位和事权越位两种现象。前者表现为事权的错位下移，上级政府没能承担应该承担的职责，出现卸责行为，不能很好地纠正下级政府所产生的负外部性行为，例如食品和环境监管；后者表现为事权的过度下放，导致地方政府承担了不该承担的责任，造成地方政府滥用事权而干预市场资源配置。就财权划分而言，一方面，现有税制体系下形成的生产性税基易于激发地区之恶性竞争，这不利于统一市场的建设；另一方面，财政预算软约束问题激发了地方政府财政扩张行为，导致地方隐性债务上升，积累了经济风险。就转移支付制度而言，转移支付资金的均衡性功能未得到有效发挥。一方面，一般性资金由于当前地方政府偏好生产性

表 10 -4　政府间财政关系存在的问题、对国家能力的影响及其未来改革方向

政府间财政关系构成	存在问题	对国家能力的影响	改革方向
事权划分	事权缺位，政府卸责	不能很好地纠正市场负外部性行为	按分权与制衡原则，事权分配要向中央政府和县级政府两头集中
	事权越位，干预市场	事权滥用干预市场资源配置	
财权划分	生产性税基激发地区之恶性竞争	破坏统一市场建设	确定地方税的税基为消费性税基和财产性税基
	预算软约束导致地方隐性债务上升	经济风险积累	
转移支付	一般性资金由于偏好错位带来的配置扭曲	降低政府资金的使用效率，国家的控制动员能力没有充分发挥出效果	提高分类转移支付的比重
	专项资金由信息不对称带来的配置扭曲		

① 高培勇：《中国财税改革 40 年：基本轨迹、基本经验和基本规律》，《经济研究》，2018 年第 3 期。

支出而非民生性支出，而带来了资金配置扭曲；另一方面，专项性资金由于存在着上下级政府信息传递链条过长、信息不对称突出等问题，造成整体资金配置的扭曲。这些问题的存在，对国家控制动员能力和市场增进能力均产生不利影响。

1. 事权划分的问题

目前财政公共预算支出结构中，中央政府与地方政府支出的相对比是 14.7：85.3（2017 年），这反映出大量公共事务是由地方承担的。如图 10－5 所示，1994 年分税制改革以后，地方财政支出比重整体上处于上升趋势。受传统计划经济体制的影响，我国各级政府职能的配置缺乏清晰分工的理念，政府间关系呈现出“机关化”特征①，导致在政府间事权划分中，存在着中央和地方职责重叠、省以下财政事权和支出责任划分不规范、交叉重叠事项多等问题②。按照财政分权理论，地方政府事权要与其受益范围相对应，如果地方政府活动会使得其他地方受益或受损，那么这项活动就具有了外部性，具有外部性的活动应由上级政府负责。现实中，地方政府承担的职责不少具有强烈的外部性，这催生了地方政府职能行使中的缺位和越位现象。

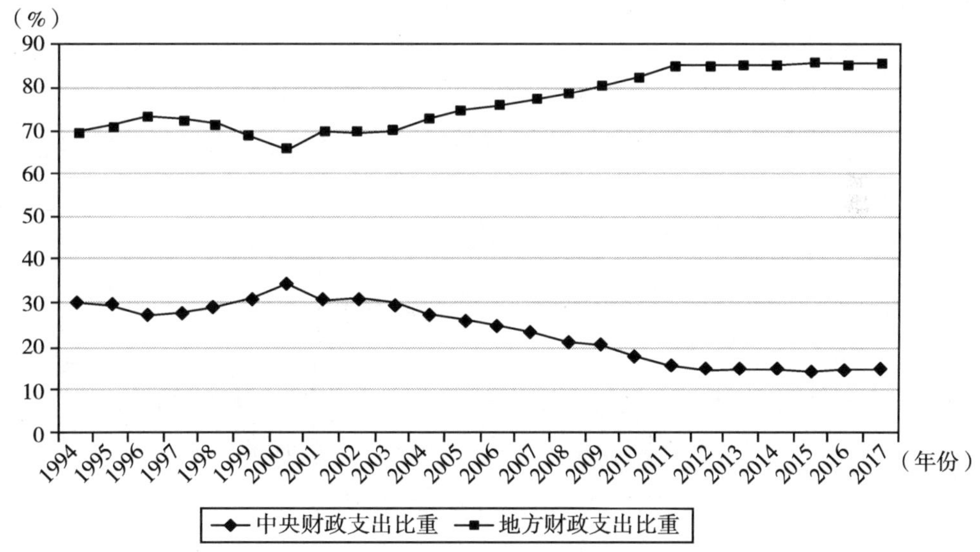

图 10－5　1994—2017 年中央和地方财政支出的比重变化

① 楼继伟（2018）指出，在传统的计划经济体制中，上级政府习惯上通过定政策、定标准、下文件等行政命令的方式管控下级政府，以约束下级政府按照上级偏好履行事权，而不关注事务的性质属于中央职责还是地方职责。这导致在同一项事务中多级政府均不同程度地参与，造成责任主体不明确，执行效率不高，由此形成的体制惯性影响延续至今。（楼继伟：《深化事权与支出责任改革 推进国家治理体系和治理能力现代化》，《财政研究》，2018 年第 1 期）

② 参见《国务院关于推进中央与地方财政事权和支出责任划分改革的指导意见》（国发〔2016〕49 号）。

一是缺位现象。分税制中存在不少基本事权下移现象，县级政府在义务教育、区域内基础设施建设、社会治安、环境保护、食品监管等都负有一定职责，这些公共物品或公共服务不少是超出辖区范围，这导致地方政府在行使这些职能时缺少动力，进而存在缺位现象，如放松环境监管和食品监管以保护辖区经济利益等。另外，诸如社会保险管理等本应由中央政府直接管理的事务，在实际中却由地方政府负责具体管理和执行，导致社保制度高度碎片化，影响了社保制度的公平性和可持续性，这表明存在着中央政府的事权缺位。二是越位现象。一些本该由上级政府拥有的事权交给下级政府，实际上是扩大了下级政府权力，下级政府可以利用这些权力干扰市场经济的运行，这样会最大限度维护辖区利益，由此产生政府职能行使中的越位现象。如插手市场经营土地、人为推动古城再造计划、层层下达招商引资计划、直接参与商务谈判等。

市场的良好运行，一方面有赖于公平竞争环境的维护，另一方面有赖于对破坏市场信任的行为的纠正。地方政府职能越位会造成对统一市场的破坏，而职能缺位会无法纠正破坏市场信任的行为，也就是说，事权划分不合理，会从全局上降低市场增进能力。

2. 财权划分的问题

分税制设计之初，是按“分税”原则划分中央与地方政府财政收入范围，但是随着时间推移，地方税主要来源以增值税和所得税为代表的主体税种分成收入，分税制演变成“分成制”。当前地方政府财政收入存在的突出问题有两点：一是地方政府税收主要来自生产性税基，二是地方政府预算软约束问题严重。

第一，生产性税基的负面影响。营改增后，地方政府税收收入主要构成是增值税和企业所得税分成，这两种税的税基均是生产性，即税收来自企业产出扩大。如图 10 - 6 所示，分税制改革以后，增值税和企业所得税分成收入占到地方税收收入的比重一直保持在 30% 以上，2017 年甚至达到 58. 11%。生产性税基归为地方政府，会激励地方政府通过税收返还、低价工业土地出让、财政补贴等形式，吸引工业企业投资。从局部看，它的确发挥了地方政府的市场增进能力，但是从全局看，却扭曲了资源配置，破坏了统一市场的建设。此外，与零售税、房地产税等以消费性税基和财产性税基为基础的受益税种相比，以生产性税基为基础的增值税和企业所得税与地方政府提供的公共服务联系较弱，对激发地方政府提供公共服务的激励性不如受益税更为直接。

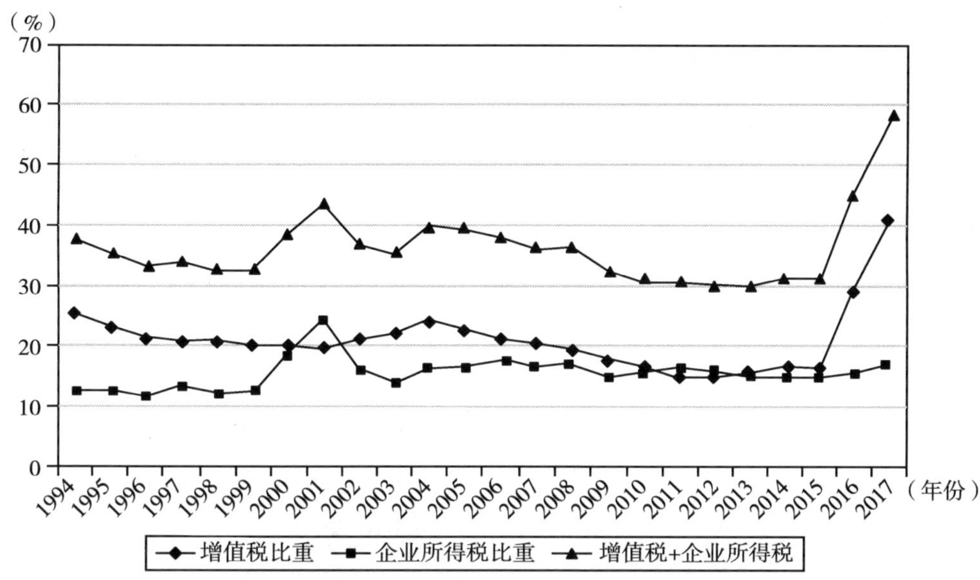

图 10－6　1994—2017 年增值税和企业所得税分成收入在地方税收收入的比重

第二，地方财政软预算约束问题。在我国现行体制下，下级政府有点类似上级政府的分支机构，这容易导致地方的财政软预算约束问题。以地方债为例，2008 年之后，我国地方债的规模迅速膨胀，在中央三令五申严格控制地方债的情况下，很多地方仍然不遗余力地在扩大地方债务。与税收相比，债券还本付息带来的负担可由未来政府承担，债券融资可支撑当期建设，也就是说，发行地方债的好处和负担在时间上是错位的，如果地方政府重视当期利益，它会有动力通过各种形式的地方债融资，而将风险转嫁给下一任政府或中央政府。我国地方政府具有强大的辖区资源调动和配置能力，当这种能力不被限制时，它可能在财政软预算约束的背景下，通过调动辖区内国有企业、商业银行、土地等资源，导致地方债规模扩张，从而累积经济风险。

3. 转移支付制度存在的问题

转移支付分为一般性转移支付、专项转移支付与税收返还，三者的相对比例分别是 53.36%、48.64% 和 13.92%（2017 年），税收返还是当时为推动分税制改革而采取的地区性补偿措施，它实质上没有转移支付的功能，且规模在逐年递减。就一般性和专项转移支付而言，它们均存在有待改进的地方。

一般性转移支付存在的最大问题是，地方政府在资金支出方向上倾向于生产性支出。地方政府在配置财政资金时，有两个大的支出方向可供选择：一是财政支出有利于增加企业产出，推动经济增长，例如，招商引资、基础设施建设、城市改造等；二是财政支出对经济增长的影响较小，但可有效改善居民福利，例如，中小学教育水平提高、让农民脱贫等。对于一般性转移支付，地方政府具有资金使用的充分自主权，由于地方官员的政绩评价主要来自上级政府，地方官员的任期相对较短，地方官员容易将一般性转移支付资金配置到那种能够推动经济增长的支出上，而忽视民生性支出。这在实证研究中得到证实（尹恒和朱虹，2011；傅勇和张晏，2007）①。

专项转移支付是限定资金用途的一类转移支付，目前它存在的主要问题是，专项转移支付是按项目设计、中央政府严格指定资金用途、地方政府必须依照中央政府的要求，将资金用在事前约定的公共支出上的转移支付。在中国这样的超大型经济体中，专项转移支付需要经过项目层层申报、资金层层下达、监督层层执行三个关键环节，政府层级多，信息传递链条长，很难避免信息损失或扭曲，这为不断突破已有预算约束、追求预算外资源的下级政府行为提供了激励，从而导致周雪光（2005）所称的“逆向预算软约束”现象，最终使得专项转移支付资金错配②。由于一般转移支付和专项转移支付各自存在的问题，导致财政资金使用效率低下，降低了转移支付在缩小地区差距、均衡区域发展以及促进公共服务均衡化方面的效果，抑制了国家控制动员能力的提升。

10.4.2 匹配国家能力的现行政府间财政关系的改革方向

政府间财政关系的改革方向要指向提高国家能力，这对中央政府和地方政府的要求是不一样的。对中央政府而言：一是要通过事权和转移支付制度改革，进一步提高控制动员能力；二是通过税权分配改革，推动统一市场建设。对地方政府而言：一是要简政放权让位于市场；二是通过地方税和事权改革，将地方政府的控制动员能力的发挥方向，由刺激当地经济增长转变为推动辖区公共服务和公共治理上。

1. 事权分配改革方向

事权分配是关系到政府行政效率和政治结构稳定的大问题，世界不少发达

① 尹恒、朱虹：《县级财政生产性支出偏向研究》，《中国社会科学》，2011 年第 1 期；傅勇、张晏：《中国式分权与财政支出结构偏向：为增长而竞争的代价》，《管理世界》，2007 年第 3 期。

② 周雪光：《“逆向软预算约束”：一个政府行为的组织分析》，《中国社会科学》，2005 年第 2 期。

国家或在《宪法》上，或通过中央立法，来明确各级政府的职责。其核心为两点：一是分权，财政事权分散在各级政府行使，有条件的话尽可能放在低层级政府行使①；二是制衡，中央政府必须能够制约地方政府的财政行为。因此，事权分配的大方向是在分权基础上的制衡，这样从经济角度看，有利于激发地方积极性、保护统一市场和促进地区间公平，从政治角度看有利于政治稳定和国家能力建设。

为体现分权与制衡两大原则，事权分配要向中央政府和县级政府两头集中。中央财政主要承担与宏观调控、维护统一市场、公平收入分配有关的职能；县级财政主要承担县域内公共服务、市场监管、社会管理等职能；省级政府主要行使监察职能②。其好处是有利于县级政府自主决策，激发县级政府的积极性和活力。同时，虚化省级政府权力，强化中央政府权力，有利于中央政府对省级政府控制力加强，从而稳定政治经济秩序，有利于中央政府充分发挥其全局性职能。同时，要积极推动事权划分的规范化和法律化：一方面，对于事权划分原则给予宪法层面的确认，即在宪法中对中央事权、地方事权、共同事权等方面作出原则性规定；另一方面，要由国务院尽早出台《政府间财政事权分配条例》，详细说明教育、科技、社会保障等事权中决策权、支出权和监督权的归属，以稳定各级政府的预期，避免随机调整事权，并积极推动事权划分的实体化，改组或设置专门的组织机构和人员队伍负责具体事务的执行③。

2. 税权分配的改革方向

中央税要体现的作用是，它有助于推动统一市场建设。我国增值税和企业

---

① 根据现代国家的通行做法和经济学理论分析，政府间事权划分一般遵循外部性、信息复杂性和激励相容三个原则。外部性原则要求，公共产品的提供应该由获得提供收益和能够将成本内部化的最小地理区域的辖区来进行，也就是说只要不产生公共产品供给的成本—收益不匹配，供给责任就应该尽可能下放到最低层级的辖区；信息复杂性原则要求信息处理复杂程度越高的事务，越适合由具有信息优势、更贴近基层民众的地方政府来管理；激励相容原则要求地方政府的职能履行方向与全局利益最大化保持一致，即有效调动地方积极性。可见，事权下放，由地方政府承担更多的财政支出责任具有一定的国际经验基础和经济学理论支撑。（楼继伟：《中国政府间财政关系再思考》，中国财政经济出版社，2013 年版）

② 省作为我国最主要的地方行政单位最早起源于元代设置的“行中书省”，是属于中央政府的派出机构。但从历史上看，由省级政府行使监察职能有迹可循，并非首创。在古代中国的实际政治运行中，由于多级政府间信息传递链条太长，中央政府无法完全掌控县级等基层政府，因而不得不委托次高级的政府层级来实施间接管理。例如，西汉时为了加强中央对地方的控制，全国设置的十三部（州）监察区，协助中央监察郡县，并派遣刺史掌管各部；到东汉时，州部演变为行政区划单位，其长官也由作为监察官的刺史转变为掌管一方军民行政的州牧。唐代根据监察需要设立了“道”，以协助中央监察所属州县，但到后期也被地方军政长官节度使等掌控。明代废除行省制度，改省一级由承宣布政使司、提刑按察使司、都指挥使司分管，其中提刑按察使司就是负责司法监察。（韦庆远、王德宝：《中国政治制度史》，高等教育出版社，1992 年版）

③ 楼继伟：《深化事权与支出责任改革 推进国家治理体系和治理能力现代化》，《财政研究》，2018 年第 1 期。

所得税是两大主体税种，它们对应的税基分别是商品和资本要素①，如果各地税率不一致，就会对商品和要素的自由流动产生干扰，因此这两种税应全额作为中央税。

地方税要体现的作用是，它有助于“合理”发挥地方积极性。我国广土众民，各项事业建设都需要激发地方政府的积极性，关键是要激发地方政府什么样的积极性：从发展生产角度看，把生产性税基赋予地方政府，最有利于激发地方政府的发展经济积极性；从发展民生的角度看，把消费性税基和财产性税基②赋予地方政府，最有利于激发地方政府提供公共服务的积极性。过去我们注重发挥地方政府发展生产积极性，它一方面推动了经济增长，但另一方面也带来市场分割、忽视公共服务提供等问题。未来我们应重视发挥地方政府提供公共服务的积极性，为此，应确定地方税的税基为消费性税基和财产性税基，例如，开征房地产税和零售税并作为地方税，或者让增值税按消费地原则进行地区间分配。

3. 转移支付的改革方向

大规模转移支付是中央政府拥有很强控制动员能力的体现，中央政府仍要继续在财力分配上体现出主导作用，并发挥出协调地区发展作用。目前一般性转移支付存在的问题是地方政府倾向将资金用于生产性支出上，而专项转移支付存在的问题是中央与地方信息不对称程度强，容易产生资金配置不当问题。对此，我们认为，改革方向应是提高分类转移支付的比重。所谓分类转移支付（或称分类拨款），它是规定使用方向但不指明具体用途的转移支付，其资金用途不被限定于某一具体的公共项目，而是限定在某一大类公共服务（如教育、医疗等），因此资金用途虽有限制但却较为宽泛。

扩大分类转移支付比重的好处是，它既锁定了资金的使用方向，避免了一般性转移支付存在的问题；又通过因素法的计算，使得政府间信息不对称所产生的问题大大减轻，避免了专项转移支付存在的问题。实际上，我们一般性转

---

① 增值税和企业所得税都是针对企业征收，并且在税源分布上均具有不均匀性。如前所述，这就决定了在生产要素能自由流动的前提下，地方政府将通过税收返还、低价工业土地出让、财政补贴等形式展开竞争，干扰区域间的资源有效配置。

② 消费性税基对应的典型税种为一般性消费税（例如零售税）。该税种以消费环节的商品或服务为征税对象，税基主要来自于当地居民消费，而居民的消费行为又与地方政府提供的公共服务密切相关。财产性税基对应的典型税种为房地产税。由于作为税基的房地产不可流动，房地产税主要取决于房地产的评估价值，后者同样与当地的公共服务提供密切相关。因此，零售税或房地产税都属于受益税，税基分布相对均匀，并且都受地方政府提供公共服务的影响较大，这反过来会影响地方政府对公共服务的供给行为。建立地方政府的消费性税基并不一定意味着开征零售税，也可以通过把税收分享原则由生产性原则向消费地原则转变来实现。

移支付中的城乡义务教育补助经费、基层公检法司转移支付、基本养老金转移支付等，均属于分类转移支付，只不过没明确而已。因此，建议财政转移支付预算口径中，单列“分类转移支付”一项，使其与一般性转移支付和专项转移支付区分开来，这样正本清源，既便于理论分析，也便于实践操作。

10.5　结论

政府间财政关系，既是中央与地方关系的枢纽，也是经济与政治关系的枢纽，它对国家治理体系建设具有至关重要的作用，需要从全局意义上剖析中国政府间财政关系演变逻辑，为此，本章基于“国家能力”的视角对其进行研究。主要结论有：

第一，从理论上看，政府间财政关系对国家能力具有重要影响。一是它影响市场增进能力，事权和财权的集中有利于推动统一市场的建设，但是却以抑制地方政府积极性为代价；事权和财权的下放有助发挥地方政府积极性，但是却可能导致市场分割局面。二是它影响国家的控制动员能力，事权和财权的集中有利于增强中央政府宏观调控能力，但是却可能形成僵化秩序；事权和财权的下放强化了地方政府的控制动员能力，而对中央政府能力造成削弱。

第二，本章分析了中国历次政府间财政关系改革与国家能力关系。中国政府间财政关系从统收统支、分灶吃饭再到分税制，它的演进始终围绕一个逻辑主线——提升国家能力。统收统支制度是为实现重工业优先发展战略，充分发挥中央政府的控制动员能力；分灶吃饭制度通过放权，使得地方政府能够运用辖区控制动员能力来创造市场；分税制则有效提高中央政府的控制动员能力，同时中央与地方合理分工，相对有效地推动市场发展。

第三，为匹配国家治理体系和治理能力的现代化，现行政府间财政关系仍需做进一步改革。在财权划分上，要克服生产性税基分享问题与地方财政预算软约束问题，将地方税的税基导向消费性税基和财产性税基，并扩大税源；在事权划分上，要解决事权划分不当导致的地方职能缺位与越位问题，按分权与制衡相结合原则，事权分配向中央政府和县级政府两头集中；转移支付要克服因政府偏好与信息不对称导致的资金配置不当问题，扩大分类转移支付的比重。